Muslimische Adoleszenz?

Michael Tressat

Muslimische Adoleszenz?

Zur Bedeutung muslimischer Religiosität
bei jungen Migranten

Biografieanalytische Fallstudien

PETER LANG

Frankfurt am Main · Berlin · Bern · Bruxelles · New York · Oxford · Wien

Bibliografische Information der Deutschen Nationalbibliothek
Die Deutsche Nationalbibliothek verzeichnet diese Publikation
in der Deutschen Nationalbibliografie; detaillierte bibliografische
Daten sind im Internet über http://dnb.d-nb.de abrufbar.

Umschlagabbildung:
Michael Tressat

Gedruckt auf alterungsbeständigem,
säurefreiem Papier.

ISBN 978-3-631-61585-0
© Peter Lang GmbH
Internationaler Verlag der Wissenschaften
Frankfurt am Main 2011
Alle Rechte vorbehalten.

www.peterlang.de

Vorwort

Michael Tressat untersucht in diesem Buch die Bedeutung muslimischer Religiosität in der Adoleszenz anhand biografischer Studien aus Deutschland und Frankreich. Dies ist ein Thema von hoher Brisanz und Aktualität. In den gegenwärtigen öffentlichen Debatten wird Religiosität von jungen Männern und Frauen mit Migrationshintergrund, deren Eltern oder die selbst aus islamisch geprägten Ländern gewandert sind, sowohl in Deutschland als auch in Frankreich vielfach als mögliche Ursache von Integrationsproblemen angesehen. Insbesondere in der BRD, in der Heranwachsende aus türkischen oder arabischen Migrantenfamilien im Bildungssystem tendenziell schlechter abschneiden als in Frankreich, wird die Herkunft aus islamisch geprägten Familien auch als Ursache von Bildungsmisserfolgen erörtert, wobei diese Diskussionen in vielen Hinsichten von Vereinfachungen und Reduktionen geprägt sind. Dabei gründen auch in den wissenschaftlichen Kontroversen verschiedene Sichtweisen über Folgen und Relevanz von Religionszugehörigkeiten oder -praktiken u.a. in dem Umstand, dass Studien in Deutschland und Frankreich aus variierenden Perspektiven ein breites Spektrum heterogener Lebensführungen, Bildungswege und Integrationsweisen in den Blick nehmen. Sie verweisen zudem auf viele offene Forschungsfragen gerade auch im internationalen Vergleich.

Michael Tressat wählt vor diesem Hintergrund theoretische und methodologische Perspektiven zur vergleichenden Untersuchung individueller Biographien. Diese erlauben gerade in wenig erforschtem Gelände besondere Differenziertheit. Der Verfasser gewinnt diese zum einen dadurch, dass er strukturelle Dimensionen des Religiösen in unterschiedlichen biografischen und intergenerationalen Implikationen fokussiert. Damit bricht er zunächst einmal monolithische Betrachtungen „des Islam" oder „der islamischen Kultur" oder der „Gefahr von Parallelgesellschaften" auf und ermöglicht es, den empirischen Blick auf biografische Bewältigungsformen, -Ressourcen und -Anforderungen zu richten. Zum anderen, indem er die Bedeutung und „Funktion der muslimischen Religiosität" nicht vorab „auf deren Integrationspotenzial oder Integrationsfähigkeit" verengt, sondern bei ihrer Analyse den biografischen Besonderheiten der Jugend- bzw. Adoleszenzphase Beachtung schenkt. Denn erst der Blick auf die allgemeine – wenn auch je spezifisch geprägte individuelle, soziale und intergenerationale – Dynamik der Adoleszenzentwicklung schafft eine Folie, auf deren Hintergrund die besondere Bedeutung muslimischer Religiosität für jugendliche Migranten/innen in Einwanderungsgesellschaften wie Deutschland und Frankreich angemessen interpretiert werden kann. Erst vor einem so verknüpfenden theoretischen Zugang, so Tressats These, kann die empirisch vergleichende Untersuchung einzelner Biografien „einen Beitrag zu einem differenzierten Verstehen der Bedeutung muslimischer Religiosität in der Adoleszenz" (S. 14) leisten.

Dafür rekurriert der Verfasser erstens auf die Adoleszenztheorie von King und ihr Konzept der „verdoppelten Transformationsanforderung" im Kontext von Adoleszenz und Migration, das die Bewältigung der Probleme des Erwachsenwerdens unter den besonderen Bedingungen einer von Migration geprägten Lebenslage thematisiert. Dies leistet er anhand einer detaillierten biografieanalytischen Untersuchung von vier narrativen Interviews, die im Rahmen eines deutsch-französischen Forschungsprojekts über Lebensgeschichten und Sozialisationsprozesse von Jugendlichen mit Migrationshintergrund in Deutschland und Frankreich erhoben wurden[1]. Seine Auswahl und Analyse ist von der Frage bestimmt: „Wie kommt muslimische Religiosität in den Lebensgeschichten vor und welche Bedeutung wird ihr zugeschrieben?" (S. 13). Vor allem geht es ihm darum zu klären, „welche Rolle die muslimische Religiosität im Zusammenhang der verdoppelten Transformationsanforderung spielt" (ebd.). Eine solche biografieanalytische Untersuchung der Funktion und Bedeutung muslimischer Religiosität im Kontext adoleszenter Entwicklungsprozesse, die nicht a priori die Zugehörigkeit zur islamischen Religion als ein Entwicklungshindernis begreift, stellt offenkundig ein Desiderat bzw. eine Forschungslücke dar. Zu deren Bearbeitung leistet diese Arbeit einen äußerst interessanten und eigenständigen Beitrag.

Als zweiter theoretischer Referenzrahmen dient dem Verfasser die religionssoziologische Perspektive von Oevermann, genauer gesagt, Oevermanns Strukturmodell von Religiosität. Es begreift Religiosität als historisch variierende soziale Form der Bearbeitung der Endlichkeits- und Kontingenzerfahrung des Menschen und fokussiert die mit der Endlichkeitserfahrung freigesetzte Bewährungsdynamik. Bewährung biografischer Selbstentwürfe angesichts jeweiliger Realisierungschancen ist aber zugleich und insbesondere zentrales Thema der Adoleszenz. Diese Verknüpfung spitzt Tressat in der Frage zu, welche spezifischen Bearbeitungsmöglichkeiten jener Bewährungsdynamik muslimische Religiosität in unterschiedlichen biografischen Varianten ermöglicht. Welche Spielräume der Individuation und Autonomisierung ergeben sich in der Logik der Bewährung, wenn in der eigenen Biografie, der Familie, dem sozialen Umfeld oder auch in externen Zuschreibungen muslimische Religiosität einen wichtigen Rahmen darstellt? Diese Fragen werden bei Tressat zunächst einmal empirisch bearbeitet, indem er vier Interviews, je mit einem jungen Mann und einer jungen Frau aus Deutschland und Frankreich fallrekonstruktiv – sensu Rosenthal – analysiert. Diese Fallstudien verdichtet er anschließend zu drei Mustern: ein ‚kreativ-reflexives', ein ‚pragmatisch-funktionales' und ein ‚statisch-ambivalentes' Bedeutungsmuster. Dabei werden teils explizit, teils implizit auch die verschiedenen gesellschaftlichen Bedingungen für Adoleszente mit muslimischem Migrationshintergrund in Frankreich und Deutschland sichtbar.

---

1   Finanziert durch das DFJW, durchgeführt von jungen Forscherinnen und Forschern aus der BRD und aus Frankreich unter Leitung von Lucette Colin und Anna Terzian (Univ. Paris VIII), Vera King (Univ. Hamburg) und Burkhard Müller (Univ. Hildesheim).

Mit seiner Untersuchung hat Michael Tressat einerseits an Fragen und Analysen eines deutsch-französischen Projekts, aus dem die Fälle stammen, angeknüpft, aber zugleich eigenständige Perspektiven gewählt und mit konzeptionellen Rahmungen neu verbunden. Seine sorgfältigen Fallanalysen sind einerseits eng am Material orientiert aber zugleich auf seine spezifischen, aus theoretischen Vermittlungen entfalteten Fragestellungen hin ausgerichtet, ohne dabei subsumptionslogisch zu verfahren. Insofern handelt es sich auch um einen überzeugenden Dreischritt von theoretisch-konzeptioneller Diskussion, empirischer Untersuchung und theoretischer Weiterentwicklung. Wie der Verfasser am Ende hervorhebt, wurden „vor dem Hintergrund der theoretischen Klammer von adoleszenz- und religionstheoretischer Perspektive, in deren Kern [...] die Frage nach der Bedeutung von Religiosität sowohl in Hinblick auf die adoleszenten und migrationsspezifischen Transformationsaufgaben als auch zur Bearbeitung der Bewährungsproblematik menschlicher Lebenspraxis" (S. 133 f.) stand, die genannten drei Bedeutungsmuster entwickelt. Dabei wurde deutlich, so das Resümee, „dass muslimische Religiosität im Individuations- und Bewährungsprozess nicht von vornherein die Entwicklung eines modernisierten Lebensentwurfs verhindert, also strukturell einengt. Vielmehr zeigte sich, dass es unterschiedliche Bedeutungsmuster muslimischer Religiosität in den Biografien gibt, die in je unterschiedlicher Weise eine funktionale Bedeutung haben" (S. 133). Entsprechend hält der Verfasser fest: „Es sind mehr oder minder individualisierte Formen ‚des Islams' und muslimische Religiosität kann eine adoleszente und lebensweltliche Ressource sein" (ebd.). Insgesamt liefert die Studie einen interessanten Beitrag zur Diskussion über biografische Entwicklungen der Adoleszenz junger Männer und Frauen mit islamisch geprägtem Migrationshintergrund dar. Er legt nahe, öffentlichen Debatten über „den Islam" und seine Bedeutung für „unsere Kultur" zu misstrauen und stattdessen die individuellen Bewältigungsformen und Integrationsweisen von Heranwachsenden mit Migrationshintergrund – und die Bedeutung von Religion dabei – genauer und vorurteilsfreier als üblich zu beschreiben. Es sollte mehr Studien wie diese geben.

Hamburg und Berlin im März 2011

Vera King, Burkhard Müller

Danksagung

An dieser Stelle danke ich all denjenigen ganz herzlich, die auf jeweils individuelle Art und Weise den Charakter dieser Arbeit mitgeprägt haben.

Für die nachhaltige Unterstützung und wertvollen Hinweise:
Prof. Dr. Vera King
Prof. Dr. Burkhard Müller

Für die inspirierenden Interpretationsdebatten:
Stefanie Tressat

Für die Hilfe bei Korrektorat und Lektorat:
Dr. Florian Schirmer
Wolfgang Becker
Stefan Techel

Buchholz in der Nordheide im April 2011
Michael Tressat

Inhaltsverzeichnis

Tabellenverzeichnis

1 Einleitung

Diese Untersuchung beschäftigt sich mit Jugendlichen in Deutschland und Frankreich, deren Migrationshintergrund[2] durch die Religion des Islams[3] oder die Herkunft aus einem islamischen Land geprägt ist. Diese Jugendlichen, die in Europa geboren und aufgewachsen oder zugewandert sind, bezeichnen sich selbst als Muslime[4]. Ihre muslimische Religiosität oder die Zugehörigkeit zum Islam wird in Auseinandersetzung mit Anderen und der „Kultur der Mehrheitsgesellschaft" jedoch oftmals zum Problem gemacht und auf das „Ziel Integration" verengt. In dieser Untersuchung geschieht die Rekonstruktion der Bedeutung religiöser Muster daher aus Perspektive der Jugendlichen oder anders gesagt: aus der Subjektperspektive heraus. Die Fokussierung auf die subjektive Ebene ermöglicht es, die biografische Bedeutung muslimischer Religiosität sowie deren spezifische Bedeutung im Adoleszenzverlauf zu rekonstruieren. Dazu wurden die Biografien junger Muslime maghrebinischer und türkischer Herkunft in Deutschland und Frankreich auf die Frage hin untersucht: Wie kommt muslimische Religiosität in den Lebensgeschichten vor und welche Bedeutung wird ihr zugeschrieben?

Um diese Frage angemessen beantworten zu können, greife ich auf die Methodologie der Biografieforschung zurück, genauer gesagt: auf die Methode der biografischen Fallrekonstruktion nach Rosenthal. Die Interpretation der Lebensgeschichten geschieht von einem theoretischen Hintergrund aus, der sich auf zwei Perspektiven stützt. Zum einen gehe ich, anknüpfend an die adoleszenztheoretischen Ausführen von Vera King, von einem verdoppelten Transformationsprozess aus. Das heißt, die Jugendlichen haben nicht nur die mit der Adoleszenz an sich verbundenen Entwicklungsaufgaben, sondern auch die mit der Migration verbundenen Entwicklungsaufgaben zu bearbeiten. Sie sind durch die Migrationssituation

---

2   Der Begriff des „Migrationshintergrundes" ist hier und im Folgenden in Anlehnung an die Definition im Mikrozensus 2005 zu verstehen. Er umfasst zugewanderte, in Deutschland geborenen Eingebürgerte und deren Kinder, „also Kindern von Ausländerinnen und Ausländern, die gemäß des neuen Staatsangehörigkeitsrechts aus dem Jahr 2000 bei Geburt in Deutschland die deutsche Staatsangehörigkeit (zusätzlich zu derjenigen der Eltern, optional bis zum 23. Lebensjahr) erhalten" (Bandorski et al. 2009:17). Darüber hinaus werden in dieser Abhandlung „Ausländer und Ausländerinnen", die ihren Lebensmittelpunkt in Deutschland haben ebenso als Personen mit Migrationshintergrund bezeichnet. Diese Definition wende ich analog in Bezug auf Frankreich und dort eingewanderten oder zugewanderten Personen an.

3   „Der Islam" ist hier und im Folgenden nicht im Sinne einer einheitlichen, sondern heterogenen Religion zu verstehen, die sowohl unterschiedliche religiöse Rechtsschulen und Strömungen als auch individuelle Formen muslimischer Religiosität einschließt.

4   Unter „Muslime" verstehe ich sowohl männliche als auch weibliche Muslime. Im weiteren Verlauf dieser Abhandlung verzichte ich generell aus Gründen der besseren Lesbarkeit auf eine Doppelnennung der männlichen und weiblichen Formen, sofern keine inhaltliche Notwendigkeit dazu besteht. Gemeint sind aber immer beide Geschlechter.

herausgefordert, sich zwischen der Herkunftskultur der Eltern und der Kultur der Mehrheitsgesellschaft zu positionieren. Welche Rolle die muslimische Religiosität im Zusammenhang mit der verdoppelten Transformationsanforderung spielt, soll untersucht werden.

Hierzu bediene ich mich einer zweiten, religionstheoretischen Perspektive. In Anlehnung an Ulrich Oevermanns Strukturmodell von Religiosität gehe ich davon aus, dass die (strukturelle) Bedeutung des Religiösen sich darin konstituiert, eine Hoffnung auf Bewährung zu eröffnen, die sich sowohl auf das Jenseits als auch auf das Diesseits bezieht. Oevermann versteht hierbei den Tod als größte Krise des Lebens, die mit der religiösen Hoffnung auf ein Leben im Jenseits gemildert wird. Doch auch in den Krisen des Alltags kann die Religiosität – in struktureller Hinsicht – bedeutsam sein, indem sie Bewährung der eigenen Lebenspraxis vor Gott herstellt. Im Anschluss an Oevermann wird daher gefragt: Welche Bedeutung hat muslimische Religiosität im Hinblick auf die Bearbeitung der lebensweltlichen Bewährungsproblematik?

Es wurde dieser zweifach begründete theoretische Hintergrund gewählt, weil die Verbindung aus adoleszenz- und religionstheoretischer Perspektive einen möglichst umfassenden Verstehensprozess der Bedeutung muslimischer Religiosität in der Adoleszenz ermöglicht – und zwar sowohl auf der sozialisatorischen als auch strukturellen Bedeutungsebene. Die Analyse der Biografien beschränkt sich damit nicht nur auf die Frage nach der Funktion muslimischer Religiosität im Hinblick auf deren gesellschaftlich relevanten Ertrag, zumeist in Form des Integrationspotenzials oder der Integrationsfähigkeit, wie dies oftmals der Fall ist. Darüber hinaus wird durch die Bezugnahme auf die Adoleszenztheorie den spezifischen Besonderheiten der Jugendphase Rechnung getragen, und die Jugendlichen werden nicht schlichtweg unter die Gruppe der Migranten subsumiert. Diese empirische Arbeit soll damit einen Beitrag zu einem differenzierten Verstehen der Bedeutung muslimischer Religiosität in der Adoleszenz ermöglichen.

Dieses Unterfangen ist umso schwieriger, als dass sich das Thema „Islam der Migranten" nahezu tagtäglich in den Medien und neuen wissenschaftlichen Studien wiederfindet. Die Lage ist unübersichtlich, Meinungen sind vielschichtig, die Kontroverse ist groß. Während sich wissenschaftlichen Autoren in Sammelbänden, wie z.B. in Escudier (2003) und Wohlrab-Sahr et al. (2007), um dezidierte Analysen zum „Islam der Migranten" in Europa bemühen, dominiert in der öffentlichen Wahrnehmung häufig die Vorstellung, der Islam sei die Ursache jedweder gesellschaftlicher und individueller Probleme bei und mit muslimischen Migranten. Letzteres spiegelt sich bspw. auch in den aktuellen Ereignissen wieder: dem Bauverbot von Minaretten aufgrund einer Volksabstimmung in der Schweiz und dem „Burka-Verbot" in Belgien und Frankreich sowie für Angestellte des öffentlichen Dienstes in Hessen. Diese Beispiele zeigen die Probleme im Umgang mit dem Islam in Europa, insbesondere dann, wenn der Islam sichtbar wird.

Die Religiosität der jungen Muslime, deren Biografien analysiert werden, ist nach außen hin unsichtbar – sie tragen weder Kopftuch noch weiße gehäkelte Mützen und lange Bärte. Nicht nur in ihrem visuellen Erscheinungsbild präsentieren sie sich wie ganz normale deutsche oder französische Jugendliche, sondern auch in ihrem formulierten Anspruch an eine erfolgreiche berufliche Karriere und dem damit verbundenen sozialen Ansehen. Bei der Gestaltung des Selbstbildes und Lebensentwurfs müssen die Jugendlichen sich auch mit der negativen Sicht auf den Islam und muslimische Migranten auseinandersetzen, die oftmals in der Öffentlichkeit anzutreffen ist. Die jungen Muslime erfahren ethnisch-religiös begründete Diskriminierungen oder Distinktion in Schule, Universität, auf dem Arbeitsmarkt oder schlichtweg auf der Straße. Sie beschreiben, wie sie aus Perspektive der Anderen, die für sie Repräsentanten der Mehrheitsgesellschaft darstellen, unter Generalverdacht gestellt werden. So, als seien ihr Verständnis und ihre Form von Religiosität gleich einem extremistischen Islam oder gar Islamismus.

Die Angst vor einem zwar ohne Frage existierenden, aber in seiner Bedeutung für eine Großzahl der muslimischen Migranten in Deutschland und Frankreich bedeutungslosen Islamismus führte zu einer so genannten „Islamophobie" – einer diffusen Angst vor dem Islam und seinen Anhängern. Muslimische Migranten werden zum Inbegriff des Fremden, von dem man sein Fremdsein geradezu erwartet. Die junge Muslimin Kadia*[5] beschreibt in ihrer biografischen Selbstpräsentation, dass sie des Öfteren mit der Frage konfrontiert wurde: „Wenn du ein gute Muslimin bist, warum trägst du dann kein Kopftuch?" Dieses Beispiel zeigt, dass die Heranwachsenden bei den migrationsspezifischen Entwicklungsaufgaben, also der Positionierung zwischen Herkunftskultur der Eltern und der Mehrheitskultur, vor einer schwierigen Aufgabe stehen, da ihre religiös-kulturelle Herkunft kaum (positive) Anerkennung findet. Dies gilt umso mehr, wenn in öffentlichen Debatten, wie der Kopftuchdebatte in Deutschland und besonders in Frankreich, eine „Rückbesinnung" auf die gesellschaftlichen Grundlagen stattfindet – seien es die neu entdeckte Laizität oder die christlich-abendländischen Wurzeln. Dabei steht außer Frage, dass es diese gesellschaftlichen Grundlagen tatsächlich gibt. Allerdings müssen sie nicht per se in Widerspruch zu kopftuchtragenden Musliminnen stehen. Eine differenzierte Betrachtung der Bedeutung muslimischer Religiosität wäre meines Erachtens nötiger, als beständig den Ruf nach Integration auf alle muslimischen Migranten zu beziehen, also auch auf diejenigen, die längst integriert sind.

Wie eingefahren die Positionen in der Integrationsdebatte sind, zeigte sich unlängst auf der ersten Islamkonferenz unter Leitung des CSU-Politikers Hans-Peter Friedrich: Die Opposition polemisiert, die muslimischen Verbände und Einzelpersonen sind brüskiert – und dabei sei alles nur ein Missverständnis gewesen. Weder die von Friedrich geforderte „Sicherheitspartnerschaft" mit muslimischen Verbän-

---

5   Die Pseudonyme der Autobiografen (Mahmut*, Kadia*, Yasmina* und Mostapha*) werden im Fließtext bis zum Beginn des empirischen Teils der Arbeit (im vierten Kapitel) durch einen Stern am Namen kenntlich gemacht.

den noch seine Aussage, „dass der Islam zu Deutschland gehört, ist eine Tatsache, die sich auch aus der Historie nirgends belegen lässt", seien richtig verstanden worden.[6] Es scheint, als seien die unterschiedlichen Positionen dermaßen eingefahren, dass ein gegenseitiges Verstehen kaum mehr möglich ist. Stattdessen wird mit Pauschalurteilen und nicht mehr in der Sache argumentiert.[7] Doch wer will wirklich in Abrede stellen, dass das christlich-abendländische Erbe Deutschland geprägt hat und nicht der Islam? Und wer will ernsthaft behaupten, dass die vier Millionen Muslime in Deutschland nicht Teil der Gesellschaft sind, sondern vier Millionen unintegrierte Bürger, die ein Sicherheitsrisiko darstellen? Es sollte vielmehr gefragt werden, ob diese Themen für heranwachsende Muslime in Deutschland oder Frankreich relevant sind? Ein Perspektivwechsel kann hier hilfreich sein.

In dieser Studie zeigte die Analyse aus Perspektive der Subjekte, vereinfacht gesagt, das Bild von muslimischen Jugendlichen, die in ihrem jeweiligen sozialen Umfeld integriert sind und „normale" Jugendbiografien vorweisen. Muslim zu sein bedeutet nicht automatisch ausgegrenzt zu sein. Allerdings zeigte der Fall des elternunabhängig migrierten Marokkaners Mostapha*, dass bei all seiner Anstrengung zur Integration eine Diskriminierung und Ausgrenzung von Muslimen in der Luftfahrtbranche nicht überwunden werden konnte. Doch die Bedeutung der Religiosität beschränkt sich keinesfalls auf die Integrationsfrage. Aus der Analyse der Biografien ließen sich drei Bedeutungsmuster muslimischer Religiosität in der Adoleszenz formulieren. Ohne bereits an dieser Stelle auf die Details einzugehen, lässt sich sagen, dass diese Muster jeweils als Ausdruck eines individualisierten und individuierten Islams, der jeweils eigene Formen muslimischer Religiosität hervorbringt, verstanden werden müssen. Doch was bedeutet eine individualisierte Religiosität im Hinblick auf die Bewältigung adoleszenter Entwicklungsaufgaben? Können die jungen Muslime ihre Religiosität produktiv verwenden oder verhindert muslimische Religiosität Entwicklungsmöglichkeiten? In Anlehnung an Wensierkis (2007; 2010) Thesen zur Jugendphase junger Muslime ließe sich auch so fragen: Gibt es eine islamisch-selektiv modernisierte Jugendphase, die strukturell anders ist als bei deutschen Jugendlichen – eine spezifisch muslimische Adoleszenz?

Wie diese Fragen im weiteren Verlauf der Arbeit beantwortet werden, kann für die pädagogische Arbeit mit muslimischen Jugendlichen von Bedeutung sein. Denn ob man muslimische Religiosität als Defizit oder Ressource bewertet, könnte der entscheidende Ausgangspunkt für eine eher paternalistische oder partizipative und befähigende Arbeitshaltung sein. Dabei gilt es, die Bedingungen offenzulegen, unter denen eine produktive oder unproduktive Bedeutung muslimischer Religiosität entsteht oder entstehen kann. Diese Arbeit versteht sich daher als erfahrungswis-

---

6 Hamburger Abendblatt vom 30. März 2011, S. 3.
7 Die zwei widerstreitenden Positionen werden in den zwei von Schneiders (2009) herausgegebenen Sammelbänden hervorragend wissenschaftlich abgebildet. In: „Islamverherrlichung. Wenn die Kritik zum Tabu wird" und in: „Islamfeindlichkeit. Wenn die Grenzen der Kritik verschwimmen."

senschaftlicher Beitrag, der um ein besseres Verstehen individueller Formen muslimischer Religiosität bemüht ist.

An dieser Stelle scheint auch eine erste Eingrenzung der zentralen Begriffe „Jugend" und „Adoleszenz" sowie „Religion" und „Religiosität" notwendig, die bis hierhin bereits mehrmals verwendet wurden, jedoch erst im Kapitel eins definiert werden. Mit dem Begriff „Jugend" ist die Übergangszeit von der Kindheit in das Erwachsenenalter gemeint, die mit der Pubertät eingeleitet wird. Die körperlichen Veränderungen haben dabei eine Vielzahl psychischer Folgen. Das Ende der Jugend oder genauer gesagt das vollendete Erwachsensein lässt sich immer weniger klar bestimmen. Tendenziell wird der Begriff Jugend im Sinne einer Statuspassage verstanden, die es zu durchlaufen gilt. Das Ziel ist es, seinen eigenen Platz in der Gesellschaft zu finden; dazu müssen jugendspezifische Entwicklungsanforderungen bearbeitet werden. Der Begriff „Adoleszenz" ist nicht identisch mit dem Begriff „Jugend", obgleich die Begriffe auch in adoleszenztheoretischen Arbeiten mitunter synonym verwendet werden. Die adoleszenztheoretische Sicht der Jugendphase betont insbesondere, dass der adoleszente Entwicklungsprozess ein Individuierungsprozess ist; sie versucht den Einfluss unterschiedlicher sozialisatorischer Faktoren zu erfassen und erklären. Bei diesem Konzept der Adoleszenz werden die speziellen Entwicklungen bei jugendlichen Migranten beachtet, die sich aus dem migrationsspezifischen Kontext ergeben – Stichwort: verdoppelte Transformationsanforderung. Religiosität wird dabei unter den (kulturellen) Migrationshintergrund subsumiert, und es wird nicht zwischen ethnischen, nationalen, kulturellen und religiösen Dimensionen differenziert. In dieser Arbeit wird versucht, diese Lücke zu schließen – und zwar im Hinblick auf die Bedeutung muslimischer Religiosität in der Adoleszenz.

Das Fehlen einer Differenzierung könnte auch damit zusammenhängen, dass eine Eingrenzung der Begriffe „Religion" und „Religiosität" kaum möglich ist. „Die Unterscheidung zwischen dem, was man ›Religion‹ nennen möchte und dem, was man nicht so nennen möchte [ist] derart kontrovers, dass nicht einmal Einigkeit über einen ›Kernbereich des Religiösen‹ besteht" (Popp-Baier 2007:515). Das Religiöse ist in dieser Arbeit beschränkt auf eine monotheistische Glaubensvorstellung, insbesondere die des Islams. Damit verbunden sind die Vorstellung einer – mehr oder minder – personalen Gottheit[8] und der Glaube an ein Leben im Jenseits. Der Begriff „Religion" wird tendenziell zur Beschreibung der dogmatisch-theologischen Seite des Religiösen verwendet, während der Begriff „Religiosität" eher die „subjektive Seite der Religion" beschreibt, welche nicht mit Konfessionsgebundenheit gleichzusetzen sei (vgl. Gensicke 2006:204f.). Obgleich hier feine Unterschiede zwischen „Religion" und „Religiosität" bestehen, werden die Begriffe zum Teil auch als Begriffspaar verwendet.

---

8   Zu der Frage, inwieweit im Islam überhaupt ein *persönlicher* Gottesglaube zugegen ist und wie sich dieser vom christlichen Gottesglauben unterscheidet, siehe S. 37.

Dieses Buch gliedert sich in sechs Kapitel. Im Anschluss an die Einleitung wird ein Blick auf das weitläufige Forschungsfeld „Muslime in Deutschland und Frankreich" geworfen. Der überblickartige Vergleich nationaler Entwicklungen liefert ein Kontextwissen, das zum Verständnis der narrativen Interviews notwendig ist. Die anschließende Betrachtung quantitativer und qualitativer Untersuchungen bildet den Stand der Forschung ab und zeigt, dass es kaum Studien gibt, die sich dezidiert mit muslimischer Religiosität in der Adoleszenz befassen. Im dritten Kapitel werden daher eingehend die theoretischen Grundlagen entfaltet und ein Zusammenhang zwischen adoleszenz- und religionstheoretischer Perspektive erarbeitet. An diese Ausführungen schließen Thesen an, die ausgehend von dem Ideal einer individualisierten Jugendbiografie und eines individuierten Lebensentwurfes die Entwicklungsspielräume muslimischer Jugendlicher aufgrund ihrer Religiosität eingeschränkt sehen. Im Kapitel vier folgt die empirische Analyse der Fallbeispiele; die Analysemethode der biografischen Fallrekonstruktion wird zuvor erläutert. Im fünften Kapitel werden die Fälle verglichen und kontrastiert. In einem weiteren Analyseschritt werden aus den Fallbeispielen drei charakteristische Bedeutungsmuster muslimischer Religiosität herausgearbeitet, die jeweils eine spezifische Wirkweise muslimischer Religiosität in der Adoleszenz beschreiben. Im sechsten Kapitel werden die Ergebnisse der Untersuchung in Verbindung mit den Thesen zu einer „muslimischen Adoleszenz" diskutiert und perspektivisch weiter gedacht.

2 Muslime in Deutschland und Frankreich

Junge Muslime in Deutschland und Frankreich sind Teil einer „größeren Gruppe", die sich als muslimische Immigranten in Europa bezeichnen lässt. Ohne dabei zunächst nach Herkunftsländern sowie ethnischen, sprachlichen, kulturellen, innerreligiösen und aufenthaltsrechtlichen Merkmalen zu unterscheiden, zeigen die statistischen Zahlen ein klares Bild. Der Islam ist längst in Europa angekommen und zur zweitgrößten Religionsgemeinschaft herangewachsen. Von den etwa 15 Mio. Muslimen innerhalb der Europäischen Union leben etwa fünf Mio. in Frankreich[9] und zwischen 3,8 und 4,3 Mio. in Deutschland[10]. Sie stellen damit jeweils die größten muslimischen Minderheiten innerhalb europäischer Staaten dar. Unter dem muslimischen Bevölkerungsanteil dominiert jeweils ein Herkunftsland oder eine Herkunftsregion; in Frankreich sind es die über drei Mio. Maghrebiner, von denen mehr als die Hälfte algerischer Herkunft sind, und in Deutschland sind es die rund 2,5 Mio. Türken und türkischstämmigen Kurden. Auch wenn diese Zahlen auf Schätzungen beruhen, wird deutlich, dass muslimische Migranten einen signifikanten Anteil der (europäischen) Bevölkerung stellen, der im Zuge der demografischen Entwicklung und Fertilität noch weiter ansteigen dürfte. Um die mit der veränderten Bevölkerungszusammensetzung einhergehende Integrationsdebatte und deren Implikationen besser zu verstehen, wird im Folgenden ein Blick auf die neuere Geschichte und Entwicklung muslimischer Immigration nach Frankreich und Deutschland und deren Rahmenbedingungen sowie auf den Stand der Forschung zu muslimischer Religiosität im Kontext von Migration geworfen.

2.1 Islam, Migration und Integration – ein deutsch-französischer Vergleich

2.1.1 Zur neueren Geschichte muslimischer Immigration

Der Islam in Deutschland und Frankreich kann auf eine lange Geschichte zurückblicken.[11] Die neuere Geschichte des Islams in Deutschland und Frankreich fängt hingegen erst mit den 1960er Jahren und der damaligen Einreise von Arbeitsmigranten aus islamisch geprägten Ländern in großer Zahl an. Deutschland schloss 1961 ein Anwerberabkommen mit der Türkei ab, gefolgt von Abkommen mit Marokko 1963 und Tunesien 1965. Die Arbeitsmigranten wurden im Zuge der wirtschaftlichen Expansion benötigt und verrichteten anstrengende Arbeiten, bspw. im

---

9   http://www.botschaft-frankreich.de/spip.php?article2399 [11.08.2010].

10   http://www.integration-in-deutschland.de/nn_282926/SubSites/Integration/DE/01__ Ueberblick/ThemenUndPerspektiven/Islam/Deutschland/deutschland-node.html?__ nnn=true [11.08.2010].

11   Zur ausführlichen Geschichte des Islams in Deutschland siehe Abdullah (1981).

Kohlebergbau. Es immigrierten nahezu ausschließlich Männer. Sie arbeiteten fleißig und fristeten ein ansonsten von der Öffentlichkeit unbeachtetes klägliches Dasein. Moscheen gab es kaum; es wurde in Wohnungen oder an der Arbeitsstelle in Sozialräumen gebetet. Dieses Beispiel zeigt, dass damals kaum jemand über ein dauerhaftes Niederlassen der muslimischen Immigranten nachdachte, weder die deutschen Arbeitgeber und Politiker noch die Einwanderer selbst.

Eine ähnliche Situation gab es in Frankreich. Die Gastarbeiter kamen aus den ehemaligen französischen Kolonien, insbesondere aus Algerien. Die koloniale Vergangenheit unterscheidet die Immigration der „Gastarbeiter" nach Frankreich in zwei Punkten von der Situation in Deutschland: Die Arbeitsmigranten beherrschten in der Regel die französische Sprache und besaßen bereits die französische Staatsbürgerschaft oder erhielten sie bei der Einreise „automatisch".

Die Situation änderte sich in Deutschland und Frankreich zum Ende des Jahres 1973. Mit Beginn der Ölkrise und wirtschaftlichen Rezession wurden fortan alle Anwerbeprogramme für ausländische Arbeitskräfte eingestellt. Eine große Zahl der angeworbenen Arbeiter benötigte die Wirtschaft nicht mehr. Doch anstatt, wie ursprünglich angenommen, wieder in ihre Heimatländer zurückzukehren, blieben die „Gäste" in Deutschland und Frankreich, weil sie hier immer noch eine bessere Perspektive auf sozialen Aufstieg besaßen als in ihren Herkunftsländern.

Während die muslimischen Migranten und die von ihnen praktizierte Religiosität in der Zeit von 1960 bis 1973 kaum öffentliches Interesse erweckt hatte, änderte sich dies im Verlauf der 1970er Jahre. Im Zuge der Familienzusammenführung reisten die Frauen und Kinder aus den Herkunftsländern nach. Die neu entstandenen muslimischen Familien und ihre Kinder besuchten in immer größerem Umfang die öffentlichen Bildungs- und Betreuungseinrichtungen. Viele Pädagogen waren auf die interkulturellen Herausforderungen nicht vorbereitet. Dies führte zu ersten Problemen im Zuge der Einschulung. Viele Kinder der Gastarbeiter, die so genannte zweite Generation, wuchsen zwar in Deutschland auf, beherrschten jedoch ausschließlich die jeweilige Familiensprache als sie schulpflichtig wurden.

Ein weiteres Beispiel für den Wandel in Bezug auf das Ausleben der Religiosität zu dieser Zeit war der Ruf von Seiten der Muslime nach adäquaten Gebetsstätten. Die Muslime in Deutschland und Frankreich drängten aus ihren Hinterhof-Moscheen heraus und wollten repräsentative Gebetsstätten errichten. Es war somit eine Zunahme der religiösen Bedeutung innerhalb der muslimischen Gemeinschaften zu beobachten. Zeitgleich entstand ein „Wir-Gefühl" unter den Muslimen, das sich zunächst wider den feinen ethnischen, nationalen, kulturellen oder innerreligiösen Unterschieden formierte, jedoch alsbald zu Streit innerhalb der muslimischen Gemeinschaft, der *Umma*, führte. Die innerislamische Problematik kreiste damals wie heute um die Frage nach einer legitimen religiösen Autorität, die Verantwortung für die Moscheen besitzt und die Muslime gegenüber den staatlichen Akteuren vertreten kann. De Galembert (2007) spricht in diesem Zusammenhang von einer „Zersplitterung des Islams in Frankreich" in unzählige muslimische Gruppierungen, die miteinander konkurrieren.

Auf Seiten der deutschen und französischen Öffentlichkeit ist indes eine andere Entwicklung zu beobachten. Der Bau von Moscheen machte den Islam sichtbar. Es regte sich Widerstand bei Nachbarn und Städteplanern. Das Minarett durfte nicht höher als der Kirchturm sein. Und wo es noch keine Kirche gab, wurde nach dem Bau der Moschee eilig eine Kathedrale gebaut, so wie in Évry nach einem kollektiven Spendenaufruf. Dieses Beispiel zeigt ein Muster, das sich bis heute in Auseinandersetzungen mit dem Islam konstatieren lässt: Je sichtbarer der Islam und je größer der muslimische Bevölkerungsanteil wurde, desto mehr erwuchs der Islam zu einem die eigenen Werte bedrohenden „Feind". In Frankreich wurde man sich zunehmend der republikanisch-laizistischen und in Deutschland der christlich-abendländischen Wertetradition bewusst.[12] Diese Entwicklung ist einerseits verständlich, da der Islam in der Tat ein „andersartiges Wertesystem" darstellt (Spuler-Stegemann 2002:24), aber damit noch nicht gesagt ist, dass dieses im Widerspruch zum deutschen oder französischen Wertekanon stehen muss. Andererseits wird deutlich, dass die seit mehreren Jahrzehnten in Deutschland und Frankreich lebenden Muslime größtenteils Fremde geblieben waren. Sie haben Ausgrenzung von der Mehrheitsgesellschaft erfahren und gleichsam durch den Rückzug in ethnisch-religiös-kulturelle Gemeinschaften ihr Fremdsein zementiert. Dieser Rückzug wurde dadurch forciert, dass insbesondere in Frankreich die muslimischen Immigranten in relativ geschlossenen Stadtvierteln oder Vorstädten (*Banlieues*) wohnen. In Deutschland und Frankreich wuchsen die sozialen Probleme durch einen hohen Anteil Arbeitsloser in der Post-Gastarbeiter-Ära rasant an, insbesondere unter jugendlichen Migranten.

2.1.2 Zur Integrationsdebatte

Die öffentliche Wahrnehmung des Islams hat sich seit den Anschlägen vom 11. September 2001 stark verändert.[13] Auf der politischen Bühne bemühte man sich mit Nachdruck, die Integration voranzutreiben. Dabei standen nicht zuletzt auf Seiten der politischen Akteure in Deutschland und Frankreich sicherheitspolitische Aspekte im Vordergrund. Die Bemühungen der Politiker führten in Frankreich zur Gründung des *Conseil français du Culte musulman*, dem französischen Zentralrat

---

12 Dabei ist zu bedenken, dass es gewissermaßen umgedrehte Vorzeichen gibt: Die Türken kommen aus einem laizistisch-säkularen Staat in die christlich-abendländische Bundesrepublik; die Maghrebiner kommen aus islamischen Republiken und Monarchien, in denen der Islam Staatsreligion ist, in die laizistisch-säkulare Republik Frankreich.

13 Diese Veränderung wird auch in den Biografien der vier muslimischen Jugendlichen deutlich, indirekt oder direkt. So beschreibt bspw. Mostapha*, dass die Anschläge vom 11. September seine berufliche Karriere zerstört haben, da arabische Muslime nicht mehr auf Ingenieursposten in der Luftfahrtbranche gesetzt wurden.

der Muslime, im Mai 2003.[14] Auf deutscher Seite dauerte es länger, bis erstmals 2006 die vom Bundesministerium des Innern initiierte „Deutsche Islam Konferenz" einberufen wurde. Diese Kommunikationsplattformen zwischen Politik und nationalem Islam funktionieren auf beiden Seiten des Rheins nicht wie gewünscht. Die Ursachen diagnostiziert de Galembert (2007) sowohl bei den Muslimen selbst als auch bei den Politikern. Es fehle eine vereinende „religiöse Autorität", und die politischen Akteure betrieben eine ambivalente und unstetige Politik in Richtung des Islams. Diese Diagnose lässt sich meines Erachtens auch auf die Situation in Deutschland übertragen, wenngleich die muslimischen Gruppen hier tendenziell besser organisiert sind als in Frankreich, was insbesondere auf die türkisch-islamischen Organisationen zutrifft.

Ein Blick auf die verhandelten Themen der Konferenzen in Deutschland und Frankreich zeigt inhaltliche Unterschiede. In der ersten Phase der Deutschen Islam Konferenz wurden folgende Themen behandelt: Betonung der Verbindlichkeit und Gültigkeit der Rechtsordnung und des zugrunde liegenden Wertekonsens, Einführung eines islamischen Religionsunterrichts und die Ausbildung von Imamen an deutschen Hochschulen, Moscheebau und Bestattungen nach islamischen Ritus sowie das Thema „Kopftuch und Gender".[15] Überdies gab es einen Medien- und Sicherheitsdialog, in dem eine differenzierte Berichterstattung über Muslime und den Islam in den Medien sowie ein aktives Vorgehen von allen Seiten gegenüber einem islamisch motivierten Extremismus gefordert wurde.[16] Im *Conseil français du Culte musulman* wurden zwar auch ähnliche Themen behandelt wie etwa Moscheebau und die Ausbildung von Imamen, jedoch auch grundsätzlich andere Themen wie der Handel mit *Halal*-Waren oder die Organisation der Pilgerfahrt.

Am Beispiel der Unterschiede in Bezug auf die thematischen Schwerpunkte wird ein übergeordnetes nationales Phänomen sichtbar. Der *Conseil français du Culte musulman* wurde zwar auf Drängen der Politiker ins Leben gerufen, und jene

---

14 http://www.botschaft-frankreich.de/spip.php?article2399 [02.05.2010].

15 http://www.deutsche-islam-konferenz.de [02.05.2010].

16 Durch den Medien- und Sicherheitsdialog wird meines Erachtens die Vermischung eines ideologischen und realen Konflikts, der medial sehr wirkmächtig ist, forciert: nämlich die in der jüngeren Vergangenheit verfestigte Dichotomie von Westen vs. Islam. Während der Westen aus Perspektive der islamischen Welt als Bündel moralloser und kapitalistisch-hegemonialer Staaten figuriert wurde, so wurde der Islam aus Perspektive der westlichen Staaten als rückwärtsgewandte und gewaltträchtige Religion deklariert, die kriegerische Interventionen in der islamischen Welt rechtfertigen würde, z. B. den Golfkrieg (1990/91) oder die seit den Attentaten vom 11. September im Namen des Kampfes gegen den Terror geführten Kriege in Afghanistan (2001) und dem Irak (2003). Auf muslimischer Seite gab es dagegen im Namen des Dschihad provozierte Gewalttaten wie etwa den Aufruf zum Lynchmord des Autors Salman Rushdie im Jahre 1989 durch den iranischen Staatschef Khomeini, den Mord des islamkritischen Filmemachers Theo van Gogh und die im Zuge des Streits um die dänischen Mohammad-Karikaturen entbrannten Tumulte und getätigten Anschläge auf Botschaften westlicher Staaten.

bestimmten auch den ersten Präsidenten des Rates, aber das Gremium organisiert sich grundsätzlich selbst und behandelt daher auch mehrheitlich innerislamische Themen. Dies ist wiederum Ausdruck der Verfasstheit des französischen Staates. Die Prinzipien der Republik und Laizität sind auf die Rechte des Individuums ausgerichtet, nicht auf Gruppen und schon gar nicht auf religiöse Gruppen. Von dieser staatsrechtlichen Doktrin weicht die französische Politik in der Praxis ab. Der *Conseil français du Culte musulman* fungiert als Ansprechpartner für die französische Politik und ist insbesondere Empfänger von Geldern der Verwaltung, die eben jene Gruppe unterstützen soll, die der Staat selbst nicht unterstützen darf: muslimische Immigranten. Die Mitbestimmung muslimischer Immigranten bei politischen Entscheidungen wurde durch den *Conseil français du Culte musulman* indes kaum verbessert. Gesetzliche Neuregelungen wie das Verbot „betont auffälliger" religiöser Symbole – *foulard* oder Kopftuch – in Schulen und sonstigen öffentlichen Einrichtungen wurden, trotz des Widerspruchs der Muslime, zur Bewahrung des Laizismus seit 2004 verabschiedet.

In den Debatten um den Islam und Integration lassen sich sowohl auf den politischen Kommunikationsplattformen als auch in der öffentlichen Meinung zwei grundsätzliche Positionen unterscheiden. Eine am Toleranzgebot ausgerichtete Position, die in Richtung Multikulturalismus geht, und eine islamkritische Position, die Probleme bei und mit muslimischen Migranten tendenziell der Religion zurechnet. Beide Positionen stehen sich weitgehend unversöhnlich gegenüber.

2.1.3 Rechtliche Rahmenbedingungen für Migranten

Bei der Betrachtung der neueren Geschichte muslimischer Immigration sowie der aktuellen Integrationsdebatten spielen die rechtlichen Rahmenbedingungen eine große Rolle. Die Fragen des aufenthaltsrechtlichen Status' werden in Deutschland und Frankreich unterschiedlich geregelt. In Deutschland galt über lange Jahre ausschließlich das Abstammungsprinzip (*ius sanguinis*). Das heißt vereinfacht gesagt, man erhielt die deutsche Staatsbürgerschaft, wenn die Eltern auch die deutsche Staatsbürgerschaft besaßen. Diese Regelung hat zur Folge, dass Migranten oftmals dem Status nach Ausländer bleiben, auch wenn sie bereits viele Jahre in Deutschland leben oder gar in Deutschland geboren und aufgewachsen sind. In Frankreich hingegen war das Staatsbürgerschaftsrecht am Bodenrechtsprinzip (*ius soli*) orientiert. Derjenige, der auf französischem Territorium geboren wurde, erhielt in der Regel die französische Staatsbürgerschaft.

Während die rechtlichen Regelungen früher weit voneinander entfernt waren, haben sie sich mittlerweile durch Gesetzesänderungen angenähert. Mit der Reform im Jahre 2000 wurden Elemente des Bodenrechts in das deutsche Staatsbürgerschaftsrecht aufgenommen. Kinder, die in Deutschland geboren sind, aber deren Eltern keine Deutschen sind, können nun mit 18 Jahren die deutsche Staatsbürgerschaft annehmen.[17] In Frankreich wurde das Staatsbürgerschaftsrecht im Jahr 1998 verändert. Es wurden Elemente des Abstammungsprinzips aufgenommen. Die französische Staatsangehörigkeit erhält man mit Geburt oder Volljährigkeit. Letzteres nur unter bestimmten Voraussetzungen: In Frankreich geborene Kinder ausländischer Eltern erhalten mit der Volljährigkeit die französische Staatsbürgerschaft, wenn sie seit dem Alter von 11 Jahren mindestens fünf Jahre lang ihren ständigen Wohnsitz in Frankreich hatten. Unter besonderen Voraussetzungen auch früher, z.B. ab dem Alter von 13 Jahren,[18] mit Zustimmung der Eltern des Minderjährigen und mit dessen persönlicher Einverständniserklärung, wenn er oder sie seit dem Alter von acht Jahren in Frankreich gemeldet ist.[19]

2.1.4 Aktuelle Befunde und Ausblick

Aufgrund der unterschiedlichen staatsrechtlichen und spezifischen statistischen Regelungen – die das Zählen gemäß religiöser Orientierung verbieten – lassen sich für Frankreich nur Zahlen in Bezug auf den aufenthaltsrechtlichen Status nennen. Dabei wird zwischen Einwanderern und Ausländern unterschieden. Als Einwanderer werden Immigranten mit ausländischem Pass oder Eingebürgerte erfasst. Derzeit leben etwa fünf Mio. Einwanderer in Frankreich, das entspricht 8,1 Prozent der Bevölkerung. Weiterhin werden Ausländer erfasst. Das sind Menschen ohne französische Staatsbürgerschaft, auch wenn sie in Frankreich geboren sind. Von ihnen leben zurzeit ca. 3,5 Mio. in Frankreich, das sind 5,7 Prozent der Bevölkerung.[20] Über die Zahl der in Frankreich lebenden Muslime, seien es Ausländer oder Einwanderer, gibt es, wie bereits gesagt, keine offiziellen Zahlen; sie wird auf fünf Mio. geschätzt.

In Bezug auf Deutschland sind die statistischen Zahlen präziser. Von den 82,5 Mio. Menschen, die 2005 in Deutschland lebten, haben etwa 15,3 Mio. oder 18,3 Prozent der Bevölkerung einen Migrationshintergrund. Davon sind 7,3 Mio. Menschen dem Status nach Ausländer (Bandorski et al. 2009:22). Nach einem neuen Forschungsbericht des Bundesamtes für Migration und Flüchtlinge leben mehr Muslime in der Bundesrepublik als bisher angenommen, nämlich zwischen 3,8 und 4,3 Mio. Rund die Hälfte der in Deutschland lebenden Muslime mit Migrationshintergrund kommen aus einem der 50 islamisch geprägten Herkunftsländer, sind aber bereits deutsche Staatsangehörige (Haug et al. 2009:80).

---

17 Die Auswirkungen und Schwierigkeiten einer Entscheidung für oder wider die nationale Herkunft der Eltern bzw. des eigenen Geburtslandes im Zuge der Volljährigkeit werden im Fall Mahmut* sichtbar.

18 Diese Regelung und ihre Bedeutung wird im Fall Yasmina* – von ihr selbst – eingehend beschrieben.

19 Vgl. http://www.botschaft-frankreich.de/spip.php?article1611 [11.08.2010].

20 http://www.focus-migration.de/uploads/tx_wilpubdb/LP02_Frankreich_v2_01.pdf [11.08.2010].

Bewertet man die Entwicklung im französischen Staatsbürgerschaftsrecht sowie die Einwanderungsstatistik, dann hat sich Frankreich tendenziell von seinem Status als *klassisches* Einwanderungsland entfernt[21]. Dies ist Ausdruck einer zunehmend repressiven Politik gegenüber Einwanderern, die sich zuspitzt. Die soziokulturellen und ökonomischen Probleme haben bei einem Teil der muslimischen Jugendlichen ein Ausmaß erreicht, das im Herbst 2005 und November 2007 zu Unruhen in den *Banlieues* führte und als Folge einer „langfristig fehlgeschlagenen bzw. unzureichenden Integrationspolitik" zu betrachten ist (Ottersbach 2008:111). Hinzu kommt, dass der französische Staat ein „doppeltes Spiel" betreibt. Die Negierung einer Notwendigkeit, bestimmte Gruppen wie etwa Migranten oder Jugendliche mit politischen Maßnahmen zu fördern, ist im republikanischen Modell nicht vorgesehen. In der Praxis werden diese Gruppen aber positiv diskriminiert und kommen so in den Genuss spezifischer Maßnahmen (vgl. Ottersbach 2008:110).

Der Blick auf Deutschland und die Reform des Staatsbürgerschaftsrechts zeigt eine Zunahme der Personen mit Migrationshintergrund, die nun nicht mehr Ausländer, sondern Deutsche sind. Nimmt man das seit 2005 bestehende Zuwanderungsgesetz hinzu, dann kann man seit diesem Zeitpunkt von einer systematischen Integration der Migranten sprechen. Obgleich die Integrationspolitik im Vergleich zu Frankreich relativ gut funktioniert und es keine den *Banlieues* vergleichbaren Einwandererstadtteile gibt, treten ähnliche Problemlagen auf – und zwar „im Bildungssystem, beim Zugang zum Arbeitsmarkt und bei der politischen Teilhabe von Muslimen".[22]

Die bis hierhin skizzierte Entwicklung der Migration in Deutschland und Frankreich weist Unterschiede aber auch Ähnlichkeiten auf. Während die Situation in Frankreich für viele Einwanderer aufgrund ihrer französischen Sprachkenntnisse grundsätzlich günstiger ist, und sich dies neben der geringeren Selektivität im Bildungssystem sicherlich positiv auswirkt, herrscht dennoch eine deutlich erhöhte Arbeitslosigkeit unter Jugendlichen mit Migrationshintergrund. In der Berufswelt ist sowohl die ethnische als auch soziale Herkunft der Jugendlichen oftmals ein Ausschlusskriterium in Bewerbungsverfahren. Das hat zur Folge, dass die Möglichkeit Karriere zu machen und den sozialen Aufstieg zu schaffen für Migrantenjugendliche in Frankreich schwieriger ist als in Deutschland. Nicht weniger rühmlich ist hingegen die Situation in Deutschland. Denn dass bereits im Bildungssystem der Migrationshintergrund der Schüler zu ethnischen Diskriminierungen und signifikant schlechteren Bildungschancen führt, ist spätesten seit den PISA-Tests bekannt. Einschneidende Maßnahmen zur Verbesserung sind aber bis heute kaum erfolgt.

---

21 Siehe hierzu auch Leggewie (1993).
22 Gemäß der Studie „Islam and Identity in Germany" der „International Crisis Group"; zitiert nach http://www.migration-info.de/mub_artikel.php?Id=070307 [11.08.2010].

2.2 Stand der Forschung zu muslimischer Religiosität im Kontext von Migration

Es gibt mittlerweile eine Vielzahl an Untersuchungen[23] und Abhandlungen über den Islam der Migranten in Europa. Trotz dieser intensiven Auseinandersetzung werden die Ergebnisse nicht selten auf die Frage der Integration von muslimischen Migranten und die Bedeutung der Religiosität beim Integrationsprozess reduziert. Bommes (2008) spricht daher von einem „Kurzschluss von Religion und Integration", oder anders gesagt: „Der Islam in Europa wurde und wird jedoch bis in die Gegenwart auch in der Forschung funktionalistisch auf die Frage nach der Bedeutung für die soziale Integration von Migranten verkürzt" (Bommes 2008:24). In diesem Zusammenhang steht insbesondere die finanziell gut ausgestattete Migrationsforschung unter Verdacht, den wissenschaftlichen Unterbau für die Integrationspläne und -ziele der herrschenden Politiker zu liefern. Muslimische Religiosität wird dabei nach allen Seiten gewendet als Integrationshindernis interpretiert und bewertet. „Die muslimische Religiosität der Migranten gilt tendenziell als Zeichen unvollständiger Integration, denn für die einen steht sie im Widerspruch zu einem christlich interpretierten Europa, für die anderen aber zu einem liberal säkularen Selbstverständnis, das die öffentliche Artikulation eines religiösen Selbstverständnisses ausschließt" (Bommes 2008:25).

2.2.1 Quantitativ ausgerichtete Studien

Die breit angelegte, quantitative Studie des Berlin-Instituts für Bevölkerung und Entwicklung (2009) kommt zu dem Ergebnis, das bei der Gruppe der Migranten mit türkischen Migrationshintergrund „große bis sehr große Integrationsmängel" bestehen (a.a.O., S. 7), obgleich viele von ihnen bereits seit einem halben Jahrzehnt in Deutschland leben. Als ein Indikator für den Integrationsgrad wird der Anteil an bikulturellen bzw. gemischten Ehen gewertet. Nur fünf Prozent der türkischstämmigen Migranten gehen eine bikulturelle Ehe ein, und dies zeige im Umkehrschluss die Wichtigkeit der eigenen sozialen Gemeinschaft[24]. „Für diesen geringen Anteil dürfte wie bei Personen, die aus dem Nahen Osten stammen, auch der muslimische Glaube eine Rolle spielen" (a.a.O., S. 36), denn das Wertesystem dieser Herkunftsgruppe sei nach wie vor stark durch den muslimischen Glauben geprägt und stehe daher bikulturellen Partnerschaften im Wege (a.a.O., S. 45).

Eine Langzeitstudie des Bildungsforschers Heinz Reinders (2005-2007) kommt zu einem gänzlich anderen Ergebnis als die zuvor genannte Studie.[25] Junge Türken

---

23 Auf den Ertrag der Shell-Jugendstudie (2006) in Bezug auf „Jugend und Religiosität" wird auf S. 37 näher eingegangen.
24 Siehe hierzu auch Ceylan (2006).
25 Siehe auch Reinders (2009).

seien Motor der Integration, und es gebe insgesamt eine zunehmende Integrationsbereitschaft bei Jugendlichen türkischer Herkunft. Die Studie bezieht allerdings nicht die Bedeutung muslimischer Religiosität mit ein, sondern bezieht sich auf Integrationsindikatoren wie „deutsche Freunde haben wollen" und „deutsch sprechen". Die vorläufige Schlussfolgerung aus dieser andauernden Studie fasst Reinders so zusammen: „Was wir brauchen ist eine konstruktive Debatte zu dem, was wir ‚kulturbewusste' Integration nennen. Nur wer weiß, worin seine kulturelle Identität wurzelt, kann sich offen und neugierig auf die Kultur der Aufnahmegesellschaft zu bewegen" (ebd.).

Das erste Jahresgutachten des Sachverständigenrats deutscher Stiftungen für Integration und Migration (2010) auf Basis eines so genannten Integrationsbarometers bewertet die Integration in Deutschland als „zufriedenstellend oder sogar gut" (a.a.O., S. 13). Dem „Kriterium Migrationshintergrund" wird aber neben anderen Faktoren weiterhin ein Förderbedarf zugeschrieben, um Nachteile auszugleichen und den sozialen Frieden im „Migrationsland" zu erhalten. Neben vielen anderen Aufgaben sei insbesondere der Bildungsbereich eine „Integrationsbaustelle". Die Bildungschancen und Bildungserfolge von Jugendlichen mit Migrationshintergrund hinken nach wie vor denen der einheimischen Jugendlichen hinterher. Dabei sind die „einschlägigen Dunkelstellen und Krisenbeschleuniger im Bildungs- und insbesondere Schulsystem" bekannt; es mangele jedoch an einer beherzten Umsetzung der Handlungsempfehlungen (a.a.O., S. 22). Nicht weniger problematisch erweist sich das novellierte Staatsbürgerschaftsrecht, das nach wie vor zu viele Einwanderer „produziert", die nicht über die deutsche Staatsbürgerschaft verfügen. Das Optionsmodell sei eine „Sackgasse" (a.a.O., S. 24 f.). Keinen Sackgassen-Charakter aber einen niedrigen Bekanntheitsgrad unter Muslimen hat die „Deutsche Islam Konferenz". Die Studie geht intensiv auf die politischen Implikationen der Konferenz ein, die jedoch für den Alltag der Muslime kaum Bedeutung hat. Gefordert werden handfestere Maßnahmen, z.B. das Errichten von Zentren für Islamische Studien, um schnellstmöglich flächendeckend islamischen Religionsunterricht in den Schulen anzubieten (a.a.O., S. 149 f.).

Eine der Fragestellung nach weit angelegte Studie des Bundesministerium des Innern (2007) hat die Bedeutung der Religion, Einstellungen zu Demokratie und Rechtsstaat sowie politisch-religiös motivierter Gewalt bei Muslimen in Deutschland untersucht. Sie kommt zu differenzierteren Ergebnissen als die zuvor genannten Studien. Je nach religiöser Orientierung – wie Traditionalismus, Orthodoxie, Fundamentalismus – lassen sich unterschiedliche Grade der Integration feststellen, die in den Antworten der Befragten in den zuvor genannten Themenbereichen sichtbar werden. Insgesamt ist festzustellen, dass es eine enorm hohe Bedeutung der Religion oder Religiosität für Muslime in Deutschland gibt und bei der weit überwiegenden Mehrheit „starke religiöse Bindungen" bestehen (S. 492 f.).

Der interdisziplinär (Psychologie, Soziologie, Theologie, Religionswissenschaft) angelegte Religionsmonitor der Bertelsmann Stiftung (2009) kommt zu einem vergleichbaren Ergebnis in Bezug auf Muslimische Religiosität in Deutschland: 90 Prozent der Muslime in Deutschland (über 18 Jahre) sind religiös und 41 Prozent davon sogar hochreligiös orientiert. Die Unterteilung nach Sprachgruppen ergibt, dass türkisch- und arabischsprachige Muslime mit 91 Prozent religiös oder hochreligiös die höchste religiöse Prägung haben; die Hochreligiosität ist mit 44 Prozent am stärksten bei den Türkischstämmigen ausgeprägt. Obgleich die Studie einerseits die alltagspraktische Relevanz des Religiösen betont, die unmittelbare Auswirkungen auf das Leben und Handeln der Muslime habe, wird andererseits resümiert: „Mit einer hohen Zentralität [der Religiosität; M.T.] ist aber kein rigider Dogmatismus oder Fundamentalismus verbunden: Hochreligiöse Muslime in Deutschland sind kritisch und reflektiert, mit einer hohen Akzeptanz von religiösem Pluralismus und einem eher pragmatischen Umgang mit religiösen Konsequenzen im Alltag" (a.a.O., S. 6).

Im Schnittpunkt von quantitativen und qualitativen Forschungsansansätzen ist die Sinus-Milieustudie angelegt. Die Untersuchung von Sinus Sociovision (2008) wurde im Zeitraum 2006 bis 2008 durchgeführt und wird als „qualitative ethnografische Leitstudie" mit „Quantifizierung auf repräsentativer Basis" bezeichnet.[26] Die Studie zeigt ein „facettenreiches Bild der Migranten-Population" und, dass die Zugehörigkeit zu einem sozialen Milieu mehr den Alltag der Migranten beeinflusst, denn Religion oder die ethnische Herkunft. Diese Kernbotschaft revidiert das negative Bild und Klischees über Migranten in Deutschland. Es wird der Anspruch erhoben, „sachdienliche Hinweise zur Integration der Deutschtürken" zu liefern, und damit insbesondere in Richtung der zuvor genannten Studie des Berlin Instituts polemisiert. Es wurden acht unterschiedliche Migranten-Milieus[27] entwickelt, die vier charakteristische Tendenzen haben: bürgerliche, traditionsverwurzelte, ambitionierte und prekäre Migranten-Milieus. In jedem dieser Milieus finden sich auch türkischstämmige Einwanderer. Ihr Anteil im „religiösverwurzelten Milieu" ist mit 19 Prozent gegenüber 7 Prozent an der Gesamtheit der Migranten jedoch deutlich höher. Dennoch wird der Einfluss religiöser Traditionen oft überschätzt, z.B. haben rund 75 Prozent der befragte Migranten eine entschiedene Abneigung gegenüber fundamentalistischen Einstellungen, und 84 Prozent sehen Religion als „reine Privatsache" an. Nur rund die Hälfte der türkischstämmigen Migranten bezeichnet sich als Muslime, die ihre Religion aktiv praktizieren. Die Zahlen zeigen, dass „Faktoren wie ethnische Zugehörigkeit, Religion und Zuwanderungsgeschichte […] zwar die Alltagskultur" beeinflussen, aber „nicht milieuprägend und auf Dauer

---

26 Hier und im Folgenden stammen die Zitate aus dem „Hauptdokument Deutschtürken" der Sinus-Studie. Online abrufbar unter: http://www.sociovision.de/uploads/tx_mpdownload-center/Aktuell_30012009_Deutschtuerken_Hauptdokument.pdf [11.08.2010].

27 Die Sinus-Milieus orientieren sich an der Lebensweltanalyse und gruppieren Menschen, die sich in ihrer Lebensauffassung und Lebensweise ähneln; dabei werden unterschiedliche Faktoren berücksichtigt, z. B.: Wertorientierung sowie Alltagseinstellungen zur Arbeit, zur Familie, zur Freizeit, zu Medien und Konsum.

nicht identitätsstiftend" sind. Mit anderen Worten: „Man kann also nicht von der Herkunftskultur auf das Milieu schließen. Und man kann auch nicht vom Milieu auf die Herkunftskultur schließen." Besonders interessant ist auch das Ergebnis, dass Leistungsbereitschaft und der Wille zum sozialen Aufstieg unter den Migranten deutlich stärker ausgeprägt sind als in der einheimischen deutschen Bevölkerung. „Mehr als zwei Drittel zeigen ein modernes, individualisiertes Leistungsethos."

2.2.2 Qualitativ ausgerichtete Untersuchungen

In den empirischen Studien, die überwiegend qualitativ vorgehen, steht weniger die Frage nach der Integration, sondern nach der lebensweltlichen Bedeutung muslimischer Religiosität im Mittelpunkt. Trotz der prinzipiell ähnlichen Forschungsperspektive kommen diese Arbeiten zu unterschiedlichen Bewertungen, die sich in zwei grundsätzlichen Positionen widerspiegeln: Islam als Integrationshindernis oder Integrationsmotor. Und dabei spielt es keine Rolle, ob der Forschende selbst über einen Migrationshintergrund verfügt. Die widerstreitenden Positionen lassen sich z.B. an der Untersuchung von Neclá Kelek (2002) über „Islam im Alltag – islamische Religiosität und ihre Bedeutung in der Lebenswelt von Schülerinnen und Schülern türkischer Herkunft" und der Arbeit von Halit Öztürk (2007) über „Wege zur Integration – Lebenswelten muslimischer Jugendlicher in Deutschland" skizzieren.

Kelek (2002) geht davon aus, dass ein „muslimischer Habitus", der ursprünglich in islamisch geprägten Gesellschaften entstanden ist, im Umgang mit der Moderne zu „Widersprüchlichkeiten" führt (a.a.O., S. 88). Der Habitus wirke dabei latent unterhalb der Vernunftebene und als Handlungsorientierung auf den Lebensstil (a.a.O., S. 64). Unabhängig von einer etwaigen individuellen Religiosität erschwert der muslimische Habitus also Individuierungsprozesse, da kollektiv geprägte Wertemuster wirksam bleiben und diese im Widerspruch zu den Werten der Aufnahmegesellschaft stehen. Der Islam ist letztlich Integrationshemmnis. Öztürk (2007) postuliert hingegen, dass Integration gar die religiöse, islamische Pflicht eines jeden Muslims sei; so jedenfalls sei es – seiner Meinung nach – aus dem Koran abzuleiten. Obgleich Öztürk mit dieser Auslegung fernab der herrschenden Koranexegese (*Tafsir*) steht, wird hier die gegensätzliche Bewertung muslimischer Religiosität deutlich.[28]

Nicht weniger polarisierend, aber auch klärend ist eine frühe Untersuchung der Kultursoziologin Ursula Mıhçıyazgan (1994). In einer empirischen Studie hat sie die religiöse Praxis muslimischer Migranten in Hamburg erforscht. Sie kommt zu

---

28 Vgl. hierzu auch kritisch Oevermann (2003:339), der bei einigen religionswissenschaftlichen Studien eher das Bekenntnisinteresse des Forschers im Vordergrund stehen sieht, denn wissenschaftliches Erkenntnisinteresse.

dem erstaunlichen Ergebnis, dass durch die Migration kaum ein Wandel der Religiosität geschieht, sondern die zumeist „nachlässige Glaubenspraxis" bereits in den Herkunftsländern bestand. Es ist insofern eine Kontinuität nachlässiger Glaubenspraxis festzustellen, die Mıhçıyazgan als „Volksislam" bezeichnet; und dieser wird explizit von einem „Hochislam" unterschieden. Mit einer provokanten These knüpft Mıhçıyazgan an das Konzept des „Selbst" an, also dem Konzept der Individuierung des Einzelnen auf Grundlage reflexiver Selbstbeobachtung; jenes steht wiederum in ideengeschichtlicher Nähe zum christlichen Konzept der Beichte. Aufgrund der empirischen Untersuchung kommt sie zu dem Ergebnis, dass es „im Alltag der Muslime [...] keine institutionalisierten Formen der Selbstbeobachtung und Selbstthematisierung" gibt, also keine „Anzeichen für Innerlichkeit, noch für eine Reflexion der Gefühle". Mıhçıyazgan folgert daraus, dass es keine Anhaltspunkte dafür gibt, dass „die muslimischen Migranten ein modernes Selbst ausbilden" (a.a.O., S. 203 ff.).

Sigrid Nökel (1996; 2002) hat sich in ihren empirischen Untersuchungen auf weibliche Muslime – also Musliminnen oder Muslimas – beschränkt, die Kopftuchträgerinnen sind. Nökel bezeichnet den von ihr herausgearbeiteten Typus als „Neo-Muslima": Sie sind gut ausgebildete Muslimas, die einen selbstgesteuerten Re-Islamisierungsprozess durchlaufen haben. Ihr Kopftuch ist daher als Ausdruck eines neuen muslimischen Selbstbewusstseins zu verstehen, das die Neo-Muslima mit Stolz in der Öffentlichkeit trägt. Emanzipation und bewusste Hinwendung an den Islam verbinden sich. „Sie kombinieren selbstbewußt religiöse Zeichen mit denen der Massenkultur und Gläubigkeit mit Modernität" (a.a.O., S. 12 f.).

In dieselbe Richtung argumentiert Monika Salzbrunn (1999) in ihrer zusammenfassenden Analyse empirischer Arbeiten, die sich mit „Musliminnen Nord- und Westafrikanischer Herkunft in Frankreich" beschäftigen. Sie spricht weniger vom Typ einer neuen Muslimin, sondern beschreibt die Entwicklungen: Es gebe eine Sehnsucht nach Anerkennung der muslimischen Religiosität im öffentlichen Raum. Der „neue, weibliche Islam" kann sich daher insbesondere im Tragen des Kopftuchs äußern. „Insgesamt wird der weibliche Islam zu einer wichtigen Referenz bei der Neukonstruktion alltagsweltlicher Handlungsstrategien, die im günstigsten Fall zu einer integrierenden Verortung im Migrationskontext führen" (a.a.O., S. 79). Salzbrunn gibt allerdings auch zu bedenken, dass die republikanische Staatsräson jeden Ausdruck kultureller Besonderheit in der Öffentlichkeit missbilligt. „Das private Individuum darf Muslim und Araber oder Kabyle sein; im öffentlichen Raum jedoch wird dem nur wenig Raum gegeben" (a.a.O., S. 66).

Auch Gritt Klinkhammer (2000) beschränkt sich in ihrer Untersuchung „Moderne Formen islamischer Lebensführung" auf gut ausgebildete, türkischstämmige Musliminnen. Sie stellt eine Tendenz fest, dass sich Jugendliche der zweiten Generation von dem folkloristischen Islam der Elterngeneration zu einem „wahren Islam" hinwenden; diese Form der islamischen Lebensführung bezeichnet sie als „exklusivistisch". Im Zentrum steht die eigene und authentische Entscheidung für

den Islam. Klinkhammer unterscheidet diese von zwei weiteren Lebensführungs-
konzepten: der traditionalistischen, die das Muslim-Sein qua Geburt betont, und der
universalistischen, die weniger auf religiöse Normen, Werte und Riten, denn auf
die – zum Teil auch mystische – Suche nach Wahrheit und Sinn abzielt.

In einer eher grobmaschigen Analyse hat Werner Schiffauer (2004) drei grundsätzliche Positionen eines Diaspora-Islam unterschieden und diese zueinander ins
Verhältnis gesetzt; diese entstehen in Wechselwirkung mit Fragen zu Macht, Anerkennung und Diskriminierung sowohl innerhalb der muslimischen Gemeinschaft
als auch als „Gruppe" von Muslimen innerhalb der Mehrheitsgesellschaft. Schiffauer beschreibt darüber hinaus eine Form des „individuierten Islam" in Europa,
den er als „bewussten" Islam bezeichnet. Der Islam sei „Privatsache" geworden,
eine „Angelegenheit zwischen Individuum und Gott" (a.a.O., S. 357). Der „bewusste" Islam entsteht durch Entscheidung. Und es wird sich der Islam in einer individualisierten Form angeeignet, die von der (dörflich) traditionellen Art des Islams
abzugrenzen ist, in der Muslim hineingeboren wurde. Die Spannbreite der Individuierung kann selbst innerhalb einer Familie unterschiedlichste Formen muslimischer Religiosität hervorrufen. Der Übergang zu einem „liberalen" Islam ist dabei
fließend.

Nikola Tietze (2001; 2003; 2004; 2007) hat in ihrer Dissertation und den darauf
aufbauenden Aufsätzen die muslimische Religiosität junger Männer in Deutschland
und Frankreich untersucht. Anhand der Analyse von narrativen Interviews hat sie
vier unterschiedliche Idealtypen herausgearbeitet: eine ethisierte, eine idealisierte,
eine utopisierte und eine kulturalisierte Form muslimischer Religiosität. Diese Typen beschreiben einen Subjektivierungsmodus oder, anders gesagt, die Art und
Weise, wie die Identität mit dem Islam individuell ausgestaltet wird und was sie
charakterisiert. Tietze betont, dass die Aneignung eines individuellen Bezuges zum
Islam prozessualen Charakter hat. Die muslimischen Religionsformen sind dabei
„fluktuierend". Sie können durch biografische Krisen oder Wendepunkte verändert,
und von einer in die andere Religiositätsform gewechselt werden.

Die Ethisierung des Religiösen ist dadurch gekennzeichnet, dass der Islam
durch einen Rationalisierungsprozess zu einem „ethischen Verhaltenskodex" umge-
formt und zu einer „Handlungsanleitung" für das Alltagshandeln wird. Die ethni-
sierte Religiosität stellt normative Orientierungspunkte her, die zum einen Autonomie und Selbstvergewisserung erzeugen, zum anderen aber auch – wenn der
Verhaltenskodex zu engmaschig gestrickt ist – zu einer „unüberschreitbaren Grenze" werden können, die Autonomie einengt (Tietze 2007:229).

Bei der Ideologisierung des Religiösen wird die subjektive Bedeutung des Islams in Form von Zugehörigkeit zu einer Erinnerungsgruppe betont. Charakteristisch für diese Erinnerungsgruppe ist, dass außerreligiöses sowie politisches und
historisches Wissen mit dem Ziel „sakralisiert" wird, eine „Gemeinschaft von un-
terdrückten Muslimen" zu stiften und deren Alltagpraxen zu legitimieren. Die
Theologie und Religionsausübung wird dazu funktionalisiert und „mechanisch"

bedient, um sowohl Differenz zu den Anderen herzustellen als auch Solidarität mit und unter Muslimen in einer marginalisierten gesellschaftlichen Position herzustellen. Klafft die Differenz zu weit auseinander, dann besteht die Gefahr, dass sich radikalisierte Verhaltensmuster ausbilden und ausprägen.

Die utopisierte Form muslimischer Religiosität betont den Bezug auf eine transzendentale „außersoziale" Instanz. Diese ermöglicht dem Individuum seine realen Problemlagen mittels der Läuterung in seiner religiösen Praxis zu relativieren. Über theologische Bezüge versucht der Gläubige das eigene Selbst zu vervollkommnen. Dies ermöglicht dem Gläubigen trotz sozialer Randlage und individueller Probleme handlungsfähig zu bleiben. Wenn allerdings die soziale Realität gänzlich aus dem Blickwinkel des Einzelnen verschwindet, dann kann sich die eigene Autonomie zu Gunsten der transzendentalen Instanz auflösen.

Die Kulturalisierung der Religiosität stellt eine Form der Identifikation mit dem Islam dar, bei der das Religiöse in eine spezifische Kultur integriert wird, und der Islam gleichsam a priori Teil dieser Kultur ist. Die kulturalisierte Religiosität hat die Funktionen Zugehörigkeit zu einer sozialen und kulturellen Identität zu stiften, und den Gläubigen in ein „bestimmtes Milieu" zu integrieren. Jene Zugehörigkeit und Integration wird durch die „mechanische" Ausübung religiöser Praxis hergestellt. Charakteristisch für die kulturalisierte Form muslimischer Religiosität ist dabei auch, dass durch „Basteleien" neue Formen erschaffen werden, und deren „selbstverständliche Integration in die Lebenswelt [...] geradezu eine subjektive Umarbeitung der Tradition" erfordert (a.a.O., S. 230 f.). Geschieht dies nicht, dann kann der Gläubige in der Welt der Traditionen und ihrem Normen und Wertvorstellungen eingeschlossen und die Entstehung von Neuem erschwert oder verhindert werden.

Nikola Tietze hat durch die Herausarbeitung jener hier skizzierten Typen eine hilfreiche Kategorisierung unterschiedlicher muslimischer Religiositätsformen geliefert. Es werden jedoch auch in ihrer Untersuchung keine jugendspezifischen Parameter beachtet, obgleich die Typen aus der Analyse von Interviews mit muslimischen *Jugendlichen* generiert wurden. Dies ist kein Einzelfall. Trotz der Fülle an Querschnitts- und Einzelfallstudien über Muslime in Deutschland und Frankreich existieren bisher kaum wissenschaftliche Abhandlungen, die sich systematisch oder multiperspektivisch mit der Bedeutung muslimischer Religiosität in der Jugendphase oder Adoleszenz auseinandersetzen (vgl. Bundesministerium des Innern 2007:19). Eine Ausnahme bildet die jugendtheoretische Betrachtung junger Muslime von Wensierski (2007), auf die im Abschnitt 3.3.1 näher eingegangen wird.

3 Adoleszenz und Religiosität

In diesem Kapitel werden die Begriffe „Adoleszenz" und „Religiosität" erörtert. Sie stellen den theoretischen Hintergrund für die empirische Untersuchung dar. Die Begriffe werden zunächst aus gesellschaftstheoretischer Perspektive entfaltet, in deren Kern die Individualisierungsthese steht. Ausgehend von der Annahme, dass der gesellschaftliche Wandel zu einem verschärften Individualisierungsdruck für den Einzelnen geführt hat, werden anschließend diese Entwicklung und ihre Folgen für eine veränderte Jugendphase und die Bedeutung von Religiosität in der Moderne skizziert; diese Ausführungen bleiben allerdings deskriptiv. Im Anschluss werden daher zwei *analytische* Zugänge vorgestellt, die wie eine theoretische Klammer die Interpretation der Fälle umrahmen und somit als heuristischer Rahmen zu verstehen sind: Das sozialisationstheoretisch ausgerichtete Konzept von Adoleszenz nach King und das objektiv-hermeneutische Strukturmodell von Religiosität nach Oevermann. Durch diese doppelte Perspektive gelingt es, dass Phänomen Religiosität in der Adoleszenz angemessen zu erfassen, jedoch bleiben Unschärfen bestehen im Hinblick auf die Bedeutung *muslimischer* Religiosität in der Adoleszenz. Es wird daher gefragt und diskutiert: Was bedeutet das Ideal eines individualisierten und individuierten Subjekts, das in einer säkular-liberalen Gesellschaft lebt, für muslimische Jugendliche? Und worin könnten „Probleme" oder Potenziale ihrer muslimischen Religiositätsform liegen?

3.1 Adoleszenz und Religiosität in der Moderne

3.1.1 Die gesellschaftstheoretische Ausgangslage – reflexive Moderne

Die Moderne im Sinne der gegenwärtigen Zeit und was sie charakterisiert, wird in den Sozialwissenschaften mit unterschiedlichen Begriffen beschrieben. Die Rede ist von der flexibilisierten, radikalisierten, reflexiven, beschleunigten, zweiten, späten oder Post-Moderne sowie der Risiko-, Erlebnis- oder Freizeitgesellschaft. Obgleich die unterschiedlichen Begriffe jeweils Ausdruck eines spezifischen, analytischen Blickwinkels auf die Moderne sind, gibt es einen weitgehend übereinstimmenden Befund zur gesellschaftlichen Situation der Gegenwart: Individualisierung der Individuen und Pluralität der Lebensstile sind charakteristische Merkmale modernisierter, zumeist westlicher Gesellschaften.

Als einer der prominentesten Vertreter der Individualisierungsthese gilt Beck (1983; 1986), auf dessen Arbeit ich mich im Folgenden beziehe. Sie besagt, dass die Sozialformen der industriellen Gesellschaft, wie Klasse, Schicht, Familie und Beruf, durch den gesellschaftlichen Wandel seit den 1980er Jahren zunehmend aufgelöst werden. Der Einzelne löste sich zunehmend aus den bis dahin bestehenden traditionellen Klassen- und familiären Versorgungsbezügen heraus. An deren Stelle wurden individuelle Lebensformen sichtbar. Dieser „Individualisierungsschub" brachte zum einen ungeheure Entfaltungsmöglichkeiten für die eigene Lebensplanung mit sich, zum anderen aber auch Risiken, wie etwa die Arbeitsmarktabhängigkeit und Vereinsamungstendenzen.

Drei Dimensionen kennzeichnen nach Beck (2001) die Individualisierung im „Zeitalter des eigenen Lebens": Erstens die Freisetzung aus historisch gegebenen Sozialformen und -bindungen; zweitens die Entzauberung der Welt durch den Verlust von traditionellen Sicherheiten wie sie durch Religion, Normen und überliefertes Handlungswissen vermittelt wurden; drittens die Kontrolle und Reintegration des Einzelnen durch neue soziale Bindungen, die zumeist staatlicherseits geregelt und organisiert werden.

Die Individualisierung ist auf der Ebene des Subjekts als Prozess vom fremd- zum selbstbestimmten Leben erfahrbar, der allerdings an die bestehenden Strukturen sozialer Ungleichheit gebunden ist. Beck merkt daher kritisch an, dass eben diese „paradoxale Sozialstruktur" kennzeichnend für modernisierte Gesellschaften ist. Der Zwang zur Individualisierung und Gestaltung des eigenen Lebens besteht also in Abhängigkeit von Chancen auf dem Arbeitsmarkt, die durch Bildungswege und -abschlüsse geebnet und in großem Maße durch die soziale Herkunft bestimmt werden. Beck resümiert: „Die Lebensbedingungen der Individuen werden ihnen selbst zugerechnet; und dies in einer Welt, die sich fast vollständig dem Zugriff der Individuen verschließt. Auf diese Weise wird das ‚eigene Leben' zur *biografischen Lösung systemischer Widersprüche*" (a.a.O., S. 3).[29]

Die Individualisierung in der Moderne birgt also sowohl die Möglichkeiten, das eigene Leben zu gestalten, als auch den Zwang, mit den Risiken und Widersprüchen umzugehen. Mit anderen Worten: Der Einzelne ist herausgefordert, sein Leben und seinen Lebensentwurf beständig zu reflektieren und eigenständig nach Lösungen zu suchen. Das Misslingen oder Gelingen eines Lebensentwurfes ist in der Moderne daher in großem Maße von diesen Reflexionsprozessen abhängig, die „biografische Arbeit" für das Individuum bedeuten (Marotzki 2002). Es geht in der reflexiven Moderne also weniger darum, lineare biografische Verläufe „zu leben", denn Lebensabschnitte, Krisen und Brüche zu meistern. Die Herstellung biografischer Konsistenz, die die einzelnen Fragmente der Lebensgeschichte miteinander verbindet, ist damit ebenso zum zentralen Merkmal im Leben des Einzelnen geworden wie der Umgang mit biografischer Unsicherheit an sich (vgl. Wohlrab-Sahr 1995b:232).

---

29 Meines Erachtens wäre an dieser Stelle auch auf die zunehmende Einschränkung der Entfaltungs- und Gestaltungsmöglichkeiten des individuellen Lebensentwurfes durch Gesetze und Normen hinzuweisen; dies beginnt mit der Schulpflicht und endet mit Bestattungsvorschriften. In der Rechtswissenschaft wird daher treffend von einer „Durchnormierung aller Lebensbereiche" gesprochen (Pieroth et al. 2007:144). Für Ausländer innerhalb der EU gilt dieses Phänomen oftmals in verschärfter Weise.

Diese Herausforderungen, die sich im Zuge der Individualisierung in der reflexiven Moderne ergeben, sind für diejenigen extrem, die über wenig kulturelles, soziales und ökonomischen Kapital verfügen oder kulturelles und soziales Kapital aus einem Herkunftsgebiet mitbringen, das in der Mehrheitsgesellschaft nicht anerkannt oder verwendbar ist – wie ein signifikanter Teil der jungen Bevölkerung mit Migrationshintergrund in modernisierten, europäischen Gesellschaften.

3.1.2 Jugend in der Moderne

Der gesellschaftliche Wandel verändert auch die Jugendphase oder anders gesagt, die gesellschaftlichen Rahmenbedingungen der Jugendphase haben sich verändert – und dies hat Folgen für die Entwicklungsprozesse der Jugendlichen. Diese Differenzierung ist notwendig. Denn vielfach ist in Untersuchungen von einer „Entgrenzung" der Jugend die Rede wie bspw. im 12. Kinder- und Jugendbericht (Bundesministerium für Familie 2005). Damit sind zum einen neue Phänomene in der Jugend, wie bspw. ein altersunspezifischer Medienkonsum, und zum anderen neue Zeitlichkeiten von Entwicklungsprozessen gemeint. Die Kernaufgaben der Jugend haben sich nicht verändert;[30] sie werden aber insofern durch den gesellschaftlichen Wandel beeinflusst, da eine Wechselseitigkeit zwischen den Entwicklungsmöglichkeiten in der Jugend und den gesellschaftlichen Rahmenbedingungen besteht. Die Veränderung der Jugendphase in der reflexiven Moderne besteht nach Schröder (2005) darin, dass sie „offener und länger geworden" ist.

Obgleich sich der Beginn der Pubertät nach vorne verlagert hat, sind der weiteren Ausdehnung der Jugend in ein jüngeres Alter hinein biologische Grenzen gesetzt. Die Verlängerung der Jugend in ältere Jahrgänge hinein ist auf verlängerte Schul- und Ausbildungszeiten sowie eine spätere ökonomische Selbstständigkeit zurückzuführen, da nicht jeder Jugendliche sofort einen Ausbildungs- oder Arbeitsplatz bekommt. Neben der äußeren Verlängerung der Zeitlichkeit ist auch eine das Innere der Jugendphase betreffende Veränderung der Zeitlichkeit von Entwicklungen festzustellen. „An die Stelle von Normsetzungen und Totalitäten treten vielmehr eine Pluralität von Zeitlinien und Verlaufsformen, ein neuer Typus von ,Eigenzeiten', vor allem bei der Herauslösung aus der Herkunftsfamilie, bei der vorbereitenden Entwicklung eines eigenen Privatlebens und im jugendlichen Cliquenleben" (Baacke, Sander 2006:265). Es gibt also eine Individualisierungs- und Subjektivierungstendenz innerhalb der Jugendphase, die Baacke und Sander als „Entstrukturierung der Jugendphase" bezeichnen.

Wenn Schröder sagt, dass die Jugendphase offener geworden ist, dann sind damit durchaus widersprüchliche Entwicklungen verbunden. Zum einen steht die Jugendphase als „psychosoziales Moratorium" (Erikson 1956), in der die Jugendlichen eine von der Gesellschaft gewährte Zeit zum Ausprobieren und Probehandeln

---

30   Die Kernaufgaben der Jugend werden im Abschnitt 3.2.1 dargestellt.

bekommen, mittlerweile allen Jugendlichen zur Verfügung und ist nicht mehr auf bildungsbürgerliche Schichten und männliche Jugendliche beschränkt. Zum anderen ist dieses Moratorium als „Errungenschaft der modernen Industriegesellschaft" bedroht (Schröder 2005). Es sickern zunehmend marktkapitalistische Elemente in die Jugendphase ein. Die zur Lern- und Selbstbildung gewährte Jugendphase war von den Verpflichtungen der Arbeitswelt weitgehend befreit; durch Schüler-Jobs und Praktika kommen nun vermehrt Elemente der Arbeitswelt in die Jugendphase hinein bei einer gleichzeitigen Tendenz zur Verschulung der Freizeitaktivitäten am Nachmittag, durch Nachhilfeunterricht und sonstige Bildungsaktivitäten, um sich aufgrund des stetig zunehmenden Konkurrenzdrucks auf dem Arbeitsmarkt besser positionieren zu können (vgl. Bundesministerium für Familie 2005).

Das Hineinsickern marktkapitalistischer Elemente in die Jugend führt jedoch nicht automatisch zu ökonomischer Selbstständigkeit. Jugendarbeitslosigkeit und der Konkurrenzdruck um attraktive Jobs wirken sich negativ auf die nachwachsende Generation aus. Denn die Entwicklung von ökonomischer Selbstständigkeit und die damit verbundene gesellschaftliche Anerkennung der Leistung ist eng verbunden mit der adoleszenten Entwicklungsaufgabe, ein kohärentes Selbst, eine Persönlichkeit, zu gestalten. „Arbeitslosigkeit oder die Aussicht auf Arbeitslosigkeit im Jugendalter führt unweigerlich zu einer großen Diskrepanz zwischen Innen und Außen, zwischen der Erwartung, sich als Person einbringen zu wollen, und der Verweigerung von Aufnahme" (Schröder 2005). In Anbetracht der psychosozialen Folgen des gesellschaftlichen Wandels auf die Jugendphase wäre die unter anderem auch von Oevermann (2001b) formulierte Forderung nach einem bedingungslosen Grundeinkommen für alle Bürger durchaus weiter zu denken und umzusetzen.

3.1.3 Religion und Religiosität in der Moderne

Der gesellschaftliche Wandel zeigt sich auch in Religion und Religiosität. In den westeuropäischen Gesellschaften sind zwei Entwicklungen zu beobachten: Die Privatisierung von religiösen Inhalten, die jeweils individuelle Formen von Religiosität hervorbringt, und eine fortwährende Säkularisierung.

Mit Säkularisierung ist hier der Verlust der Bedeutung von Religion und Religiosität gemeint, bis zu einem völligen „Verdampfen" religiöser Inhalte[31]. Dieser Prozess wird maßgeblich durch Erfolge in Wissenschaft und Technik bedingt, die den Intellekt und die Schaffenskraft des Menschen hervorheben. Es ist eine Entzauberung des Lebens, die die Vernunft zum Maßstab des Seins und Handelns erhebt. Wie bereits gesagt, geht damit auch der Verlust religiös motivierter Orientierungsmuster einher, die für das Herstellen biografischer Sicherheit in kollektiven Mustern bedeutsam waren.

---

31 Diese Entwicklung ist nach Oevermann jedoch nicht gleichbedeutend mit dem Verschwinden von Religiosität, in struktureller Hinsicht; siehe hierzu S. 42 ff.

Die Privatisierung der Religion beschreibt eine Entwicklung, die sich auf die verfassten christlichen Kirchen und den gesamtgesellschaftlichen Trend zur „Entkirchlichung" bezieht. Die Austritte aus den Kirchen gehen einher mit einer neuen Form der Religiosität, die sich nicht im Rahmen der Kirche abspielt, sondern im Privaten und eben dort neue, individuelle Ausdrucksformen findet. Das heißt gleichsam, dass die rückläufigen Mitgliederzahlen nicht mit einem Verschwinden von Religiosität gleichzusetzen sind.

Diese gesamtgesellschaftlichen Entwicklungen werden auch in der empirischen Shell-Jugendstudie (2006) abgebildet. Das Thema „Jugend und Religiosität" hat ein eigenes Kapitel. Die Untersuchung hat ergeben, dass es bei den Jugendlichen keine Renaissance der Religion gibt, sondern der Anteil der säkularisierten Jugendlichen konstant bleibt. Aber, „etwa die Hälfte der Jugendlichen kann als religiös eingestuft werden (49%)" (a.a.O., S. 208). Die Einstellung der Jugendlichen zur Religion gliedert sich wie folgt auf: Etwa 30 Prozent der Jugendlichen glauben an einen persönlichen Gott, 19 Prozent der Jugendlichen glauben an eine abstrakte höhere Macht, 23 Prozent der Jugendlichen sind religiös indifferent, 28 Prozent der Jugendlichen sind atheistisch eingestellt.

Teilt man diese Zahlen weiter auf, dann wird deutlich, dass muslimische Jugendliche innerhalb der ersten Gruppe (jener, die an einen persönlichen Gott glauben) mit 64 Prozent in ihrer Konfessionszugehörigkeit besonders häufig einen persönlichen Gottglauben pflegen. Während die in der Umfrage verwendete Formulierung, ob an einen persönlichen Gott geglaubt wird, weitgehend dem „klassischen" Gottesbild des Christentums in Europa entspricht, das die einheimischen Jugendlichen haben, wirft eben diese Formulierung im Hinblick auf den Islam Probleme auf.

> „Unter den für Europa untypischen, vor allem unter Migranten verbreiteten Religionen kommt die Glaubensvorstellung eines Gottes dem Islam besonders nahe, wobei sich die Frage der »Persönlichkeit« dieses Gottes und die Möglichkeit, diese zu erfahren, deutlich von der christlichen unterscheidet." [Der Gedanke wird in der Fußnote fortgeführt, M.T.] „Der islamische Gott und der Umgang der Gläubigen mit diesem unterscheiden sich deutlich vom christlichen Gott. Das beginnt damit, dass Allah nicht in bildlicher Darstellung erscheint. Zum anderen ist dieser eine eher abstrakte Allmacht, der man sich unterwerfen muss. Der christliche Gott wird dagegen als dreieinige Person vorgestellt, die sich in Jesus Christus in einer versöhnenden Form offenbart und für die Menschen aufopfert" (Gensicke 2006:211).

Dieser wichtige und grundlegende Hinweis ändert jedoch nichts daran, dass Jugendliche mit Migrationshintergrund die religiöseste Gruppe sind (a.a.O., S. 225). Dies liegt unter anderem daran, dass Religion im Kontext von Migration eine besondere Bedeutung zukommt. Bei Jugendlichen mit Migrationshintergrund bedeutet „die Integration in eine religiöse Kultur auch die sozialkulturelle Integration in ihr Migrantenmilieu" (a.a.O., S. 222).

In Bezug auf den Zusammenhang von Religiosität und Werten wurde festgestellt, dass sich die Wertorientierungen von gläubigen Migranten bis auf eine gesteigerte Traditionsorientierung nicht von jenen der einheimischen Jugendlichen unterscheiden. Die materialistischen[32] und hedonistischen Wertorientierungen der Migranten übersteigen gar die der einheimischen Jugendlichen. Insgesamt ist jedoch festzustellen, dass Religiosität für die Wertereproduktion kaum mehr eine Rolle spielt. „Das Wertesystem der Jugendlichen wird heute weit mehr durch die Familie und die Peer-Groups der Freundeskreise reproduziert und gestützt als durch eine spezifisch religiöse Quelle" (a.a.O., S. 239).

3.2 Adoleszenz und Religiosität aus analytischer Perspektive

3.2.1 Die adoleszenztheoretische Sicht der Jugendphase

Wie eingangs dargestellt, ist Adoleszenz der Wandlungsprozess vom Kind zum Erwachsenen, bei dem Veränderungen auf physischer, psychischer und sozialer Ebene erfolgen, die durch den körperlichen Reifungsprozess der Pubertät angestoßen werden. Um die adoleszenten Wandlungsprozesse zu verstehen, müssen alle drei Ebenen berücksichtigt und ihre wechselseitige Wirkung und Bedingtheit analysiert werden. Die adoleszenztheoretische Sicht der Jugendphase berücksichtigt somit auch die Besonderheit des Entwicklungsprozesses bei Jugendlichen mit Migrationshintergrund, der aus der Verbindung von migrationsspezifischen Verhältnissen und adoleszenten Entwicklungsthemen resultiert. Im Folgenden wird das Konzept der Adoleszenztheorie nach King vorgestellt:

Obgleich die Begriffe Adoleszenz und Jugend nicht scharf von einander zu trennen sind, gibt es Unterschiede hinsichtlich der Perspektive. Die Jugendforschung betont eher die äußere Perspektive und versteht die Jugend als Statuspassage, in der es Entwicklungsanforderungen zu bewältigen gibt, um sich letztlich in die Gesellschaft zu integrieren. Demgegenüber betont die Adoleszenzforschung die innere Perspektive und die Entwicklungs*potenziale*, die die Adoleszenz sowohl für den Jugendlichen als auch die Gesellschaft haben kann. Die Entstehung des Neuen in der Adoleszenz liegt dabei im Spannungsfeld von Generationenverhältnis und Individuierungsprozess. King (2002:14) spricht von einer „Dialektik von Individuation und Generativität", in der sowohl das Potenzial für Veränderung als auch für Konflikte liegt. Mit anderen Worten: Die inneren und äußeren Ablösungs- und Umgestaltungsprozesse spielen sich zwischen den Polaritäten ab, dass Alte fortzusetzen und andererseits einen „eigenen und eigensinnigen Weg zu gehen" (King 2008:340). In diesem Spannungsfeld müssen die Jugendlichen Entwicklungsaufgaben bearbeiten. Die Adoleszenzforschung untersucht deren Bedingungsfaktoren,

---

32 Kadia* betonte in ihrer biografischen Selbstpräsentation mehrfach, dass für sie das Streben nach materiellem Wohlstand von großer Bedeutung sei.

insbesondere im Hinblick auf die „generativen Voraussetzungen oder Leistungen der Erwachsenenkultur" (King 2002:13).

Eine dieser Leistungen der Erwachsenengeneration ist die von Erikson als psychosoziales Moratorium bezeichnete Auszeit von gesellschaftlichen Verpflichtungen, die den Jugendlichen in industriellen Gesellschaften gewährt wird. Dies ist gewissermaßen der gesellschaftliche Rahmen der Adoleszenz; damit ist jedoch noch nichts über den Nutzen desselben für den einzelnen Jugendlichen und seine Entwicklungsbereiche gesagt. Hier knüpft die Adoleszenztheorie an. Sie fragt nach der *Qualität* des psychosozialen Moratoriums, die davon abhängt, ob und wie die Spielräume für das jugendliche Explorationsverhalten gesteckt sind. Diese Chancenstruktur für Entwicklungen wird konzeptualisiert und als „psychosozialer Möglichkeitsraum" (Bosse 2000:54f.) oder „adoleszenter Möglichkeitsraum" (King 2002:17) bezeichnet. Das Konzept verbindet die individuelle, innere Perspektive von physischen, psychischen und sozialen Dimensionen mit strukturellen, äußeren Bedingungen wie Familie, Gesellschaft und Kultur. Mit Kings Worten heißt das: Die „Qualität des psychosozialen Moratoriums resultiert aus der Chancenstruktur des adoleszenten Möglichkeitsraums, wie sie sich im Zusammenspiel innerer und äußerer Ressourcen ergibt. Die Komplexität dieser Chancenstruktur ergibt sich daraus, dass gesellschaftliche und kulturelle Bedingungen, familiale Voraussetzungen und Dynamiken und individuelle Ressourcen verschränkt sind" (King 2002:94).

Die Qualität des adoleszenten Möglichkeitsraumes wird in großem Maße dadurch bestimmt, ob und wie die Umwandlung und Neugestaltung der Beziehung zu den Eltern gelingt. In diesem Entwicklungsbereich führen die intergenerationalen Spannungen oftmals zu Konflikten. Die Jugendlichen treten im Zuge des Heranwachsens an die Stelle der Erwachsenen; sie machen ihnen den Platz streitig. Dieser Prozess birgt, latent oder manifest, etwas Aggressives. Die Ablösung von der Familie, oder genauer: die Transformation der intergenerationalen familialen Beziehungen, ist eine Kernaufgabe der Adoleszenz auf dem Weg zu einem individuierten Lebensentwurf. Und dieser Prozess ist ein Trennungsprozess aus der Obhut der Eltern heraus und ein Abschied von der Kindheit. King bezeichnet die Adoleszenz daher auch als eine Lebensphase, in der „Trennungsanforderungen im Zentrum stehen" (King 2008:338).

Die Jugendlichen sind herausgefordert, sich mit ihrem Gewordensein auseinanderzusetzen. Erziehung und Sozialisation in der Familie haben die Handlungs- und Deutungsmuster der Jugendlichen geprägt – einige werden sie beibehalten, und von anderen werden sie sich trennen. Diese Auseinandersetzung wird durch die zunehmende Bedeutung der außerfamiliären Beziehungen angeregt, die zu den Gleichaltrigen in der Peergroup oder andersgeschlechtlichen Partnern oder Partnerinnen besteht. Das Explorationsverhalten außerhalb der Familie wird jedoch noch in großem Maße von der Familie beeinflusst. Die Erwartungen und Vorstellungen der Erwachsenen können diese Autonomiebestrebungen der Jugendlichen unterstützen oder torpedieren und so die Entstehung des Neuen ermöglichen oder verhindern. Über die Beziehung zu den Eltern hinaus bedeutet dies:

> „Die Entstehung des Neuen in der Adoleszenz ist in modernisierten Gesellschaften daran gebunden, ob und in welcher Weise *Individuation* ermöglicht oder verhindert wird: Sie hängt davon ab, dass im Zuge der adoleszenten Bildungsprozesse die lebensgeschichtlichen Konstellationen der Vergangenheit und der Gegenwart in einer sowohl abgrenzenden als auch bezogenen Weise vorwiegend produktiv verarbeitet und in einen offenen Zukunftsentwurf hinein neu figuriert werden können" (King 2002:34).

Die unterschiedlichen Entwicklungsbereiche der Adoleszenz – wie Um- und Neugestaltung der Beziehung zu den Eltern, Ausbildung geschlechtlicher Identität und die Suche nach außerfamiliären Liebespartnern, Ausprobieren beruflicher Wünsche und Gestaltung beruflicher Perspektiven sowie letztlich die Herausbildung eines Selbstentwurfs einer adoleszenten Identität, in der die ge- und erlebten Erfahrungen in einem eigenen Lebensentwurf perspektivisch entworfen werden – werden von der Qualität des adoleszenten Möglichkeitsraumes beeinflusst; den wichtigsten Einfluss hat dabei die Qualität der intergenerationalen Beziehungen. Es reicht daher nicht, „adoleszente Entwicklungen als individuelles Geschehen zu betrachten, denn die Qualität der intersubjektiven, familialen wie außerfamilialen intergenerativen Beziehungen stellt eine der maßgeblichen Ressourcen der adoleszenten Individuation dar" (King 2002:36).

Jugendliche Migranten müssen sich darüber hinaus mit besonderen Entwicklungsprozessen und -bedingungen auseinandersetzen, die sich aus der Migrationssituation ergeben. Die Um- und Neugestaltung der Beziehung zu den Eltern bedeutet für sie gleichsam eine Beschäftigung mit der kulturellen Herkunft der Eltern sowie der Mehrheitskultur, in der sie zumeist geboren und aufgewachsen sind. Jugendliche Migranten müssen sowohl adoleszente als auch migrationsspezifische Umwandlungsprozesse bearbeiten. King und Schwab (2000) bezeichnen dies als „verdoppelte Transformationsanforderung" oder „verdoppelten Transformationsprozess".

> „In beiden Hinsichten - derjenigen der Adoleszenz und der Migration - geht es um Trennung und Umgestaltung, in diesem Sinne auch um eine verdoppelte Herausforderung, um eine mit der Migration selbst verbundene Transformation sowie um den Übergang von der Kindheit zum Erwachsensein. Dies gilt nicht nur für Heranwachsende, die selbst migrieren. Denn auch in der Adoleszenz der Kinder der zweiten Generation prägen die Folgen der Migration für die Familie und die Art der Verarbeitung durch die Eltern die Auseinandersetzung mit der adoleszenten Entwicklung der Kinder und mit den damit verknüpften potenziellen Veränderungen" (King, Koller 2006:12).

Mit diesem Zitat wird an die bereits erwähnte Bedeutung der Erziehung und Sozialisation in der Familie angeknüpft, die die Handlungs- und Deutungsmuster der Kindheit konstituieren und mit denen sich die Jugendlichen auseinandersetzen müssen. Bei jugendlichen Migranten hat das Herkunftsmilieu des Elternhauses, also der sozial-kulturelle Hintergrund einen prägenden und strukturierenden Einfluss

40

auf adoleszente Wandlungsprozesse, insbesondere in Bezug auf innerfamiliäre Adoleszenzkonflikte (vgl. King 2002:43).

Im Anschluss an diese Ausführungen kann bereits der Zusammenhang zwischen Adoleszenztheorie und muslimischer Religiosität angedeutet werden. Zu Fragen ist: Welche Bedeutung hat das muslimisch geprägte Herkunftsmilieu für einzelne, adoleszente Entwicklungsbereiche? Welchen Einfluss hat muslimische Religiosität auf die Qualität des adoleszenten Möglichkeitsraumes? Welche Formen muslimischer Religiosität eröffnen Entwicklungsspielräume und treiben den adoleszenten Individuationsprozess voran – und haben somit den Charakter einer Ressource?

3.2.2 Zwei religionstheoretische Perspektiven

3.2.2.1 Die funktionale Sicht auf Religiosität

Da es, wie eingangs erwähnt, unzählige Definitionsangebote zum Begriff der Religion und Religiosität gibt, soll im Folgenden nicht ein substanzieller Religionsbegriff entfaltet werden, der auf die inhaltliche Bestimmung des Religiösen abzielt, sondern ein funktionaler Religionsbegriff skizziert werden. Diese Herangehensweise ist hauptsächlich in der Religionssoziologie beheimatet. Sie fragt nach der Leistung von Religion oder Religiosität zur Lösung gesellschaftlicher, aber auch individueller Probleme.

Eine umfassende Annäherung an den funktionalen Religionsbegriff bietet die „mehrebenenanalytische Rekonstruktion des religiösen Bedeutungsraumes" (Könemann 2002:85), wie ihn Kaufmann herausgearbeitet hat. Kaufmann (1989:84ff.) beschreibt sechs Funktionen von Religion, die sich jeweils auf grundsätzliche Probleme in der Moderne beziehen, die im Zusammenhang von Kultur, Gesellschaft und Individuum bestehen:

1. Die Funktion der Identitätsstiftung ist dem Problem der Affektbindung oder Angstbewältigung zuzuordnen.
2. Die Funktion der Handlungsführung ist dem Problem der Handlungsführung in außeralltäglichen Situationen zuzuordnen; Religion kann in diesen Situationen durch Moral oder Rituale Strukturierung und Ausrichtung liefern.
3. Die Funktion der Kontingenzbewältigung ist dem Problem der Verarbeitung von Kontingenzerfahrungen zuzuordnen; religiöse Deutungsmuster können zur Bearbeitung und Bewältigung der Kontingenzerfahrung dienen.
4. Die Funktion der Sozialintegration ist dem Problem der Legitimation von Gemeinschaftsbildung und sozialer Integration zuzuordnen.
5. Die Funktion der Kosmisierung ist dem Problem der Kosmisierung von Welt zuzuordnen; das heißt, einen (religiösen) Deutungshorizont aus einheitlichen Prinzipien zu begründen, der die Möglichkeit von Sinnlosigkeit und Chaos ausschließt.

6. Die Funktion der Weltdistanzierung ist dem Problem der Distanzierung von gegebenen Sozialverhältnissen zuzuordnen, bei dem Religion Widerstand und Pro-
test gegen einen als ungerecht oder unmoralisch erfahrenen Gesellschaftszu-
stand ermöglicht.

Diese Funktionen treten in der Wirklichkeit nicht immer zusammen auf, sondern
können in beliebigen Kombinationen auftreten. Wenn man an diese Funktionen einen über den eigentlichen Bereich des Religiösen hinausgehenden Religionsbegriff
anlegt, dann können einzelne Funktionen von nicht-religiösen Institutionen übernommen werden, wie z.B. von der Psychoanalyse in Bezug auf Identitätsstiftung.

Die bei Kaufmann als eine Funktion unter anderen genannte Kontingenzbewältigung wird von Luhmann (1977) als ausschließliches und zentrales Bezugsproblem
der Religion angesehen. Unter Kontingenz wird die prinzipielle Offenheit von Le-
benserfahrungen und Ungewissheit menschlichen Daseins verstanden; dass etwas
so ist, wie es ist, und doch zugleich anders sein könnte. Die Kontingenzproblematik
impliziert die Frage nach dem Warum. Und damit einhergehend die Frage nach einem Sinn im menschlichen Sein und nach dem, was geschieht. „Religion wird hier
die Aufgabe zugewiesen, das Problem der Kosmisierung von Welt zu lösen. Im
Vordergrund steht dabei die Chiffrierung des Problems der letztendlichen Unbe-
stimmtheit und Unbestimmbarkeit (Kontingenz) und die der Religion zugewiesene
Aufgabe, diese tragbar zu machen" (Könemann 2002:81). Im Vorgriff auf die
strukturale Sicht von Religiosität sei an dieser Stelle auf Wunder (2005:40) hinge-
wiesen, der den Begriff der Kontingenzproblematik bei Oevermann durch den „engen lebenspraktischen Bezug" in die Begrifflichkeit des Bewährungsproblems der
menschlichen Lebenspraxis überführt sieht.

3.2.2.2   Die strukturale Sicht auf Religiosität

Die von Oevermann (1995; 1996; 2001a; 2003) entwickelte Religionstheorie bezieht sich weder auf einen substanziellen, noch auf einen funktionalen Religionsbegriff; sie ist strikt strukturtheoretisch formuliert. Es besteht eine „analytische und
kategoriale Differenz zwischen der Struktur von Religiosität, die als universal gilt,
und den jeweiligen Deutungsinhalten von Religion als Glaubens- und Wissenssys-
tem" (Oevermann, Franzmann 2006:53). Das Strukturmodell von Religiosität ist
damit nicht an eine Kultur- und Religion gebunden. Es eignet sich daher in besonderer Weise, um die Religiosität in den Biografien der jungen Muslime zu analysie-
ren. Das von Oevermann umfassend und anspruchsvoll formulierte Modell wurde
von ihm selbst in dem bereits zitierten neueren Aufsatz zusammengefasst. Aufgrund der kompakten Darstellung beziehe ich mich im Folgenden maßgeblich auf
selbigen.

Das Modell der Struktur von Religiosität „besagt, vereinfacht gesprochen, daß
sich Religiosität als universale Struktur genau darin konstituiert, daß aufgrund des

Bewußtseins von der Endlichkeit des eigenen Lebens eine nicht still stellbare Dynamik der Bewährung entsteht. Denn das Diesseits kann nur die Sphäre des Sich-Bewährens abgeben, aber nur im Jenseits, worin auch immer es bestehen mag, kann das Urteil darüber gesprochen und erfüllt werden, ob und wie sehr das Leben sich bewährt hat" (a.a.O., S. 52). Dies gilt es näher zu erklären.

Die nicht still stellbare Bewährungsdynamik leitet Oevermann aus der Dialektik von Endlichkeit und Unendlichkeit ab. Im Übergang von Natur zu Kultur kristallisiert sich beim Menschen ein Bewusstsein über die eigene Endlichkeit des Lebens heraus, die maßgeblich aus der Sprachlichkeit des Menschen hervorgeht. Durch Sprache kann der Mensch seine Vergangenheit reflektieren und Zukunft entwerfen und auch im Hier und Jetzt seine Situation reflektieren und so Handlungsoptionen formulieren. Das Endlichkeitsbewusstsein impliziert wiederum, dass die Zeit, die für diese Handlungsoptionen zu Verfügung steht, prinzipiell begrenzt ist; damit können eben auch nicht alle in den Gedanken experimentell entworfenen Handlungsmöglichkeiten realisiert werden, obgleich die Zukunft wiederum grundsätzlich offen ist. Das Bewusstsein über die Begrenztheit der eigenen Lebenszeit bedeutet letztlich auch die Auseinandersetzung mit dem eigenen Sterben und Tod.

Lebenspraktisch gewendet folgt aus dem Endlichkeitsbewusstsein jedoch zunächst, dass es einen Zwang zur Entscheidung gibt, eine von den entworfenen Handlungsmöglichkeiten auszuwählen. Der Entscheidungszwang gilt prinzipiell bei jeder Entscheidung des Alltags (oder Sequenzstelle der Praxis), jedoch insbesondere bei Krisen und Lebensabschnittsübergängen. Der Zusammenhang von Krise und Routine wird von Oevermann konstitutionstheoretisch verstanden. Der Krisenfall ist der Normalfall und nicht der Routinefall, denn der Routinefall ist die Beantwortung des Krisenfalls. Hieran schließt sich wiederum die Frage an: Wie werden Krisen gelöst? Und wie kann die aus der Krise hervorgehende Routine, also die Entstehung des Neuen, gesetzeswissenschaftlich erklärt werden? Dieser Gedanke wird bei Oevermann noch weiter geführt, ist jedoch in der hier skizzierten Form für das weitere Verständnis des Strukturmodells ausreichend.

Der Entscheidungszwang geht einher mit einer Begründungsverpflichtung. Dies ist eine widersprüchliche Einheit, die Eigenlogik menschlicher Lebenspraxis. Denn die Auswahl einer bestimmten Lebenspraxis als Antwort auf eine Krise kann im Moment der Entscheidung immer nur prognostisch erfolgen. Die Begründung kann daher erst im Nachhinein eingelöst werden, und zwar, indem sich die gewählte Lösung lebenspraktisch bewährt. In der Dialektik von Entscheidungszwang und Begründungsverpflichtung spannt sich wieder das Endlichkeitsbewusstsein ein, denn es gibt Entscheidungen, die sind in der Praxis nicht rückgängig zu machen, weil sie nur zu einem bestimmten Zeitpunkt möglich waren. Mit jeder Bewältigung einer Krise entsteht also etwas Neues, es werden aber auch Handlungsmöglichkeiten verschlossen. Der Extremfall ist der eigene Tod. „Spätestens in der gedanklichen Vorwegnahme des sicheren eigenen Todes muß jedem Subjekt die unerbittliche Logik des 'point of no return' und die darin liegende Dialektik von Wahlfreiheit und Verantwortung, das 'Zur-Autonomie-Verurteilt-Sein' zu Bewußtsein kommen" (Oevermann 1995:40).

Der Zyklus aus Krise, Entscheidung und Bewährung dieser Entscheidung in der Lebenspraxis wird von Oevermann als „nicht still stellbare Bewährungsdynamik" bezeichnet. Das Bewährungsproblem von Lebenspraxis lässt sich bis zum eigenen Tod nicht stillen, sondern steigert sich gar in seiner Dynamik mit jeder gemeisterten Krise und der daraus hervorgehenden Autonomie. Die nicht still Stellbarkeit der Bewährungsdynamik ist damit sowohl Antrieb der Individuierungs- und Autonomisierungsprozesse des Individuums in der Moderne, als auch der Kern des Strukturmodells von Religiosität. „Die eigentliche Funktion der Religionen ist es [...] für die Bewältigung der grundsätzlich nicht still stellbaren Bewährungsproblematik jeder konkreten Lebenspraxis eine Hoffnung zu eröffnen, konkret ausgedrückt: das Skandalon des Todes zu bewältigen" (Oevermann, Franzmann 2006:79).[33]

Das Strukturmodell von Religiosität besteht aus drei Struktureigenschaften, die wie ein Phasenmodell auseinanderfolgen oder anders gesagt, die drei Strukturmomente beziehen sich untereinander aufeinander.

1. Das Bewährungsproblem resultiert aus dem Bewusstsein von der Endlichkeit des Lebens und der darauf bezogenen und freigesetzten nicht still stellbaren Bewährungsdynamik. Das Bewährungsproblem radikalisiert in der Vorwegnahme des eigenen Todes, stellt sich jedoch – konstitutionstheoretisch betrachtet – bei jeder Krise, Entscheidung oder Sequenzstelle des Lebens. Das Bewährungsproblem kann grundsätzlich nicht endgültig gelöst werden, sondern bleibt bis zum Tod bestehen. Es ist universell und damit kulturunabhängig.

2. Der Bewährungsmythos ist notwendig, um das Bewährungsproblem und die sich steigernde Bewährungsdynamik praktisch lebbar auszuhalten. Der Mythos mildert das Bewährungsproblem, indem er eine Hoffnung auf Bewährtheit verbürgt. Der Mythos muss grundsätzlich in der Lage sein, die Fragen nach Herkunft, Zukunft und der aktuellen Identität der eigenen Lebenspraxis verbindlich zu beantworten, so dass darin die Unverwechselbarkeit der eigenen Lebenspraxis verbürgt ist. Der Bewährungsmythos kann religiös oder säkular sein, ist aber immer kulturspezifisch.

3. Die Evidenzsicherung des Bewährungsmythos' ist notwendig, damit dieser überhaupt erst seine Funktion, also die Abmilderung der Bewährungsdynamik, erfüllen kann. Die Kraft zur Bewältigung von Krisen bedarf einer suggestiven Evidenz, die zwar die Entscheidung nicht argumentativ begründen kann, wohl aber ein kollektives Verbürgt-Sein, durch eine vergemeinschaftete Gefolgschaft. Dies kann z.B. die religiöse Gemeinschaft oder die Anerkennung von Leis-

---

33 Vgl. hierzu den Einwand von Könemann (2002:78), dass die Bearbeitung und Milderung des Bewährungsproblems durch die Eröffnung einer Hoffnung letztlich auch eine Funktion darstellt.

tungsorientierung in einer Gesellschaft sein. Dieses Strukturmoment ist damit sowohl universell in Bezug auf die Vergemeinschaftung als Struktur, als auch kulturspezifisch in Bezug auf die konkreten Inhalte.

Soweit die Gedanken von Oevermann. Das Strukturmodell von Religiosität ermöglicht es, sich bei der Analyse der Biografien nicht von vornherein auf die Funktion des islamischen Bewährungsmythos' und dessen Glaubenspraxis zu fokussieren, sondern danach zu fragen, *wie* die jungen Muslime die nicht still stellbare Bewährungsdynamik bearbeiten. Dies ist eine Frage, die zwar seit jeher von Seiten der Religion beantwortet wird, jedoch ist damit nicht gesagt, dass muslimische Jugendliche in modernisierten Gesellschaften „automatisch" auf den islamischen Mythos zurückgreifen. Zu klären ist also, welche Bedeutung muslimische Religiosität bei der Beantwortung dieser Frage hat und ob die Jugendlichen Bewährung ihrer Lebenspraxis auch in anderen „Mythen" suchen – wie bspw. der Leistungsethik und der damit einhergehenden Lebensführung.

3.2.3 Das Bewährungsproblem – konvergierendes Moment zwischen adoleszenz- und religionstheoretischer Perspektive

Was Adoleszenz und Religiosität verbindet, ist das „Bewährungsproblem", so meine These. Das Bewährungsproblem ist Kern und Antrieb des Autonomisierungs- und Individuierungsprozesses des Subjekts. Während es, vereinfacht gesprochen, in der Adoleszenz um einen Individuierungsprozess geht, bei dem sich der Jugendliche in dem Prozess des Erwachsen-Werdens zu bewähren hat, geht es aus Sicht struktureller Religiosität um einen Bewährungsprozess, der auf das gesamte Leben bezogen ist. Religiöse oder säkulare Bewährungsmythen können das Bewährungsproblem handhabbar machen, es jedoch nicht lösen. Die nicht still stellbare Bewährungsdynamik treibt im jüdisch-christlichen Monotheismus gleichsam das Subjekt zur Individuation heraus; dessen individueller, religiöser Lebensentwurf gewissermaßen die Antwort ist. Die Bewährungsproblematik in der säkularisierten Moderne konvergiert an dieser Stelle mit der Thematik der Individuation in der Adoleszenz, in der das Thema Individuation gewissermaßen im Kern thematisch und von dort aus lebensgeschichtlich bearbeitet wird.[34] Die Aspekte Krise, Entstehung des Neuen und die Herausbildung eines individuierten Lebensentwurfs oder autonomer Lebenspraxis sind Bestandteile der Adoleszenz- und Religionstheorie, wie sie nach King bzw. Oevermann dargestellt wurden. Wie sie in dem „Bewährungsproblem" konvergieren, gilt es im Folgenden zu skizzieren.

---

34 Religiöse Bewährungsmythen können diese Thematik auch blockieren, insbesondere dann, wenn sie als bedingungslose Gehorsamsreligion gefasst sind; siehe hierzu Abschnitt 3.3.2.

Adoleszenz kann als Krise verstanden werden, sowohl bezogen auf einzelne Umwandlungs- und Neugestaltungsprozesse als auch im Ganzen. Der Abschied von der Kindheit ist damit – in struktureller Hinsicht – der Beginn der Bewährungsproblematik. Im Zuge des adoleszenten Individualisierungs- und Individuierungsprozesses wird der Heranwachsende zu einem Subjekt, das über eine zunehmend autonome Lebenspraxis verfügt und sich von den Eltern emanzipiert. Die nicht still stellbare Bewährungsdynamik ist in Gang gesetzt. „In dem Maße, in dem dieser Prozess von gelingender Individuierung fortschreitet, die Lebenspraxis also an Kontur ihrer je konkreten Fallstruktur gewinnt, bewährt sie sich einerseits, aber andererseits verschärft sie für die Zukunft das Bewährungsproblem, weil die Ansprüche auf Bewährtheit mit der diesem Individuierungs- und Bewährungsprozess innewohnenden Prägnanzbildung ihrerseits steigen und sich nicht still stellen lassen" (Oevermann 2001a:293). Wie die Chancen einer gelingenden Individuation in der Adoleszenz sind, hängt von der Qualität des adoleszenten Möglichkeitsraumes ab; je größer die gewährten Spielräume zur Erprobung sind, desto größer das Individuierungspotenzial sowie die Bewährungsmöglichkeiten. Und nur wer genügend Möglichkeiten hat, seine Handlungspraxis und Lebensentwürfe auszuprobieren, hat die Chance, sich darin zu bewähren[35].

Der Krisenfall ist gewissermaßen der Normalfall in Bezug auf die Entstehung des Neuen. Die Entstehung des Neuen ist dabei weder zufällig, noch läuft sie nach vorhersehbaren Gesetzmäßigkeiten ab. „In der nicht-zufälligen, motivierten Erzeugung des Neuen kommt nun die Autonomie der Lebenspraxis zu sich selbst" (Oevermann 1995:46). Um die Krise zu überwinden, bedarf es einer Entscheidung, und in eben dieser autonomen Entscheidung zur Lösung liegt das Potenzial für die Entstehung des Neuen. Das Bewusstsein von der Endlichkeit beeinflusst prinzipiell die jeweilige Entscheidung. In dem Maße, wie sich das Subjekt dem Entscheidungszwang und der Begründungsverpflichtung beugt, „formt [es] so zugleich sein Strukturpotenzial der Autonomie in einen je manifesten Grad von Autonomie um, es vollzieht seinen Individuierungsprozeß in der bewußten Stellungnahme gegenüber dem objektiv vorgegebenen Individuierungsproblem" (Oevermann 1995:40).

Die Dynamik des Individuierungsprozesses geht einher mit der nicht still stellbaren Bewährungsdynamik. Obgleich das Endlichkeitsbewusstsein, also die Antizipation des eigenen Todes für einen Heranwachsenden, nicht ein drängendes Thema sein mag, so sind es in struktureller Hinsicht die gleichen Fragen, die sich bei Entscheidungen in der Adoleszenz sowie im gesamten Leben stellen: Wer bin ich? Woher komme ich? Wer will ich sein? (King 2000:53) oder: Wer bin ich (in der Krise, in der ich mich entscheiden muss)? Woher komme ich? Wohin gehe ich? (Oevermann 1995:62). Diese drei großen Fragen des Lebens sind Ausdruck des Bewährungsproblems. Sie können durch einen religiösen Schöpfungs- und Entstehungsmythos und religiöse Lebensführung beantwortet oder als adoleszente Ausei-

---

35 Siehe hierzu auch Hartmut von Hentig (2005): „Bewährung – von der nützlichen Erfahrung, nützlich zu sein".

nandersetzung mit den Fragen nach der eigenen Identität verstanden werden. Die Beantwortung der Fragen zielt strukturell gesehen immer auf einen individuierten Lebensentwurf, der in Wechselseitigkeit mit der Anerkennung durch Andere entsteht und dadurch Evidenz gewinnt, sei es durch die religiöse Gruppe oder Peergroup. Das Subjekt strebt also nach einer konsistenten Biografie, in der die eigene Lebensgeschichte und der eigene Lebensentwurf sinnvoll miteinander verbunden sind.

Wenn die Auseinandersetzung mit den drei großen biografischen Fragen in der Adoleszenz durch einen religiösen Bewährungsmythos beantwortet wird, dann werden dadurch Entwicklungsprozesse beeinflusst. Sie können unterstützt oder erschwert werden, sogar zum „ewigen Stillstand"[36] kommen. Im Anschluss an die theoretische Klammer aus adoleszenz- und religionstheoretischer Perspektive stellt sich die Frage, welchen Spielraum für die Entwicklung während der Adoleszenz die religiöse Sozialisation und individuelle Religiosität ermöglichen?

3.3 Adoleszenz und Religiosität im Hinblick auf den Islam – zwei Thesen

Die Autoren Wensierski[37] und Oevermann haben sich gewissermaßen auf das dünne Eis gewagt, grundsätzliche – weil die Struktur betreffende – Thesen zum Modernisierungspotenzial im Islam bzw. der Jugendphase von muslimischen Migranten zu formulieren. Die Thesen betreffen unter dem „Gesichtspunkt der Besonderheiten des Islam" die Fragestellung dieser Arbeit und werden deshalb eingehend betrachtet; sie sollen „als Heuristik dienen" (Oevermann 2006:395). In Bezug auf die narrativen Interviews sollen die Thesen damit weder empirisch überprüft werden noch entfalten sie einen unmittelbaren Geltungsanspruch. Sie stellen aber eine *Möglichkeit* der Bewertung und des analytischen Verständnisses dar, das die Interpretation befruchten kann. Man muss sich daher mit den Thesen und ihrer Bedeutung für das Erkenntnisinteresse dieser Arbeit auseinandersetzen.

---

36 Siehe hierzu auch Schöll (1992:297ff.), der einen Strukturtyp generiert hat, bei dem durch die Flucht in religiöse Gruppierungen, „das zeitlich limitierte soziale Moratorium der Adoleszenz [...] zu einer zeitlich nicht limitierten »Gesinnungsgemeinschaft von Gleichgesinnten« umfunktioniert" wird. Dies führe letztlich zur „Postadoleszenz als Endstation des Lebenslaufes".

37 Die von Wesierski erstmals 2007 veröffentlichten Thesen finden sich in geringfügig ergänzter bzw. veränderter Form auch in einem neueren Artikel wieder (Wensierski/Lübcke (2010): HipHop, Kopftuch und Familie – Jugendphase und Jugendkulturen junger Muslime in Deutschland).

3.3.1 Zur Struktur einer islamisch-selektiv modernisierten Jugendphase

Der Aufsatz „Die islamisch-selektive Modernisierung – zur Struktur der Jugendphase junger Muslime in Deutschland" von Wensierski (2007), versucht eine Lücke zu schließen, die Schiffauer bereits 2004 diagnostiziert hat. Obgleich Muslime häufiges Thema der migrations- und religionssoziologischen Forschung sind, fehlen bislang *systematische* Abhandlungen zur Bedeutung muslimischer Religiosität, insbesondere im Hinblick auf muslimische Jugendliche. Ich fasse im Folgenden die Kerngedanken und Thesen Wensierkis zusammen:

Die „Analyse der Struktur einer muslimisch geprägten Jugendphase" kommt zu dem Ergebnis, dass die „Gestalt der muslimischen Jugendphase" widersprüchlich ist (a.a.O., S. 75 ff.). Ausgehend vom Leitbild der individualisierten Jugendbiografie weist die muslimische Jugendphase zum einen die gleichen soziologischen Strukturmerkmale auf wie die von Jugendlichen der Mehrheitsgesellschaft, zum anderen gibt es aber auch deutliche Unterschiede. „Strukturelle Basis für diese Unterschiede sind vor allem zwei Dimensionen: Erstens die Kontinuität traditioneller Familienstrukturen und zweitens das Fortwirken der normativen Bindungskraft religiös begründeter Normen und Werte für eine islamisch orientierte Lebensführung" (a.a.O., S. 61 f.).

Wensierski beleuchtet unterschiedliche Entwicklungsbereiche der Adoleszenz. Im Bereich Bildung und Schule sowie Freizeit und Kultur weisen die Adoleszenzverläufe junger Muslime das größte Modernisierungspotenzial auf. Besonders im intergenerationalen Vergleich zwischen der ersten und zweiten Migrantengeneration sind deutliche Entwicklungen in Richtung einer modernisierten Jugendphase zu erkennen; z.B. verlängerte Schul- und Ausbildungszeiten, Bildung (ethnischer) Peergroups und Kommerzialisierung des Freizeitverhaltens. Demgegenüber prägt und strukturiert das muslimische Milieu die Struktur der Geschlechterbeziehungen, die Sexualmoral sowie die Um- und Neugestaltung familialer und partnerschaftlicher Beziehungsformen; dies betrifft z.B. die Familienorientierung, Körperlichkeit, Geschlechterverhältnisse und Heiratsverhalten (a.a.O., S. 56).

> „Die religiös legitimierten Normen und Werte [...] bleiben innerhalb der Sozialisation der jungen Muslime, wie alle repräsentativen Jugendstudien belegen, ein kollektiv weithin verbindlicher normativer, orientierungsleitender Rahmen. [...] Damit erweisen sich die soziokulturellen Freisetzungsprozesse der muslimischen Jugendlichen zugleich als deutlich enger begrenzt durch kollektiv verbindliche und gemeinsam geteilte soziale Normen und Werte. Sie bleiben stets eingeklammert durch die normativen Rahmen des muslimischen Herkunftsmilieus" (Wensierski 2007:77).

Die hier beschriebene Einengung und Einklammerung der Entwicklungsmöglichkeiten während der Adoleszenz gilt unabhängig von dem Vorhandensein „individueller Religiosität" oder einer „explizit religiösen, islamischen Lebensführung" (a.a.O., S. 77). Dies ist möglich, weil Wensierski im Anschluss an Kelek (2002) davon ausgeht, dass es im Zuge der Sozialisation zur Herausbildung eines „muslimischen Habitus"[38] kommt. Der Heranwachsende kann sich der Wirkung des muslimischen Herkunftsmilieus grundsätzlich nicht entziehen; es kommt einer impliziten Disposition gleich, die auf Identität, Handeln und Lebensentwurf wirkt. Die am Schluss von Wensierski formulierte Frage, ob es sich „bei der widersprüchlichen Gestalt muslimischer Adoleszenz möglicherweise um ein weiteres Beispiel eines ‚selektiv modernisierten Bildungsmoratoriums'" handelt, hat meines Erachtens nur noch rhetorischen Charakter (a.a.O., S.75). Die abschließende Bewertung fällt dementsprechend aus. Die Jugendphase muslimischer Migranten sei islamisch-selektiv modernisiert; es ist in struktureller Hinsicht eine „um die individualisierte, pluralisierte und geschlechteregalitäre Familienbiografie halbierte Modernisierung" (a.a.O., S.76).

3.3.2 Autonomie, Gehorsam und Modernisierungs-
blockaden im Islam

In einem kaum beachteten Aufsatz „Modernisierungspotenziale im Monotheismus und Modernisierungsblockaden im fundamentalistischen Islam" hat Oevermann (2006) gemäß den beim Strukturmodell von Religiosität herausgearbeiteten Strukturmomenten die schriftlichen Quellen (Koran und *Sunna*) sowie die Tradition des Islams analysiert. Sowohl der Gegenstand der Untersuchung als auch die Analysemethode sprechen meines Erachtens dafür, dass die explizit auf den *fundamentalistischen* Islam bezogenen Thesen durchaus auch im Kontext dieser Arbeit diskutabel sind – obgleich die Biografen keine Fundamentalisten sind, denn strukturelle Religiosität erhebt universellen Geltungsanspruch, und die untersuchten Quellen haben innerhalb des Islams Allgemeingültigkeit; die Thesen betreffen also, solange sie sich nicht explizit auf den Fundamentalismus beziehen,[39] grundsätzlich den Islam oder genauer gesagt, die Struktur des Islams oder muslimischer Religiosität[40].

---

38 Auch Oevermann (2006:424) verwendet den Begriff „Habitus" in Bezug auf die unbewusst prägende Wirkung von Koran und *Sunna*: „Vielmehr wird hier auf dem Bewusstsein der Akteure weitgehend verborgene sinnlogische Verknüpfungen gegenwärtiger Dispositionen mit den Inhalten des religiösen Dogmas abgehoben – Verknüpfungen, die die Habitusformationen der Akteure und ihre im Sinne von Deutungsmustern operierenden, stillschweigend wirksamen Urteile der Angemessenheit im Alltag bestimmen."
39 Die These lautet: Der „fundamentalistische Islam [ist] in seiner Grundtendenz modernisierungshemmend" (Oevermann 2006:401).
40 Vgl. hierzu auch Könemann (2002:71 FN 194 und S. 93 FN 277). Sie weist auf die Verwendung der Begriffe „Religiosität" sowie „Religion" in Oevermanns Abhandlungen hin, die weitgehend äquivalent verwendet werden. Wenn man dieser Lesart folgt, dann kann meines Erachtens die These der Modernisierungsblockaden im Islam sowohl auf die schriftlichen Quellen der Religion als auch auf muslimische Religiosität an sich bezogen werden.

Die Analyse von Koran, Sunna und Tradition brachte zwei Ergebnisse, die daraus resultieren, dass im Zuge der Entstehungsgeschichte des Korans die aus den jüdisch-christlichen Überlieferungen übernommenen Elemente von Mohammed verändert worden sind. Dies führt dazu, dass die Autonomisierungs- und Individuierungsantriebe des jüdisch-christlichen Dogmas nahezu getilgt worden sind (a.a.O., S. 403) und sich der Islam stattdessen zu einer „Gehorsamsreligion" entwickelt hat (a.a.O., S. 421). Der bedingungslose Gehorsam gegenüber Allah stellt die Grundform muslimischer Religiosität dar und blockiert damit potenziell eine Modernisierung im Sinne einer Autonomisierung und Individuierung der Lebenspraxis des Gläubigen (a.a.O., S. 420; 425).

> „Der Koran reduziert also sowohl den jüdischen Herkunfts- wie den christlichen Zukunftsmythos um genau jene zentralen Elemente, die in ihrem Zusammenspiel nicht nur die Säkularisierung von Religiosität auf die Länge aus sich heraustreiben, sondern eine strukturelle Religiosität entstehen und selbst unter Säkularisierungsbedingungen bestehen lassen, die als Elaboration einer nicht stillstellbaren Bewährungsdynamik das sich bildende Subjekt zur Autonomisierung und Individuierung antreibt, ob es will oder nicht. Im Koran bleibt vom Monotheismus, der dazu den Boden bereitet hat, vor allem der bedingungslose Gehorsam gegenüber der göttlichen Allmacht übrig" (Oevermann 2006:417).

Die Thesen werden von Oevermann auf 18 Seiten begründet; dies kann hier nur in einem knappen Rahmen geschehen. Er präsentiert sechs Punkte, die die Veränderungen in der Übernahme des jüdisch-christlichen Dogmas unterstreichen: (1) Es gibt kein ethisches Prophetentum mehr; (2) eine textimmanente Systematik fehlt; (3) der Herkunfts- und Schöpfungsmythos wird auf einen Akt des strafenden Rausschmisses aus dem Paradies reduziert, die Logik der Autonomie als Konsequenz des Sündenfalls fehlt; (4) der Zukunfts- bzw. Erlösungsmythos, der darin besteht, dass der menschliche Tod einer himmlisch geschaffenen Kreatur und das starke Modell der Bewährung Jesu Christi in seiner Leidensgeschichte (Passion) das höchste denkbare Maß an Gott- und Selbstvertrauen darstellt und damit eine „Bewährungspflicht" für den Gläubigen impliziert, fehlt im Koran, da der Gottessohnschaft Jesu Christ rigoros abgesagt wird; (5) es gibt kein Ritual zur irdischen Vorerfahrung der Erlösung, wie sie sich in der christlichen Eucharistie finden lässt; (6) die Charismatisierungsquelle wurde durch die Selbstbezeichnung Mohammeds als letzten Propheten geschlossen und dadurch das Entstehen einer charismatischen Gemeinde verhindert. Dies sei des Weiteren die Ursache dafür, dass es innerhalb des Islams zu keiner Herausbildung eines verfassten, institutionalisierten Islams mit einer anerkannten religiösen Autorität kommt.

Diese sechs Veränderungen „konvergieren allesamt in eine bestimmte Richtung, nämlich die des Verlustes der den monotheistischen Religionen innewohnenden Tendenzen, ja sogar der Zwänge zur Autonomisierung und Individuierung einerseits und korrelativ dazu des bedingungslosen Gehorsams als Grundform von muslimischer Religiosität andererseits" (a.a.O., S. 420). Die Implikationen der These für die Fragestellung meiner Arbeit gilt es im Folgenden zu erörtern.

3.4 Zwischenfazit – Anzeichen für eine muslimische Adoleszenz?

Im Anschluss an die zuvor genannten Thesen lässt sich für die Analyse der narrativen Interviews folgendes erwarten: Die Entwicklungsmöglichkeiten der muslimischen Jugendlichen müssten eingeschränkt sein; im Vergleich zu einheimischen Jugendlichen dürften ihre Biografien nur halbmodernisierte Jugendbiografien sein. Dies würde zum einen an der sozialisatorischen Wirkung des muslimischen Milieus liegen und daran, dass muslimische Religiosität im Wesentlichen durch Gehorsam gegenüber Allah gekennzeichnet ist. Die Autonomisierungs- und Individuierungspotenziale der jungen Muslime wären also in struktureller Hinsicht verkleinert. Es stellt sich demzufolge die Frage: Gibt es eine muslimische Adoleszenz?

Betrachten wir zunächst Wensierski (2007), der behauptet, dass seine Thesen durch die Ergebnisse „alle[r] repräsentativen Jugendstudien" belegt würden (a.a.O., S. 77). Dies ist meines Erachtens fraglich, denn die zuvor zitierten quantitativen Untersuchungen[41] zeigten, dass es durchaus widersprüchliche Ergebnisse gibt. Insbesondere die Sinus-Milieus zeigen, dass muslimische Religiosität mit hochgradig individualisierten und modernisierten Lebenswelten vereinbar ist, wie z.B. dem intellektuell-kosmopolitischen und multikulturellen Performer-Milieu (Sinus Sociovision 2008). Doch auch Wensierski (2007) geht vom „Leitbild einer individualisierten Jugendbiographie" aus (a.a.O., S. 56), und dazu müsse der Jugendliche als „selbstbestimmte[s] und selbstverantwortliche[s] Subjekt" seine Lebensgeschicke lenken können (a.a.O., S. 65). Dieses Leitbild steht indes nicht zur Diskussion, das haben die Ausführungen zur Jugend in der Moderne aus adoleszenztheoretischer Sicht gezeigt. Es scheint vielmehr eine Frage des Bewertungsmaßstabes[42] zu sein, die dazu führt, dass Wensierski den Einfluss eines muslimisch geprägten Milieus oder muslimischer Religiosität in Bezug auf die Jugendphase tendenziell als negativ und einengend bewertet.

Das Fortwirken islamischer Wert- und Normvorstellungen bewertet Wensierski ausschließlich als Begrenzung soziokultureller Entwicklungsmöglichkeiten und appelliert an die nächste Migrantengeneration, jene Traditionen zu überwinden (a.a.O., S. 77). Im Vorgriff auf die Analyse der Interviews kann dem entgegnet werden, dass muslimische Religiosität und ein Migranten-Milieu durchaus auch eine positive und produktive biografische Bedeutung haben können; denn „auch wer ein Kopftuch trägt oder Gott an einem anderen Tag als dem Sonntag huldigt, kann in Schule und Beruf erfolgreich sein. Vielleicht mag sich diesen Herausforderungen besser zu stellen, wer weiß, wohin er gehört, als wer entwurzelt und vieler Werte beraubt ist" (Kälin 1998:48, zitiert nach Alicke 2008:127). Mit anderen Worten: Muslimische Religiosität kann jenes Element der Jugendlichen sein, mit dem sie

---

41 Siehe hierzu Abschnitt 2.2.1.
42 Zur Frage und Bedeutung des Bewertungsmaßstabes siehe auch Mıhçıyazgan (1994).

eine intergenerationale Kontinuität der Werte und Traditionen herstellen und auf dieser Basis sowohl die verdoppelten Transformationsanforderungen bearbeiten können als auch eine leistungsethische Haltung entfalten. Meine These ist hierzu, dass die Art und Weise wie islamische Wert- und Normvorstellungen in den Lebensentwurf integriert werden und wie muslimische Religiosität individualisiert wird, maßgeblich deren biografische Bedeutung bestimmen. Je nach Auseinandersetzung mit den drei großen Fragen des Lebens kann ein Reflexionsprozess beginnen, der in unterschiedlichem Maße eine Transformation muslimischer Sozialisationserfahrung und Religiosität zur Folge hat, so dass diese eine biografische und adoleszente Ressource für den Einzelnen werden können.[43]

Betrachtet man die Thesen Oevermanns, dann werfen diese jedoch eine grundsätzliche Frage auf: Wie kann der *universelle* Geltungsanspruch des Strukturmodells von Religiosität bei gleichzeitiger Einschränkung im Hinblick auf den Islam bestehen? Die grundsätzlich bestehenden Modernisierungs*potenziale* im Monotheismus – oder besser gesagt dem jüdisch-christlichen Monotheismus – werden zu Modernisierungs*blockaden* im islamischen Monotheismus. Dies erscheint auf den ersten Blick widersprüchlich, kann aber meines Erachtens unter Bezugnahme auf das Bewährungsproblem erklärt werden.

Das von Oevermann herausgearbeitete Bewährungsproblem ist universell; es wurde aus dem Modell von Lebenspraxis und sozialer Zeit abgeleitet: der widersprüchlichen Einheit von Entscheidungszwang und Begründungsverpflichtung unter dem Schirm des Endlichkeitsbewusstseins. Wenn es universell ist, dann gilt es auch für Muslime. Daran anschließend würden Oevermanns Thesen zum Islam folgendes bedeuten: Erstens entsteht vom *Inneren* der Religion heraus kein Autonomisierungs- und Individuierungsantrieb; das heißt, der islamische Bewährungsmythos entfaltet seine Wirkung in Kontexten, in denen das Sozial-Kollektive und weniger das Individuelle betont wird. Und zweitens provoziert ein vom Äußeren her bestehender Zwang zur Autonomie und Individuierung, wie er in den westlichen Gesellschaften aufgrund der engen Verflechtung von christlich geprägter Kultur und Religion existiert, eine Auseinandersetzung des einzelnen Muslims mit der Individuations- und Bewährungsproblematik und der Frage, welche Rolle muslimische Religiosität dabei spielt. Mit anderen Worten: Wenn es eine Transformation des Gehorsamsanspruchs gibt, die das Entstehen individualisierter und individuierter Religiositätsformen ermöglicht, dann könnte muslimische Religiosität in unterschiedlichen Maße zu einer biografischen und adoleszenten Ressource avancieren. Diese These steht bei der Analyse der Lebensgeschichten und Lebensentwürfe jedoch vorläufig im Hintergrund.

---

43 Der Fall Mostapha* zeigt in eindrücklicher Weise, dass ein unverändertes Fortwirken islamischer Normen und Werte zwar eine biografische Bedeutung haben kann, die aber im Spannungsfeld zwischen unterschiedlichen Bedeutungsperspektiven von Subjekt und Gesellschaft steht.

4 Fallanalysen

4.1 Methodisches Vorgehen

4.1.1 Grundannahmen der rekonstruktiven Biografieforschung

Der Begriff „Lebenslauf" unterscheidet sich vom Begriff „Biografie". Als Lebenslauf wird eine Abfolge von Lebensdaten verstanden, während mit Biografie die „‚Verwobenheit' objektiv nachprüfbarer Daten und [...] Artikulation subjektiv erlebter Handlungs- und Ereignisfolgen" gemeint ist (Baacke, Sander 2006:258). Die Individualisierungsthese bedeutet im Zusammenhang mit „Biografie", dass der Einzelne nicht mehr auf tradierte und vorgefertigte Lebenslaufmuster zurückgreifen kann, sondern sich selbst als handelndes Subjekt entwerfen muss, das heißt, die einzelnen Teile der Lebensgeschichte zu einer kohärenten oder besser konsistenten Biografie zusammenfügen muss. Das zunehmende Verschwinden von „konventionellen Orientierungsmustern" erzwingt eine zunehmende „Biografisierung der Lebensführung" (Bukow et al. 2006:12).

Die Biografieforschung ist daher der geeignete Ansatz, um die komplexen Lebenslagen in der reflexiven Moderne zu untersuchen. Sie ermöglicht eine möglichst unverzerrte und umfangreiche Rekonstruktion aus der Perspektive der Subjekte. Dabei wird aber auch von der Annahme ausgegangen, dass „die Biografie des Einzelnen immer auch als soziales Konstrukt zu begreifen ist" (Marotzki 2008:176). Mit anderen Worten: Die Analyse der einzelnen Biografie sagt immer auch etwas über die Gesellschaft aus, in der die Lebensgeschichte „gelebt" und der Lebensentwurf konstituiert wird. Biografieforschung ist damit Teil einer verstehenden Sozialwissenschaft, die dem interpretativen Paradigma verpflichtet ist.

Im Anschluss an das interpretative Paradigma hat Rosenthal (2008:48ff.) das „Prinzip der Offenheit" ausformuliert, mit dem Ziel, eine möglichst präzise theoretische Verallgemeinerung und Typenbildung zu erreichen. Sie hat dafür drei grundsätzliche Bedingungen formuliert: Erstens sollte die Analyse auf Rekonstruktion der biografischen Strukturen ausgerichtet sein und nicht subsumtionslogisch einzelne biografische Ereignisse in Kategorien verorten. Zweitens sollte die Analyse dem Prinzip der Sequenzialität folgen; damit wird der Struktur der Gesamtgestalt biografischer Selbstpräsentation Rechnung getragen, bei der jede einzelne Sequenz sowohl für sich als auch innerhalb des Gesamtzusammenhanges von Bedeutung ist. Drittens erfordert das Prinzip der Offenheit ein abduktives Verfahren zur Hypothesenbildung. Im Anschluss an Pierce ist der abduktive Schluss der einzige Schluss, der zur Hervorbringung von Neuem geeignet ist. Diese drei Punkte wurden von Rosenthal mithilfe der Methode der biografischen Fallrekonstruktion konkretisiert und handhabbar gemacht.

4.1.2 Die Methode der biografischen Fallrekonstruktion nach Rosenthal

Zur Analyse der Interviews wird die Methode der biografischen Fallrekonstruktion nach Rosenthal verwendet. Sie verbindet die *Strukturale* oder *Objektive Hermeneutik* nach Oevermann mit dem *Erzähl-* und *Gestaltanalytischen Verfahren* nach Schütze sowie der *Thematischen Feldanalyse* nach Fischer. Die Kombination von unterschiedlichen methodischen Zugängen in einer Methode soll interpretative Fehlschlüsse vermeiden (Stichwort „Triangulation"). In getrennten Analyseschritten werden die Ebenen der erzählten und erlebten Lebensgeschichte rekonstruiert und damit jeweils getrennt Gegenwarts- und Vergangenheitsperspektive untersucht, „ohne dabei deren wechselseitige Durchdringung aus den Augen zu verlieren" (Rosenthal 1995:221).

Die einzelnen Analyseschritte nach Fischer-Rosenthal und Rosenthal (1997) sind:

1. Analyse der biografischen Daten
2. Text- und thematische Feldanalyse (entspricht erzählter Lebensgeschichte)
3. Rekonstruktion der Fallgeschichte (entspricht erlebter Lebensgeschichte)
4. Feinanalyse einzelner Textstellen
5. Kontrastierung der erzählten mit der erlebten Lebensgeschichte
6. Typenbildung

1. Die sequenzielle Analyse der biografischen Daten dient dazu, die biografische Struktur der *gelebten* Lebensgeschichte zu erfassen. Wichtige biografische Daten und Ereignisse werden in der zeitlichen Abfolge des Lebenslaufs analysiert, z.B. Geburt, Einschulung, Heirat, Wohnortwechsel, Krankheit usw. Dabei sollen zunächst gedankenexperimentell Handlungsmöglichkeiten in Form von Hypothesen zu jedem einzelnen Datum entworfen werden, die daraufhin anhand des nächsten biografischen Datums überprüft werden. Die Hypothesen verdichten sich so immer mehr zu einer vorläufigen Fallstrukturhypothese.

2. Bei der Text- und thematischen Feldanalyse werden temporale und thematische Sequenzen gebildet und deren Verknüpfungsstruktur entschlüsselt. Das Ziel ist es, die Regeln und Muster der biografischen Selbstpräsentation in der *Gegenwart* aufzudecken. Gefragt wird nach der Funktion der Sequenzen für die biografische Selbstpräsentation oder *erzählte Lebensgeschichte* im Hier und Jetzt des Erzählens.

3. Bei der Rekonstruktion der Fallgeschichte werden biografische Ereignisse auf ihre Bedeutung untersucht, die sie *damals* für den Autobiografen hatten. Es werden die Selbstdeutungen des Autobiografen beachtet und historisch-soziales Kontextwissen hinzugezogen. Die Analyse folgt der chronologischen Abfolge der Ereignisse und knüpft damit an den ersten Analyseschritt an. Zu fragen ist: Welche Bedeutung hatte ein biografisches Erlebnis in der Vergangenheit, und welche Funk-

tion hat dieses Erlebnis für die Gesamtgestalt der Biografie? Das Ziel ist die Entschlüsselung der Gestalt und Struktur der *erlebten Lebensgeschichte.*

4. Die Feinanalyse einzelner Sequenzen erfolgt in Anlehnung an die objektive Hermeneutik nach Oevermann. Es werden die bereits generierten, vorläufigen Hypothesen an Sequenzen überprüft, die bislang unklar geblieben sind.[44] Es geht um die Rekonstruktion des manifesten und insbesondere latenten Sinngehalts der Sequenzen.

5. Die Kontrastierung von erlebter und erzählter Lebensgeschichte trägt der prinzipiellen Differenz zwischen den beiden Ebenen der Rekonstruktion Rechnung. Die Unterschiede in der Vergangenheits- und Gegenwartsperspektive sollen beleuchtet und interpretiert werden. Es wird gefragt „welche Funktion diese Präsentation für den Autobiografen hat und umgekehrt, welche biografischen Erfahrungen zu dieser Präsentation führen" (a.a.O., S. 155).

6. Abschließend werden nun die Fälle kontrastiert, Fallstrukturhypothesen verdichtet und Typen gebildet. Aus der Empirie der Fälle werden so die analytischen, theoretischen Strukturen von Realtypen generiert.

An diesem idealisierten Verlauf orientiert sich die Vorgehensweise bei der Interpretation der narrativen Interviews. Die Abfolge der Analyseschritte wurde weitgehend eingehalten, jedoch auch modifiziert oder ergänzt. In Anlehnung an ein methodisches Vorgehen, wie es in der Ethnohermeneutik benutzt wird, habe ich jeweils eine Analyse der Forschungssituation hinzugefügt, insbesondere hinsichtlich der Beziehung zwischen Interviewer bzw. Interviewerin und Autobiografen (vgl. Bosse 1994). Sie liefert eine weitere Erkenntnisquelle für die Interpretation und trägt der Interkulturalität des Samples Rechnung.

4.1.3 Zum Forschungsprozess und Forschungsdesign

Die vier narrativen Interviews stammen aus dem Sample des deutsch-französischen Kooperationsprojekts. Die befragten Jugendlichen waren im Alter zwischen 17 bis 27 Jahren und sollten ihren Lebensmittelpunkt in Deutschland oder Frankreich haben sowie über einen nicht privilegierten Migrationshintergrund verfügen. Der vereinbarte Erzählstimulus lautet: „Ich bitte dich, mir deine Lebensgeschichte zu erzählen." Diese Vorgaben für die Erhebung wurden von den Forschenden unterschiedlich interpretiert. Die Interviews variieren zwischen eindeutig narrativen und eher direktiven Interviews, was bei der Analyse zu beachten war.

Die unterschiedliche Interpretation der Vorgaben ist ein Beispiel dafür, dass Verstehensprozesse eben immer auch Deutungsprozesse sind. Und das gilt im ge-

---

44 Die Feinanalyse wurde bei der Interpretation der Interviews aufgrund des gründlichen und vertieften Arbeitens insbesondere bei jenen Sequenzen verwendet, in denen das Thema Religion oder Religiosität auftaucht.

ringen Umfang auch für die Verschriftlichung oder Transkription der Interviews. Es müssen Pausen, Betonungen und parasprachliche Äußerungen interpretiert werden. Besonders schwierig ist daher die Transkription und Übersetzung fremdsprachigen Materials, die im zugespitzten Maße das Problem des Fremdverstehens bergen, weil jede Übersetzung „Uneindeutigkeiten" produziert (Przyborski, Wohlrab-Sahr 2008:308f.). Zwei der vier Interviews wurden in Frankreich geführt und lagen als französisches und deutsches Transkript vor.[45] Küsters (2006) weist auf die „Kulturabhängigkeit" des Über-Sich-Erzählens hin und das Problem vieler Untersuchungen, dass Migranten in der zweiten Generation immer noch eine andere Familien- bzw. Muttersprache haben, als die der Mehrheitsgesellschaft. Dies trifft auch auf die narrativen Interviews zu. Man kann daher nach Küster von einem „mehrfach transformierten Material" sprechen (a.a.O., S. 189).

Was bedeutet diese Problematik für die Analyse? In Anbetracht der grundsätzlich bestehenden Fremdverstehensproblematik und aus arbeitsökonomischen Gesichtspunkten habe ich die übersetzten Transkripte zunächst wie die nicht übersetzten behandelt. Bei irritierenden oder unklaren Sequenzen sowie bei der Feinanalyse habe ich immer auch das französische Originaltranskript hinzugezogen. Mit dieser Vorgehensweise ließen sich sprachliche Feinheiten erkennen und verstehen. Bei der Darstellung der Fälle aus Frankreich verzichte ich zugunsten einer besseren Lesbarkeit auf die Wiedergabe des französischen Originaltextes.

Das bereits genannte Prinzip der Offenheit erfordert eine erkenntnisleitende Fragestellung, die möglichst offen ist und dennoch den konkreten Forschungsgegenstand erfasst.[46] Das Ziel ist, die Bedeutung muslimischer Religiosität in der Adoleszenz zu rekonstruieren. Die Forschungsfrage lautet dementsprechend: Wie wird „muslimische Religiosität" in den Biografien thematisiert, und welche Bedeutung wird ihr zugeschrieben? Ich erinnere nochmals daran, dass die Forschungsfrage bei der Fallrekonstruktion *vorläufig zurückgestellt* wird und es zunächst um die Rekonstruktion der Fallstruktur geht (Rosenthal 2008:174).

4.2 Fallrekonstruktionen

An dieser Stelle wird ein kurzer Überblick über die Variablen und charakteristischen Merkmale der vier narrativen Interviews dargestellt, der zu einem besseren Verständnis und Vergleichbarkeit der Fallrekonstruktionen beitragen soll. Dieser Abschnitt wurde anhand des tabellarischen Überblickes formuliert, der im Anhang zu finden ist.

---

45 Die vier Transkripte wurden von mir vereinheitlicht und zwar in Bezug auf eine fortlaufende Zeilenzählung sowie die Verwendung einheitlicher Notationszeichen zwecks einer besseren Übersichtlichkeit. Die Transkriptionsregeln werden im Anhang aufgeführt.
46 Siehe hierzu auch Strauss, Corbin (1996:23) und Rosenthal (1995:208).

Die vier Autobiografen, von denen jeweils zwei männlichen und zwei weiblichen Geschlechts sind und von denen zwei in Deutschland und zwei in Frankreich leben, waren zum Zeitpunkt des Interviews zwischen 17 und 26 Jahren alt; zu ergänzen ist, dass sowohl die beiden deutschen als auch französischen Autobiografen jeweils annähernd das gleiche Alter haben. Die Herkunft der Autobiografen spiegelt die Herkunft der jeweiligen größten nationalen Einwanderungsgruppen wider. Mahmut hat einen türkischen und Kadia einen marokkanischen Migrationshintergund. Beide leben in Deutschland und sind Jugendliche der zweiten Generation der Gastarbeiterära. Yasmina lebt in Frankreich und hat einen tunesischen Migrationshintergrund. Sie ist eine „typische" Vertreterin der zweiten Generation[47] von Arbeitsmigranten in Frankreich. Mostapha hat einen marokkanischen Migrationshintergrund oder genauer gesagt, er ist gebürtiger Marokkaner und elternunabhängig nach Frankreich immigriert, um zu studieren. Obgleich Kadia und Mostapha einen marokkanischen Migrationshintergrund haben, ist Kadia berberischer und Mostapha arabischer Abstammung. Sie haben also eine unterschiedliche ethnische Zugehörigkeit.

Alle Autobiografen kommen aus kinderreichen Familien mit zwei bis vier Geschwistern. Mahmut und Kadia sind jeweils die einzigen in ihrer Familie, die *nicht* im Herkunftsland der Eltern geboren und immigriert, sondern in Deutschland geboren sind. Sie besitzen eine „Sonderrolle" innerhalb der Migrationsgeschichte der Familie. Dem Alter entsprechend leben Mahmut und Kadia noch in der Wohnung ihren Eltern. Yasmina, die bereits 26 Jahre alt ist, wohnt ebenfalls noch im Haus ihrer Eltern. Nur Mostapha verfügt über eine eigene Wohnung. Alle Autobiografen leben in städtischem Umfeld, bei ihnen lässt sich insgesamt ein hohes bis sehr hohes Bildungsniveau feststellen. Dies mag unter Umständen damit zusammenhängen, dass die Eltern eine hohe Bildungsaspiration haben, wie z.B. bei Kadias Eltern festzustellen ist. Kadias und Yasminas Familien weisen eine erfolgreiche Migrationsgeschichte vor, die sich in einem sozialen Aufstieg und materiellem Wohlstand manifestiert. Wichtig ist, dass alle Autobiografen sich selbst, ebenso wie ihre Eltern, als Muslime bezeichnen.

4.2.1 Mahmut – der hoffnungsvolle Boxer

Mahmut[48] wurde im November 1990 in Deutschland geboren und ist hier aufgewachsen. Er ist zum Zeitpunkt des Interviews 17 Jahre alt und wohnt zusammen mit seinen Brüdern und Eltern in einer norddeutschen Großstadt. Mahmut hat einen türkischen Migrationshintergrund. Sein Vater immigrierte 1972 als so genannter Gastarbeiter nach Deutschland und arbeitete als Stahlwerker; später reisten seine

---

47 Diese Generation bezeichnet sich selbst umgangssprachlich auch als „*beurs*".
48 Der Fall Mahmut wurde auch von Wischmann (2010) analysiert, im Hinblick auf ein anerkennungstheoretisches Erkenntnisinteresse.

Frau und die zwei Kinder nach. Mahmut hat die Realschule mit Erzieherausbildung erfolgreich abgeschlossen und macht zurzeit eine schulische Ausbildung zum technischen Zeichner.

4.2.1.1 Zur Beziehung zwischen Mahmut und der Interviewerin

Aus den Hintergrundinformationen zum Interview wissen wir, dass sowohl die Interviewerin als auch Mahmut einen türkischen Migrationshintergrund haben und dass beide über mehr oder minder elaborierte türkische Sprachkenntnisse verfügen. Neben dieser herkunftsbedingten bestehen weitere Ähnlichkeiten. Mahmut und die Interviewerin betreiben im selben Sportverein den Boxsport und kennen sich von den Trainingseinheiten. Die Interviewerin gibt an, dass sie, vermutlich aufgrund des Altersunterschieds von etwa zehn Jahren, von den Jugendlichen im Verein als „Respektperson" und „ältere Schwester" angesehen werde. Es bestehe daher ihr gegenüber eine gewisse Schüchternheit, die am wenigsten bei Mahmut ausgeprägt sei. Zu ihm bestehe der beste Kontakt, und deshalb habe sie ihn für das Interview ausgewählt.

Anhand dieser Informationen wird deutlich, dass die Beziehung zwischen Interviewerin und Mahmut von einer für narrative Interviews ungewöhnlichen Nähe gekennzeichnet ist. Die sich daraus ergebenden Implikationen sind bei der Analyse des Interviews zu berücksichtigen.[49] Über die türkische Herkunft und den Boxsport bildet sich ein gemeinsamer Erfahrungsraum, der die wechselseitigen Verstehensprozesse manifest und latent beeinflussen kann. Nach Mannheim und Kettler (1980) kann dies als „konjunktiver Erfahrungsraum" bezeichnet werden; dieser wird bereits in der Erzählaufforderung sichtbar, wenn die Interviewerin in der Wir-Form sagt: „Dann fangen wir einfach mal an" (Z. 1[50]).

In Bezug auf die Religiosität der Interviewerin ist aufgrund des türkischen Migrationshintergrundes anzunehmen, dass sie Muslimin ist. Es reden also zwei Muslime unterschiedlichen Geschlechtes miteinander. Ohne allzu sehr die normativen Regeln des Islams zu bemühen, birgt diese Konstellation implizite Erwartungs- und Kontrollhaltungen, die auch im Transkript sichtbar werden. Ein Beispiel: Mahmut beantwortet die Frage zum „Gebet" in Bezug auf das rituelle Pflichtgebet im Islam und entschuldigt sogleich, dass er nicht der Pflicht, fünfmal täglich zu beten, nachkommt. Die „Erwartungserwartung" der Interviewerin scheint damit aber noch nicht gestillt zu sein (Luhmann 1984:15ff.). Mahmut rechtfertigt daraufhin seine nachlässige Gebetspraxis. Diese Rechtfertigungszwänge könnten dadurch verschärft werden, dass der Interviewerin in ihre Rolle als „ältere Schwester" eine Kontrollfunktion zukommt[51].

---

49   Siehe auch Rosenthal (2008:85) in Bezug auf die Wahl der Textsorte.
50   Die Zeilenangaben beziehen sich jeweils auf das Transkript des Falls.
51   Siehe hierzu ausführlich Schiffauer (1983).

4.2.1.2 Erzählte Lebensgeschichte

Betrachten wir zunächst die Eingangssequenz. Mahmut nimmt die Erzählaufforderung („Erzähl mir bitte deine Lebensgeschichte") an und beginnt mit einem 19-zeiligen Abstrakt (also Zusammenfassung) seiner Lebensgeschichte. Ausgehend von der Annahme, dass sich bereits zu Beginn des Interviews wesentliche Sinn- und Deutungsmuster konstituieren, folgt eine ausführlich dargestellte Analyse des Abstrakts.[52]

Unsicherheit über den eigenen Ort in der Welt

Mahmut präsentiert zu Beginn des Interviews seinen Geburtsort oder genauer gesagt sein Geburtsland „Deutschland". Er stellt also eine Selbstverortung oder Selbstpositionierung an den Beginn seiner Erzählung und betont damit implizit deren Wichtigkeit. Dass Mahmut in Deutschland geboren ist, unterscheidet ihn von seinen Eltern und Geschwistern, deren Migrationgeschichte er in zwei Sätzen darstellt. Mithilfe dieses Auftakts des Interviews kann folgende These aufgestellt werden: Die migrationsspezifische Sonderstellung innerhalb der Familie erschwert für Mahmut das Herstellen klarer Herkunftsbezüge. Er ist weder vollwertiges „Mitglied" der Migrationsgeschichte der Familie, noch der bundesrepublikanischen Gesellschaft, da er als Kind von Ausländern zunächst die türkische Staatsbürgerschaft besitzen wird, obwohl er in Deutschland geboren ist[53]. Anders gesagt: Die familiäre und nationale Zugehörigkeit ist unsicher, und dies könnte auf der latenten Ebene der Suche und Sehnsucht nach Sicherheit ein lebensgeschichtliches Thema sein.

Diese Hypothese wird auch durch eine an sich irritierende Aussage von Mahmut gestärkt, die er in Zeile sechs präsentiert: „Dann kam ich hierher." In Anbetracht, dass Mahmut sich kurz zuvor in Deutschland verortet hat, stellt sich die Frage, woher und wohin kam Mahmut? Mit dieser Aussage könnte Mahmut ein Anknüpfen an die Migrationsgeschichte der Familie suggerieren wollen, und damit wird die latente Sehnsucht nach klaren Herkunftsbezügen erneut deutlich. Eine weitere Lesart scheint auch möglich, im Sinne der Aussage „dann kam ich hierher, auf diese Welt." Im Anschluss an die These der Unsicherheit kann diese Lesart als Ausdruck einer Figur von Fremdheit im eigenen Leben verstanden werden, die sich wie ein plötzliches Hineingeworfen-Sein in die Welt und in das Leben anfühlt. So plötzlich und unverhofft, wie dieser Satz in der biografischen Selbstpräsentation platziert wurde.

---

52   Siehe hierzu Schlüter (2008:213): „Die Sinnstruktur für eine Biographie ist im Ansatz bereits in der Eingangssequenz enthalten."

53   Die rechtlichen Regelungen wurden im Abschnitt 2.1.3 dargestellt.

Der Zusammenhang von Schulproblemen und Autounfall – ein Rechtfertigungsmuster

> Ja, (.) also danach ging ich hier in die Schule, in die Grundschule. Also wo ich zwischen drei und vier Jahre alt, hatte ich einen Autounfall. Das war genau vor meiner Haustür. Hatte, (.) dann gabs so Fahrerflucht, also der Fahrer wurde nicht erwischt. Hatte derbe viel Blut verloren, (?) kam also von, lag also vorm Sterben. //mhm// Ja und danach (.) in der Schulzeit durch den Autounfall hatte ich ein bisschen Aggression. (Z. 6-11)[54]

In dieser Sequenz eröffnet Mahmut das thematische Feld „Schule" und bettet darin das Thema eines Autounfalls ein, der sich mehrere Jahre vor seiner Einschulung ereignete. Der Zeitsprung von der Schulzeit in die frühe Kindheit sowie der Themenwechsel von der Schule zum Autounfall ist wichtig für Mahmuts Selbstpräsentation in der Gegenwart; durch diese Verknüpfung von biografischen Ereignissen aus unterschiedlichen Lebenszeiten wird ein argumentatives Muster gewoben, mit dem Mahmut die Probleme während seiner Schulzeit rechtfertigt. Es lautet: „Durch" den Autounfall war Mahmut aggressiv geworden, dies führte zu Problemen mit Schülern und Lehrern. Das heißt, nicht Mahmut trägt die Verantwortung für seine Aggression, sondern der Fahrer des Unfallautos – und dieser ist flüchtig. Mit diesem Rechtfertigungsmuster werden auch Mahmuts Eltern entlastet, denn der etwaige Vorwurf einer mangelnden Unterstützung ihres Sohnes in der Schulzeit lässt sich nicht formulieren im Angesicht der skandalösen Fahrerflucht und der Unfallfolgen. Blicken wir noch einmal auf die Art und Weise, wie Mahmut sich hier präsentiert.

Das thematische Feld „Schule" wird zunächst mit einem Satz eingeleitet, in dem sich, wie im vorigen Satz, ein unkonkretes „hier" finden lässt. Die These von der Unsicherheit, über die Position innerhalb der Migrationsgeschichte der Familie und den sich daraus für Mahmuts Lebenswelt ergebenden Implikationen, wird hier in Bezug auf die Schulzeit sichtbar. Wenn Mahmut sagt, dass er „hier" in die Grundschule gegangen sei, dann schwingt dabei implizit auch ein „dort" mit, welches sich vielleicht auf die Türkei und den dortigen Schulbesuch seiner Geschwister beziehen könnte.

Im Anschluss wird unvermittelt der zeitliche und thematische Wechsel vollzogen. Mahmut präsentiert das Ereignis des Autounfalls in Form einer dramatischen Erzählung. Bevor er den Satz beendet „hatte derbe viel Blut verloren", wird dieser abgebrochen und zunächst die Information des flüchtigen Fahrers präsentiert. Wieso? Meine Hypothese ist: Die Fahrerflucht bildet den Kern der Rechtfertigung durch die Verknüpfung von „Schule" und „Autounfall", der durch die dramatische Erzählung lediglich umrahmt wird. Dadurch, dass der Schuldige flüchtig ist, kann im übertragenen Sinne die Schuld des Unfalls nicht gesühnt werden, sondern bleibt offen bestehen. Der anonyme und nicht greifbare Schuldige kann auch noch in der

---

54 Im Abschnitt „Fallanalysen" werden die Zitate der Autobiografen außerhalb des Fließtextes eingerückt dargestellt und auf Anführungszeichen sowie Interpunktion verzichtet, sofern sie nicht im Originaltranskript vorhanden sind.

Gegenwart „angeklagt" werden, und das Rechtfertigungsmuster bleibt auch für zukünftige Problemlagen anwendbar.

Nachdem der flüchtige Fahrer etabliert wurde, kehrt Mahmut zu der dramatischen Erzählung zurück und vollendet den Satz, der zuvor beim „hatte" abgebrochen wurde. Im Anschluss spitzt sich die Erzählung zu: Mahmut lag „vorm Sterben". Sodann folgt nüchtern die Information, dass der Unfall Probleme in der Schulzeit nach sich gezogen habe. Die zugespitzte Erzählung der lebensbedrohlichen Unfallsituation wird nicht erzählerisch aufgelöst. So abrupt, wie das Thema Unfall eingeführt wurde, wird es auch wieder beendet. Wieso präsentiert sich Mahmut hier so? Meine Hypothese: Die dramatische Erzählung ist für die Aktivierung des Rechtfertigungsmusters erzählerisches Beiwerk und muss nicht zu Ende erzählt werden. Wichtig war die Information „Fahrerflucht". Darüber hinaus könnte das Nicht-Auflösen der lebensbedrohlichen Situation eine Strategie des Offenhaltens von biografischen Ereignissen sein, und zwar in dem Sinne, als dass diese nicht abschließend geklärt und bewertet werden. Biografische Ereignisse können so bis in die Gegenwart hinein wirkungsmächtig bleiben.

Das Rechtfertigungsmuster wird durch die kurze, aber dramatische Erzählung hinreichend plausibel dargestellt. Die Verknüpfung von „Schule" und „Unfall" ist die am intensivsten entfaltete Thematik des Abstrakts. Die Positionierung zu Beginn des Interviews, der relativ große Umfang und die Art und Weise der Präsentation unterstreichen die Bedeutung des Rechtfertigungsmusters, das über das Abstrakt hinaus für die gesamte biografische Selbstpräsentation wichtig ist. Abschließend sei noch bemerkt, dass Mahmut in der Präsentation seiner Lebensgeschichte chronologisch vorgeht, mit Ausnahme des Rücksprungs zum Autounfall. Über die Kindheit bis zur Einschulung erfahren wir nichts. Ebenso wenig über die Frage: Wo waren die Eltern, während der Unfall vor der Haustür geschah? Dies könnte ein Anhaltspunkt für die These sein, dass die Eltern in Bezug auf den Unfall und die Ursache der Schulprobleme eine unrühmliche Position einnehmen. Darüber zu sprechen dürfte für Mahmut ein Tabu sein.

Das Rechtfertigungsmuster wird brüchig

Ich war einer der schnell ausgerastet wurde. Manche Kinder haben mich auch genervt weil (.) ich nicht so sportlich war wie früh- (.) wegen meim Fuß muss ich kein Sport machen. Wegen den Aggression durfte ich kein Sport machen, durch meine Eltern. Ähh bis (.) sechsten Schuljahr hatte ich nur Probleme auch mit Lehrern und mit Schülern. (Z. 11-14)

Nachdem Mahmut gesagt hat, dass er „durch" den Unfall „Aggressionen" hatte, wird in dieser Sequenz der Zusammenhang von den Folgen des Unfalls und Problemen in der Schule weiter ausgebaut und veranschaulicht. Überdies hat die Sequenz eine evaluative Funktion. Die Schulzeit wird als ausschließlich problematisch und damit ein wesentlicher Teil der Kindheit negativ bewertet. Obgleich

Mahmut darum bemüht ist, die Plausibilität des Zusammenhanges zu untermauern, wird – so meine These – die Argumentation eher brüchig und inkonsistent.

Bereits im ersten Satz wird erkennbar, dass Mahmuts Aggressivität nicht im luftleeren Raum entstanden ist, sondern dass er „ausgerastet wurde". Diese grammatisch falsch, aber nicht zufällig so formulierte Aussage könnte darauf hindeuten, dass es die Mitschüler waren, durch die Mahmut „provoziert wurde". Als Begründung für das Nerven der Mitschüler wird Mahmuts Unsportlichkeit angeführt, die mit seinem „Fuß" zusammenhängt. Diese Argumentation wird allerdings erst im zweiten Anlauf präsentiert. Zuvor bricht Mahmut den Satz ab, bei dem er seine Unsportlichkeit in der Grundschule mit einem sportlicheren Zustand vergleichen wollte, den er „früher" gehabt habe. Weshalb wird dieser Satz beim Wort „früher" abgebrochen? Es scheint mir, als ob Mahmut während des Erzählens bewusst wurde, dass jenes „früher" vor der Zeit des Autounfalls liegt; das heißt, er war zu diesem Zeitpunkt drei Jahre alt. Und dies wäre wenig überzeugend. Mahmut rudert in seiner Argumentation zurück; die bereits etablierte, unfallbedingte Aggression sei Ursache der Unsportlichkeit. Da sich dieser Zusammenhang nicht automatisch erklärt, wird ergänzt, dass es die Eltern waren, die aufgrund der Aggressionen das Sporttreiben verboten hatten. Auf dieses Verbot will Mahmut nicht näher eingehen, sondern kommt nach einem „Ähh" zu der Evaluation der (Grund)Schulzeit: „nur Probleme".

Mahmut ist sehr darum bemüht, in dieser Argumentation den Zusammenhang zwischen „Unfall" und „Schulproblemen" zu verfestigen und damit das Rechtfertigungsmuster abzusichern. Dabei verstrickt er sich in Unklarheiten. Sowohl der „Fuß" als auch die „Aggression" seien Ursachen der Unsportlichkeit, und sowohl die Nervereien der Mitschüler hätten zu Ausrastern geführt, als auch die unfallbedingten Aggressionen. Dass er „früher" nicht sportlicher hätte sein können, wurde gezeigt. Unklar bleibt auch, worin der Zusammenhang zwischen der Unsportlichkeit und den Provokationen der Mitschüler eigentlich bestehen soll.

Vom Tiefpunkt einer negativen Verlaufskurve zum sportlichen Wendepunkt

Ja und dann wollten die mich auf Sonderschule schicken weil ich nicht (.) d- dazu fähig war zu konzentrieren und so. Da hat mein Bruder für mich eingesetzt dann durfte ich nach Haupt gehen. Und von Haupt habe ich mein Real geschafft. [...] Ja und danach irgendwann meinte ich dann zu mir, hab durch ein Freund angefangen Sport zu machen mit mein vierzehnten (.) mit mein sechzehnten Lebensjahr, hab ich angefangen mit Boxen. Ja da hab ich mich noch Fitness angemeldet und dann durchgezogen. Ja und jetzt bin auch stolz, hab ich 25 Kilo abgenommen. (Z. 15-22)

In dieser Sequenz präsentiert Mahmut eine Zuspitzung seiner Probleme in der Schulzeit, die durch die Intervention des Bruders abgewendet wurden und von dort an eine positive Entwicklung nahmen. Während die Veränderung in Mahmuts Schullaufbahn durch den Bruder initiiert wurde, ist es Mahmut selbst, der durch den Beginn des Boxsports sein Körpergewicht reduzieren konnte. Diese Sequenz erfüllt damit als Abschluss des Abstrakts die Funktion, die zuvor mit Problemen beladene Lebensgeschichte mit einem „Happy End" aufzulösen. Bei der Art und Weise der Präsentation wird deutlich, dass bei dem Vergleich der Situationen von damals und heute Wendepunkte entscheidend sind. Sie wenden nicht nur die negative in eine positive Verlaufskurve, sondern eben auch die Rolle Mahmuts: vom Objekt der Lehrer und ihrem Begehren, Mahmut auf die Sonderschule zu schicken, hin zu einem sportlichen jungen Mann, der seine Fettleibigkeit erfolgreich bekämpft und einen Realschulabschluss erreicht hat.

Bei einem Blick auf die Details ist zu bemerken, dass Mahmut als Grund für den drohenden Sonderschulbesuch nicht die Probleme im Gefolge der Aggressionen anführt, sondern seinen Konzentrationsmangel. Dies könnte darauf hindeuten, dass eben der Zusammenhang zwischen Problemen in der Schule und unfallbedingter Aggression gar nicht im Vordergrund steht, sondern Mahmuts Konzentrationsschwäche. Jene würde die thesenhaft formulierte Brüchigkeit des Zusammenhangs zwischen Schulproblemen und Unfall unterstützen.

Obgleich die Kurzfassung der Lebensgeschichte mit dem Erreichen der Gegenwartsperspektive grundsätzlich abgeschlossen ist, springt Mahmut in seiner Lebensgeschichte noch einmal zurück an einen zentralen Punkt. Der Rücksprung und Themenwechsel ist dabei ähnlich bedeutsam wie zuvor derselbe Vorgang in Bezug auf den Autounfall im thematischen Feld „Schule". Denn erst durch die Präsentation der sportlichen Veränderungen wird der Früher-Heute-Vergleich ins Positive gewendet, wobei auch Mahmut eine aktive Rolle übernommen hat. Er kann sich so erstmals als Handelnder darstellen, der seine Situation beeinflussen kann und Probleme löst.

Die vorläufige biografische Gesamtsicht lässt sich aus Perspektive von Mahmut so formulieren: „Ich hatte eine schwierige und problematische Kindheit, aber seit der Jugendphase ist es mir gelungen, meine Lebensgeschichte erfolgreich zu verändern." Ob und wie sich diese Hypothese im weiteren Verlauf bestätigt und verändert, soll die weitere Analyse der erlebten Lebensgeschichte zeigen, allerdings in weniger ausführlicher Art und Weise.

Verlauf der erzählten Lebensgeschichte in der Haupterzählung bis zur Koda

Das Muster der Präsentation, bei der einem „schlechten Früher" ein „gelingendes Heute" gegenüber gestellt wird, wiederholt sich in der anschließenden Sequenz. Mahmut beschreibt, dass sein Freundeskreis früher durch den Konsum von Alkohol und Drogen geprägt gewesen sei und er sich heute von ihm getrennt habe. Mahmut habe entschieden, „einen eigene[n] Weg zu gehen" und darauf sei er heute „stolz" (Z. 26 f.). Mahmut präsentiert sich somit als aktiv Handelnder, der eine negative in eine positive Lebenslage umwandeln konnte. Dabei nimmt er auch die Nachteile dieses Wandlungsprozesses in Kauf. In diesem Fall ist der Nachteil, dass er heute nur wenige gute Freunde habe.

Im Anschluss präsentiert Mahmut überraschend, dass er sich mit seiner Familie gut verstehe und sowohl Eltern als auch Brüder immer für ihn da seien. Weshalb betont Mahmut seine Beziehungen zur Familie, obgleich ansonsten nichts von den Eltern berichtet wird? Meine These: Mahmut präsentiert das Idealbild von Familie und familiären Beziehungen, weil er damit seinen Sonderstatus in Bezug auf die Migrationsgeschichte der Familie retuschiert, und es über die Problemlosigkeit hinaus nichts über die Familie zu berichten gibt. Die bereits angedeutete Vermutung, dass es womöglich einem Tabubruch gleich käme, über die Rolle der Eltern im Zusammenhang mit dem Unfall und Schulproblemen zu sprechen, würde dadurch bestärkt.

In der folgenden 14-zeiligen Sequenz präsentiert Mahmut ein neues Thema, seine Hilfsbereitschaft und Vorurteilslosigkeit. Diese Sequenz kann als Argumentationshilfe für die Trennung von den früheren Freunden verstanden werden. Denn während die Freunde gegenüber anderen, insbesondere schwächeren Menschen eine ablehnende und verachtende Haltung gehabt hätten, beschreibt sich Mahmut als jemand, der sich für diese Menschen einsetzen und sie nicht nach ihrem Aussehen beurteilen würde, weil er wüsste, was es bedeutet, „körperlich" und „geistig behindert zu sein" (Z. 37 f.). Implizit könnte Mahmut hier auf seine Erfahrungen in der Grundschule anspielen, da ihm dort – aus seiner Sicht – Anerkennung und Annahme verwehrt worden sei. Darüber hinaus enthält diese Sequenz wieder die Figur eines aktiv handelnden Mahmuts, der früher im Strom der Peergroup mitschwamm und heute schwächeren Menschen über die Straße hilft. Ein Wandel also von einem nicht anerkannten zum vorbildlichen, hilfsbereiten Jugendlichen.

Im Anschluss folgt eine 36-zeilige Sequenz, in der das thematische Feld „Schule" vertieft wird. Das Thema „Ausländer-Sein" taucht darin erstmalig auf. Es ist die längste Sequenz der Haupterzählung. In Anknüpfung an das Präsentationsmuster „früher versus heute" werden zwei Ereignisse geschildert: Das vielleicht negativste Ereignis der Schulzeit, bei dem eine Auseinandersetzung mit einer Lehrerin eskaliert und in Gewalt endet, sowie die positive Veränderung seiner Schullaufbahn, durch einen hilfsbereiten Lehrer in der sechsten oder siebten Klasse.

Das erste Ereignis kann so umrissen werden, dass es einen Konflikt zwischen Mahmut und Mitschülern gegeben und die eingreifende Lehrerin Mahmuts Kopf „genommen und gegen eine Wand geschlagen" habe (Z. 53 f.). Daraufhin sei Mahmut „ganz aggressiv geworden" und habe der Lehrerin das Handgelenk gebrochen (Z. 55). Er sei hinterher in einen Raum geschlossen worden, den er auch noch verwüstete. Bei dieser Erzählung stellt sich Mahmut als Opfer eines unbegründeten tätlichen Angriffs seiner Lehrerin dar. Mahmuts Reaktion erscheint in diesem Licht, als sei sie „Notwehr" gewesen. Die regelmäßig vorkommenden Streitigkeiten mit Mitschülern, die ungeachtet dieses extremen Vorfalls zum Ausrasten Mahmuts und „Hauen" der Schüler führten, werden durch das bekannte Muster – aber mit neuem Inhalt – entschuldigt, durch den Unfall hätte Mahmut „damals" eine „Epilepsiekrankheit" gehabt (Z. 49). Kurz gesagt: Mahmut ist nach eigener Aussage immer unschuldig – und dies soll beim Interview deutlich werden. Mahmut beschreibt, dass er aufgrund seines Verhaltens als Störer in der Schule stigmatisiert worden sei – und weil er Ausländer[55] ist („Bist ein Ausländer und dann noch so was", Z. 60). Die Figuration als unschuldiges Opfer wird durch den Status des Ausländers verschärft. Mahmut ist gegenüber den diskriminierenden Attitüden seiner Lehrer in der Rolle eines handlungsunfähigen Schülers; denn in der asymmetrischen Lehrer-Schüler-Beziehung haben Lehrer mehr Macht und Einflussmöglichkeiten.

Der zweite Teil in der Sequenz „Schule" ist weniger ein singuläres Ereignis, sondern als grundlegender Wandel in Mahmuts Schullaufbahn zu bezeichnen. Sie begann mit einem verständnisvollen Klassenlehrer, „der nix gegen Ausländer hatte" (Z. 73). Dieser Lehrer wird im drastischen Gegensatz zu den bisherigen Erfahrungen mit Lehrern und dem Schulalltag präsentiert. Mahmut sagt: „Dann irgendwann hat der Lehrer an mich geglaubt, ist immer hinter mir hergelaufen und hat alles getan für mich […] ja und dann hatte ich auch ab achten Klasse keine Probleme mehr" (Z. 74 f.). Wie kann dieser Wandel verstanden werden? Meine Hypothese ist: Die zuvor durch den Unfall bedingten und gleichzeitig gerechtfertigten Schulprobleme scheinen sich, durch Dialoge und Verständnis des Klassenlehrers in Luft aufzulösen, weil sie gar nicht eine unmittelbare Folge des Unfalls waren. Es waren auch schon zuvor Probleme aufgetreten, die man in Gesprächen hätte lösen können, doch es fand sich in Mahmuts Familie und Umfeld niemand, der das Interesse oder die (sprachlichen) Fähigkeiten dazu gehabt hätte. Die Intervention des Bruders konnte immer nur das Schlimmste verhindern, aber nicht die negative Verlaufskurve in der Schule umkehren.

Die Lösung der schulischen Probleme geschieht also unabhängig von der Heilung der körperlichen und geistigen Behinderung, die als Folge des Unfalls besteht. Meines Erachtens ist hierbei bereits diese Entkoppelung des Zusammenhanges als Zersetzung der Plausibilität des Rechtfertigungsmusters zu verstehen. Während der Lehrer die Schulprobleme löste, stellt sich die Frage, was mit den Unfallschäden geschehen würde? Mahmut äußert sich hierzu äußerst knapp im Anschluss an die vorige Sequenz in nur einem Satz: „Danach war mein Krankheit dann auch weg also, musste zu Therapeuten gehen, Psychiatern gehen=dies das" (Z. 83 f.). Weshalb äußert sich Mahmut in dieser Form? Meine Hypothese ist: Das Verschwinden der „Krankheit" wäre gleichbedeutend mit dem Verschwinden des Rechtfertigungsmusters, das für die biografische Selbstpräsentation bis in die Gegenwart hinein von Mahmut zur Erklärung von negativen Ereignissen in seiner Biografie verwendet wird. Dies soll nicht thematisiert, sondern möglichst übergangen werden. Es sollen überhaupt keine Fragen entstehen, die dieses Rechtfertigungsmuster gefährden würden. Wie etwa: Warum haben sich die Eltern nicht schon vorher um eine

---

55 Mahmut hat wahrscheinlich die türkische Staatsbürgerschaft, und er wird sich, gemäß der Übergangsklausel des reformierten Staatsbürgerschaftsrechts, im Alter von 18 Jahren für oder wider die deutsche Staatsbürgerschaft entscheiden müssen.

therapeutische Behandlung bei Mahmut bemüht, sondern erst im Alter von ca. 14 Jahren?

In der folgenden 21-zeiligen Sequenz berichtet Mahmut über die Veränderungen, die begannen, als er anfing, Sport zu treiben. Die Motivation zum Sporttreiben wird hier deutlich. Mahmut sagt: „Ich hatte noch Probleme, ich war fett" (Z 84). Der Zusammenhang zwischen Fettleibigkeit, die zuvor als Unsportlichkeit bezeichnet wurde, und den Hänseleien der Mitschüler ist das Problem. Mahmut sagt: „Jeder hat mich genervt und weggelaufen weil ich fett war" (Z. 87). Mahmut war vermutlich langsam und träge; er konnte schlichtweg nicht mit den Mitschülern mithalten. Der Beginn der Jugendlichkeit und einer veränderten Wahrnehmung der Körperlichkeit könnten dazu geführt haben, dass Mahmut im Alter von 14 Jahren entscheidet, mit dem Box- und Fitnesssport zu beginnen. Zuvor musste Mahmut den Vater um seine Zustimmung dafür bitten, da es seit dem Unfall ein Sportverbot gab. In der Art und Weise, wie Mahmut hier die Vater-Sohn-Beziehung darstellt, wird deutlich, dass der Vater als Respektperson gesehen wird. Meine These ist: Der Vater wusste, dass er in Anbetracht des nunmehr vom jugendlichen Mahmut formulierten Wunsches zu boxen kaum mehr eine ablehnende Haltung einnehmen konnte. Er stimmte deshalb zu und konnte somit sein Gesicht wahren. Andererseits beachtet Mahmut die „formellen Regeln" in seiner Familie, weil er sich durch die fehlende Migrationserfahrung schon in der Sonderrolle befindet und Konflikte vermeiden will, die ihn von der Familie trennen könnten. Dabei wurde ihm der Wunsch zu boxen lange verwehrt. Mahmut sagt: „Ich wollte als kleines Kind immer boxen" (Z. 90). Auf der latenten Ebene kann dieser Wunsch meines Erachtens als Sehnsucht nach Schutz und nach einem „sich wehren zu können" verstanden werden, nach einer verlässlichen Sicherheit, die Mahmut seit der Kindheit vermisste. Die mit Ausnahme des Bruders bestehende Abwesenheit von beschützenden Personen, insbesondere der Eltern während des Unfalls, könnte diesen Wunsch begründet haben, sich durch das Boxen selbst beschützen zu können oder anders formuliert, sich selbst durchboxen zu können.

Mahmut beschreibt anschließend, wie der Boxsport sein Leben verändert hat: „Ich hab viel Selbstbewusstsein bekommen durch Sport" (Z. 93 f.). Die Zunahme des Selbstbewusstseins steigt in dem Maße, in dem Mahmut seine Fettleibigkeit verringern konnte. Die neue, positiv empfundene Körperlichkeit setzt Mahmut dem „Früher" entgegen: „Ich fand mich nicht schön" (Z. 94). Die sichtbaren Veränderungen hätten dazu geführt, dass Mahmut zu einem „Vorbild" für Andere in seinem Stadtteil geworden sei. In argumentativer Form erklärt Mahmut, weshalb er es „wichtig" gefunden habe, ein Vorbild zu sein und damit etwas „bewirken" zu können. Mahmut zeigt eine hoffnungsvolle Haltung dem Leben gegenüber, die auch gegenüber den Widrigkeiten des Lebens zu bestehen scheint: „Anderen […] zeigen das man es schaffen kann" (Z. 99 f.). Dieses Motto könnte Mahmut auch zum Geben des Interviews bewegt haben.

66

Es folgt eine 16-zeilige Sequenz, die eine Belegerzählung für das Motto des unbeirrbaren Stehaufmännchens ist. Der Beginn des Boxens ist neben dem schulischen ein sportlicher Wendepunkt in Mahmuts Biografie. Dabei wird in dieser Sequenz deutlich, dass Mahmut sich nicht nur aus den Problemen in seiner Lebensgeschichte befreit hat, sondern auch von den Problemen, die es in seiner Familie gab. Zumindest einer der Brüder nimmt Drogen, hat keinen Schulabschluss, Gewichtsprobleme und ist arbeitslos. Die Migrationsgeschichte der Familie ist offenbar keine Erfolgsgeschichte. Mahmut beschreibt, dass die Eltern unter der Lebenssituation der Brüder „leiden" (Z. 103). Mahmut ist gewissermaßen der Hoffnungsträger der Familie. Er nimmt den Auftrag an und gibt dem Vater sein Wort, „nicht in dieselbe Richtung zu gehen" wie die Brüder (Z. 110). Damit erfüllt Mahmut die Erwartungshaltung der Eltern, respektiert sie und bindet sich durch das Wort an die Familie, von deren sozialer Lage sich Mahmut durch den schulischen Aufstieg und die sportliche Emanzipation tendenziell entfernt.

Die autonom gestaltete Eingangserzählung wird hier mit einer Erzählkoda beendet und zwar in deutscher und türkischer Sprache. Im übertragenen Sinne kehrt Mahmuts Präsentation also wieder zum Beginn der biografischen Selbstpräsentation zurück. Die Migrationsgeschichte der Familie und die fehlende Migrationserfahrung von Mahmut bilden den Hintergrund von Mahmuts Lebensgeschichte, in die sich die Entwicklung von einer problematischen Vergangenheit zu einer erfolgreichen Gegenwart einspannt.

4.2.1.3   Erlebte Lebensgeschichte

Im Gegensatz zur erzählten Lebensgeschichte, bei der nach der Funktion für die heutige Selbstpräsentation gefragt wurde, geht es bei dem Analyseschritt der erlebten Lebensgeschichte um folgende Frage: Welche Bedeutung hatte ein biografisches Erlebnis zum Zeitpunkt des Erlebens und welche Funktion hat es für die Gesamtgestalt der Biografie? Die Rekonstruktion der Fallgeschichte folgt daher der Abfolge der biografischen Ereignisse in chronologischer Reihenfolge unter Hinzunahme von Kontextwissen.

Das erste biografisch-relevante Ereignis ist die Migrationsgeschichte die Familie; diese geht der Lebensgeschichte von Mahmut zwar voraus, beeinflusst sie aber stark. Es ist die Geschichte einer „typischen Gastarbeiterfamilie". Unter Hinzunahme von Kontextwissen in Bezug auf die Kohorte der Gastarbeitergeneration lassen sich Hypothesen formulieren, z.B.: In Mahmuts Familie wird vermutlich Türkisch gesprochen, weil die Brüder in der Türkei geboren sind, dort aufwuchsen und später mit der Mutter nach Deutschland kamen – der „typische" Familiennachzug.

Das erste biografische Datum ist Mahmuts Geburt in Deutschland. Sein Leben beginnt in einer Migrantenfamilie, und damit beginnt – in struktureller Hinsicht – die Spannung zwischen Herkunfts- und Mehrheitskultur. Zwar nicht von Geburt an, jedoch wenn Mahmut volljährig wird, muss er sich zwischen den Kulturen oder, genauer gesagt, für eine nationale Zugehörigkeit entscheiden. Denn Mahmuts Geburtsjahrgang fällt noch unter die Übergangsregelung des reformierten Staatsbürgerschaftrechts, und für sie gilt, dass sie sich im Alter von 18 bis 23 Jahren für oder wider die deutsche Staatsbürgerschaft entscheiden müssen. Diese Entscheidung bedeutet gleichsam, die Staatsbürgerschaft der Eltern fortzuführen oder abzulegen. Im Fall Mahmut würde eine Entscheidung für die deutsche Staatsbürgerschaft eine „amtliche Trennlinie" zur Familie bedeuten, da die Eltern und Geschwister Türken sind.

Das zweite biografische Datum, das Mahmut nennt, ist der Autounfall im Alter zwischen drei und vier Jahren (Z. 7). Der Unfall war damals für Mahmut lebensbedrohlich. Von diesem Zeitpunkt an hatte er viele Probleme in der Kindheit. Es ist auch anzunehmen, dass der Unfall sich auf die Beziehung zwischen Mahmut und seinen Eltern auswirkte. Sie hätten ihren Sohn fast verloren und könnten sich fortan umso mehr um ihn bemüht haben. Auf die Gesamtbiografie bezogen ist der Unfall *das* einschneidende Ereignis in Mahmuts damals noch junger Biografie. Die Unfallfolgen sind mitunter noch heute spürbar, z.B. beim knienden Beten. Die Unfallfolgen haben die Funktion, Probleme und negative Ereignisse in der Lebensgeschichte zu begründen und zu rechtfertigen.

Die nächste Lebensphase lässt sich bei der Einschulung verorten. Mahmuts Grundschulzeit war von Problemen gekennzeichnet. Diese negativen Erfahrungen haben Mahmut damals sehr belastet, z.B. wenn er ausgerastet sei und Mitschüler geschlagen habe, habe er darunter „gelitten" (Z. 50). Das Ereignis, bei dem Mahmut einer Lehrerin das Handgelenk brach, hatte damals zur Folge, dass Mahmut endgültig als störender Ausländer abgestempelt wurde. Mahmut habe dies als ungerecht empfunden, da er nun prinzipiell als Schuldiger bei Streitereien angesehen worden sei. Für die Gesamtgestalt der Biografie ist die Schulphase bis hierhin als Zeit jedweder negativer Erfahrungen zu bezeichnen. Die Schulereignisse repräsentieren die Vergangenheit, das „Damals" oder „Früher" in Mahmuts Biografie, das als Kontrast zur Gegenwart fungiert.

Das nächste biografische Ereignis fällt in die Zeit, als Mahmut in der sechsten oder siebten Klasse, also 12 oder 13 Jahre alt, war. Der Klassenlehrer von Mahmut bemühte sich nachhaltig um die Lösung von Mahmuts Problemen in der Schule. Die Erfahrungen mit dem Klassenlehrer waren ein „Aha-Erlebnis". Der Lehrer hörte zu, handelte vorurteilsfrei und unterstützte Mahmut nach Kräften. Ohne diesen Lehrer wäre die Schullaufbahn von Mahmut vermutlich anders verlaufen. Der Lehrer und seine Hilfsbereitschaft wurden meines Erachtens zum Vorbild für Mahmut und seine Haltung gegenüber benachteiligten Menschen. Für die Gesamtgestalt der Biografie führt die Phase mit dem Klassenlehrer zu einem Wendepunkt, an dem eine positive Verlaufskurve beginnt. Der Lehrer ist somit ein generalisierter und signifikanter Anderer und *die* bedeutsamste Person in Mahmuts Biografie.

Weniger ein biografisches Ereignis, aber dennoch von Mahmut benannt, sind seine ab dem 12. Lebensjahr auftretenden Probleme im Bewegungsapparat. Es war der Fuß, der schmerzte, weil Mahmut übergewichtig war und schnell wuchs. Diese Probleme traten also zu Beginn der Jugendphase und den damit verbundenen körperlichen Veränderungen auf. Die körperlichen Probleme und die veränderte Wahrnehmung des eigenen Körpers haben dazu geführt, dass Mahmut sich dem Sport zuwendete.

Im Alter von 14 Jahren beginnt Mahmut mit dem Boxsport, nachdem es der Vater genehmigt hat. Sowohl diese Erlaubnis als auch die körperlichen Veränderungen durch den Sport waren damals wie heute bedeutsam. Mahmut habe ein positives Verhältnis zu seinem Körper bekommen, der nun nicht mehr hässlich, sondern trainiert gewesen sei, und er habe „viel Selbstbewusstsein" bekommen (Z. 93), was sich auch auf die Beziehung zum Vater auswirkt habe. Für die Gesamtgestalt der Biografie fällt die Aufnahme des Boxsports mit dem Beginn der Jugendphase zusammen. Die Beziehung zum Vater verändert sich und ist damit Ausdruck einer neu entstehenden, autonomeren Lebenspraxis. Und das neue „Selbstbewusstsein" kann so als Beginn des adoleszenten Individuierungsprozesses verstanden werden. Beide Entwicklungen sind noch nicht abgeschlossen, sondern dauern bis in die Gegenwart des Interviews fort. So wie der Unfall und die Grundschulzeit für eine schlechte Vergangenheit stehen, sind der Klassenlehrer der weiterführenden Schule und der Boxsport Teil und gleichsam Beginn einer erfolgreich gestalteten Jugendphase, die noch andauert.

4.2.1.4   Feinanalyse

Bei der Feinanalyse beschränke ich mich auf Sequenzen, in denen das thematische Feld „Religion" oder „Religiosität" zur Sprache kommt. Diese Sequenzen liegen hinter der autonom gestalteten Haupterzählung im Nachfrageteil.

Zur Bedeutung des rituellen Pflichtgebets und eines normativen Islams

Mahmut beginnt von sich aus mit dem thematischen Feld „Religion oder Religiosität" – und zwar in einer Sequenz, die durch die Nachfrage zu den körperlichen Schäden als Folge des Unfalls angeregt wurde. Obgleich alle Bewegungsprobleme verschwanden, die mit dem Fuß und der Übergewichtigkeit zusammenhingen, seitdem Mahmut Sport trieb, bereitet ihm eine Sache weiterhin Probleme. Er sagt:

> Nur, beim Moschee, also beim Beten, kann ich mich nicht so auf die Knie setzten. Da hab ich beim Beten und so schon Probleme. (Z. 153 f.)

(1) Mahmut spricht hier über das rituelle Pflichtgebet im Islam; es ist gemäß islamischer Theologie fünf Mal am Tag zu verrichten, nach Möglichkeit in einer Moschee als kollektives Gebet.[56] Das Pflichtgebet läuft nach einer vorgegebenen Be-

---

56   Vgl. zur Bedeutung des Pflichtgebets auch Spuler-Stegemann (2002:141 f.).

wegungsfolge ab, wobei abschnittsweise auf dem Boden gekniet wird. Mahmut beschreibt in diesem Satz, dass er diese Bewegungsreihenfolge nicht problemlos durchführen könne. Und dies wird unter Bezugnahme vorausgehender Sätze damit begründet, dass er „durch" den Unfall seinen „linken Fuß nicht ganz gerade [habe] strecken" können (Z. 143). Die Probleme beim Beten sind also das Ergebnis jener unfallbedingten Fußprobleme. Und wenn Mahmut den Gebetsablauf nicht durchführen kann, ist er durch das Rechfertigungsmuster „Unfallspätfolgen" entschuldigt. Dieser Satz stellt daher erstmals den Zusammenhang zwischen dem „Unfall" und „Beten" her, in ähnlicher Weise wie es zuvor in Bezug auf die „Schule" geschehen war.

Nun stellt sich allerdings die Frage, weshalb Mahmut die Probleme beim Beten überhaupt präsentiert und durch den Unfall entschuldigt, wo er doch zuvor die Gesundung seines Bewegungsapparates durch den Sport präsentiert hatte? Meine Hypothese ist: Es wird das bekannte Muster deutlich, biografische Ereignisse offen zu halten und nicht abzuschließen. In diesem Fall ist es die Fußgenesung. Damit bleibt das Rechtfertigungsmuster in Bezug auf religiöse Themen erhalten. Und dies könnte in Bezug auf eine transzendente Beziehung wichtig sein, denn nur in der Beziehung zu Gott findet Mahmut einen Ansprechpartner, an den er seine Enttäuschung über den erlittenen Unfall und die ausgebliebene Beschützung adressieren kann. In der Familie ist das Sprechen darüber ein Tabu. Die erwähnten Gebetsprobleme könnten so als eine Art des stillen Protests gegenüber Gott verstanden werden, der – auf der latenten Ebene betrachtet – aber auch den Eltern gelten könnte. Es besteht so etwas Unversöhnliches in der Beziehung zu Gott. Mahmut kann sich, metaphorisch und real gesprochen, nicht vor Gott verbeugen.

Die Interviewerin greift anschließend das Thema auf und fragt: „Was für eine Bedeutung hatte Beten in deinem Leben?" Mahmut antwortet:

> Also ich bete jetzt nicht so fünf Mal am Tag (.) (Z. 156)

(2) Mahmut übernimmt in seiner Antwort das Frageobjekt „Beten" und versteht es als unmittelbare Nachfrage zu seiner Praxis des rituellen Pflichtgebets. Mahmut gesteht sofort ein, dass er nicht das Ideal des fünfmaligen täglichen Betens erfülle. Das Eingeständnis scheint keiner Entschuldigung zu bedürfen. Weshalb nicht? Meine Hypothese ist: Der gemeinsam geteilte Erfahrungsraum zwischen der Interviewerin und Mahmut beinhaltet ein Wissen darüber, dass eine Vielzahl der Muslime in der Diaspora der rituellen Gebetpflicht nicht nachkommen können. Sie sind durch Zwänge wie bspw. die Schul- und Arbeitszeiten entschuldigt. Mahmut erwartet deshalb keine Probleme und beginnt seine Antwort mit der Präsentation seiner nachlässigen Glaubenspraxis:

> also wenn ich schaffe dann jeden Freitag gehe ich in die Moschee. (Z. 156 f.)

(3) Mit diesem Satz beteuert Mahmut, dass er, wenn er schon nicht täglich bete, zumindest aber das wichtige Freitagsgebet in der Moschee verrichte. Dieser Satz ist allerdings als Konditionalsatz verfasst und die prinzipielle Absichtserklärung, frei-

tags zu beten, steht unter dem Vorbehalt „wenn ich schaffe". Mit dieser Konstruktion gelingt es Mahmut meines Erachtens, sich als Muslim zu präsentieren, der es mit der religiösen Pflichterfüllung prinzipiell ernst meint, und gleichzeitig einen universellen Vorbehalt in Form des „Wenn" zu präsentieren, der das Nicht-Verrichten des Freitagsgebet entschuldigen kann – wenn es mal nicht passt.

> Aber in der Schulzeit oder so manchmal kam das nicht hin. (Z. 157)

(4) In diesem Satz wird der universelle Vorbehalt sowohl konkretisiert („Schulzeit") als auch weiterhin offen gehalten („oder so manchmal ..."). Damit verbindet Mahmut – in analytischer Hinsicht – die bereits bekannten Muster. Er rechtfertigt das Nicht-Verrichten des Freitagsgebets mit der Pflicht zum Schulbesuch. Mit anderen Worten: Mahmut bezieht sich auf Ursachen, bei denen es nicht in seiner Macht steht, diese zu verändern; wie ein Opfer muss er die Folgen der Schulpflicht ertragen und trägt daher keine Schuld an seiner nachlässigen Gebetspraxis. Ein weiteres bekanntes Muster ist das Offenhalten von Möglichkeiten; in diesem Fall wird die prinzipielle Entschuldigung zwar durch die Schulpflicht erreicht, doch es kann noch weitere Gründe geben, die Mahmut vom Freitagsgebet abhalten. Wenn man sich einmal fragt, was dieser Satz in Bezug auf die tatsächliche Anwesenheit beim Freitagsgebet bedeuten könnte, dann reicht es zu konstatieren, dass Mahmut mindestens drei Monate im Jahr keine Schule am Freitag hat und „nur" dementsprechend häufig in der Moschee wäre.

> Aber mir ist also, ist der Glaube wichtig, den Glauben nicht zu verlieren ist wichtig.
> (Z. 157 f.)

(5) Mit diesem Satz formuliert Mahmut unmissverständlich, dass ihm der Glaube wichtig ist. In Anknüpfung an die vorigen Sätze heißt dies, dass die Wichtigkeit des Glaubens unabhängig davon besteht, wie die tatsächliche Glaubenspraxis aussieht. Dies ist zumindest die Botschaft im ersten Teil des Satzes, der in der ersten Person formuliert ist. Im zweiten Teil wechselt die Rede in eine verallgemeinernde Perspektive; die zuvor positiv formulierte Wichtigkeit zu glauben wird hier ex negativo formuliert und wirkt wie ein Appell, unter keinen Umständen den Glauben zu verlieren. Dieser Appell könnte sowohl an Mahmut selbst als auch an andere Personen in seinem Umfeld gerichtet sein, für die er eine Vorbildfunktion besitzt, z.B. seine Brüder. Über dieses auf den Islam bezogene Verständnis von „Glauben" hinaus könnte der Satz isoliert betrachtet auch den „Glauben an sich selbst" und „es selbst schaffen zu können" verdeutlichen.

> Ja, (2) weil es ist auch, (.) wie soll ich sagen, es ist auch, also wenn man den Glauben wählt dann sollte man auch das machen, was da (.) die Regeln (.) die Regeln dafür sind.
> (Z. 158-160)

(6) In dieser Sequenz beschreibt Mahmut, dass es eine Wahlmöglichkeit für den Glauben gebe und dass man mit seiner Wahl auch die Konsequenzen tragen solle. Der Satz ist erneut ein Konditionalsatz, der im zweiten Teil, also bei den Folgen der Wenn-dann-Bedingung, eine Art moralischen Imperativ enthält („sollte"). Der

Satz ist in einem unpersönlichen Modus („man") formuliert, bei dem allerdings davon ausgegangen werden kann, dass sich Mahmut in dem „man" mit eingeschlossen sieht. Folgt man dieser Annahme, dann hat Mahmut seinen Glauben selbst gewählt. Mahmut hat eine bewusste Entscheidung für den Islam getroffen. Das ist umso erstaunlicher, da Mahmut als Kind türkischer Eltern „normalerweise" qua Geburt Muslim ist[57]. Allein das Bestehen einer Wahlmöglichkeit für oder wider den Islam kann als Ausdruck eines durch die Migrationssituation gewandelten Islamverständnisses gesehen werden. Mahmuts Entscheidung zum Glauben könnte dabei einerseits eine Anknüpfung an die Religiosität der Eltern darstellen, obgleich wir darüber nichts wissen, oder andererseits der Ausdruck eines individuierten und individuellen Verständnisses muslimischer Religiosität. Zu der Entscheidung für den Glauben gehört auch die Anerkennung der „Regeln" im Islam, zumindest was ihre prinzipielle Gültigkeit angeht. Dies ist Mahmut wichtig. Warum? Meine Hypothese hierzu ist gleichsam die Quintessenz der gesamten Feinanalyse bis hierhin. Die „Regeln" und das „Beten in der Moschee" bilden die vergemeinschaftete Glaubenspraxis, durch die wiederum das Muslim-Sein eine Evidenzsicherung erfährt. Mahmut stellt diese Regeln nicht in Frage, weil sie eine zugehörigkeitsstiftende Funktion haben. Durch Betonung der Wichtigkeit von Glaubensregeln und des Pflichtgebets sichert Mahmut seinen Status als Muslim und die Zugehörigkeit zur *Umma*, unabhängig von der tatsächlichen Glaubenspraxis. In der religiösen Gemeinschaft kann Mahmut bedingungslose Anerkennung seiner Person finden, die er ansonsten nicht findet.

Zur Bedeutung des freien Betens und einer reflexiven Religiosität

Der zweite Teil der Feinanalyse beleuchtet eine andere Facette von Mahmuts Religiosität. Die folgenden Sequenzen wurden mit der Frage der Interviewerin eingeleitet: „Welche Rolle hat Religion noch in deinem Leben gespielt?" Mahmut antwortet:

> Also Religion gibt mir Hoffnung, also zum Beispiel wenn was passiert, (.) dann Hoffnung, Stärke, (Z. 167)

(1) Mahmut greift das Frageobjekt „Religion" auf, so wie er es zuvor mit dem Wort „beten" getan hat. Während Letzteres im Sinne des rituellen Pflichtgebets verstanden wurde, geht das in dieser Sequenz beschriebene Verständnis von „Religion" darüber hinaus. Religion wird hier als Spender von Hoffnung beschrieben, eine Hoffnung, die Mahmut ganz persönlich in Anspruch zu nehmen scheint. Er spricht daher zunächst in der ersten Person. Mit anderen Worten bedeutet der erste Teilsatz: In Anbetracht einer offenen Zukunft gibt Religion Mut und Vertrauen, den Ungewissheiten des Lebens zu begegnen. Und das bedeutet auf der analytischen Ebene, dass Mahmut hier seine Religiosität in der Funktion von Kontingenzbewäl-

---

57   Gemäß des Korans (Sure 30:30) werden alle Menschen als Muslime geboren und nur durch Sozialisation und Erziehung von dem „wahren Glauben" des Islams abgebracht.

tigung beschreibt. Dabei nimmt Mahmut eine passive Haltung, die des Empfängers von Hoffnung, ein. Im zweiten Teil der Sequenz versucht Mahmut, diese weitläufige Bedeutung an einem Beispiel zu illustrieren. Dazu benutzt er eine Wenn-Dann-Bedingung. Es scheinen kritische Situationen zu sein, in denen Mahmuts Stärke allein nicht ausreichen würde. So zieht er, wenn der Wenn-Fall eintritt, Hoffnung und Stärke aus der Religion.

(2) wie soll man das noch sagen? (3) (Z. 168)

(2) In dieser Sequenz wird deutlich, dass es für Mahmut schwierig ist, die „Rolle der Religion in seinem Leben" zu beschreiben. Er signalisiert hier, dass ihm die Worte dazu fehlen würden. Gleichzeitig deutet die Frageform des Satzes darauf hin, dass er eine Rückvergewisserung bei der Zuhörerin sucht. Weshalb? Mahmut könnte davon ausgegangen sein, dass er bereits mit der Argumentation zum rituellen Pflichtgebet die Erwartungshaltung der Interviewerin erfüllt habe. Der erneute Fragestimulus (und das „noch") könnte eine Unsicherheit erzeugt haben, denn er habe doch längst alles gesagt, was die Bedeutung der Religion für einem Muslim sei. Aber Mahmuts Verständnis von Religiosität scheint sich tatsächlich nicht in der rituellen Gebetspflicht des Islams zu erschöpfen, das zeigte der vorige Satz. Insofern wäre die Unsicherheit dann darauf bezogen, ob das Verständnis von Religiosität als Stärke und Hoffnung usw. noch Islamkonform ist. Diese Hypothese würde auch durch die signifikante Anhäufung von Pausen gestützt, die diese und die folgenden Sequenzen durchsetzen. Die Pausen können als Ausdruck eines Reflexionsprozesses während des Erzählens verstanden werden. Die im ersten Satz präsentierte Wenn-Dann-Bedingung könnte von Mahmut im Hinblick auf seine Lebensgeschichte reflektiert worden sein, und dazu benötigte er Zeit in Form von Pausen.

Ja halt, (2) also du weißt jemand ist da, der dich beschützen würde also. (6) (Z. 168 f.)

(3) In dieser Sequenz fügt Mahmut den Aspekt des „Beschützens" hinzu, der in seinem Religiositätsverständnis von Bedeutung ist. Nach Form und Inhalt bringt der Satz aber eine ambivalente Bedeutung hervor, die als Ergebnis des Reflexionsprozesses verstanden werden kann. Mahmut spricht in der zweiten Person, weil er vielleicht das, was er über das Beschützen sagt, nicht in der Ich-Form sagen kann – die Erfahrungen lassen ihn zweifeln. Diese Lesart zeigt sich auch im Spannungsverhältnis der Sprache zwischen dem ersten und zweiten Satzteil. Die im Präsens formulierte Gewissheit („du weißt …") wird durch den Konjunktiv im zweiten Satzteil („beschützen würde") relativiert. Aber die Gewissheit, beschützt zu werden, ist letztlich gar keine Gewissheit, sondern eher eine Möglichkeit. Das Subjekt, also der Beschützende, ist bis hierhin ein anonymer „jemand". Es kann nur implizit angenommen werden, dass hier – im Kontext der Religion – Gott derjenige sein soll, der beschützt sowie Hoffnung und Stärke gibt.

(3) Ja halt bei Situationen wo ich Probleme habe=wo du dann, (3) denk ich, dass ich (haut unbewusst gegen den Tisch) baue ich darauf und bete auch und sage „Gott gib mir die Kraft" oder „Ich wills schaffen." (Z. 169 ff.)

(4) Dieser Satz ist durch Pausen, Wortverschleifungen, Satzfragmente und Gestikulierungen gekennzeichnet. Mahmut ringt um eine verständliche Sprache und wirkt emotional bewegt. Er präsentiert hier eine besonders persönliche Sicht seiner Religiosität. Daher spricht Mahmut wieder in der ersten Person. Er sagt, dass er bei problematischen Situationen auf die Kraft Gottes hoffe sowie sich selbst Mut zuspreche, um Probleme bewältigen zu können. Im Anschluss an die vorigen Sequenzen konkretisiert sich hier also Mahmuts religiöse Hoffnung, in Form einer Hoffnung auf ein beschützendes *Eingreifen* Gottes in schwierigen Situationen. Dies sagt Mahmut aber nicht explizit, denn das Objekt bleibt in dem Satzfragment „baue ich darauf" aus.

Mahmut beschreibt eine Form des Betens, die anders ist, als das rituelle Beten des Pflichtgebets. Es ist ein individuell formuliertes „Beten zu Gott", das sich situativ gestaltet und hier am Beispiel einer problematischen Situation präsentiert wird. Wie ein Anruf in der Not, der direkt an Gott adressiert ist. In dieser Bitte um Kraft von Gott schwingt implizit mit, dass sich Mahmut der Begrenztheit seiner Kräfte bewusst ist. Obgleich es innerhalb des Islams die Form eines freien Bittgebetes[58] gibt, meine ich, dass Mahmut hier eine Form des Betens beschreibt, die darüber hinausgeht. Nicht zuletzt, weil das islamische Bittgebet bestimmte formale Elemente haben muss, um wirksam zu sein, wie bspw. um den Segen für den Propheten Mohammad zu bitten; dieses Bittgebet mit Formelementen hat eine sehr untergeordnete Bedeutung innerhalb islamischer Glaubenspraxis.

Abgesehen von der Frage nach dem konkreten religiösen Inhalt wird in dieser Sequenz eine strukturelle Eigenschaft von Religiosität deutlich, die Oevermann (2003:354f.) als „Form der Selbstcharismatisierung in der Befähigung zur Krisenbewältigung" bezeichnet hat. Durch bedingungslosen Glauben entsteht Gottvertrauen, und jenes Gottvertrauen kann zusammen mit der „Gewissheit, von derselben jenseitigen Macht schon hier beschützt werden zu können" zur „Quelle von Selbstvertrauen im Gottvertrauen" werden (ebd.). Das, was Oevermann hier analytisch ausdrückt, beschreibt Mahmut mit seinen Worten in dieser Sequenz. Mahmuts Gottvertrauen erzeugt jene hoffungsvolle Grundhaltung, die charakteristisch für seine Lebenspraxis ist und durch die er Krisen bewältigen kann. Die Praxis des freien Betens und der Aufruf zur Selbstmotivation gehen dabei Hand in Hand. Sie sind wie dialektische Pole. Obgleich Mahmut einen bedingungslosen Glauben hat, wurden aber auch geringe Zweifel deutlich, die durch Reflexion der eigenen Lebensgeschichte in Bezug auf das beschützende Eingreifen Gottes entstehen. Aber Mahmuts Gottvertrauen und Selbstvertrauen ergänzen sich dennoch wechselseitig und ermöglichen es ihm, sich in heiklen Situationen zu bewähren.

> Auch zum Beispiel Muhammad Ali hat vorm Kampf immer gebetet. Als (.) Hoffnung, Stärke, als Schutz. Halt das, (2) das stärkt ein=motiviert ein und danach (.) weißt Du, du hast (6), kann man gar nicht so richtig sagen. (3) (Z. 172 ff.)

---

58   Zur Bedeutung des Bittgebets (arab. *du'ā*) siehe Essabah (2006) und Qadhi (2009).

(5) In dieser Sequenz ist Mahmut darum bemüht, sein bis hierhin entfaltetes Verständnis von Religiosität als Kraft- und Motivationsquelle zu sichern und zu untermauern. Der Bezug auf Muhammad Ali kann als symbolischer Bezug auf einen Muslim verstanden werden, der sowohl im Glauben als auch körperlich stark war. Damit vermittelt Mahmut implizit, dass sein individualisiertes Verständnis von Religiosität sowie das freie Beten gewissermaßen in der Tradition bedeutsamer Muslime stünde; es wäre weder ein Zeichen der Schwäche, um Hilfe zu bitten, noch wäre es ungewöhnlich für Muslime. Diese implizite Botschaft verkennt allerdings, dass Muhammad Ali[59] ein Konvertit ist, der in einem christlich geprägten Umfeld aufwuchs und sozialisiert wurde. Die von Mahmut anvisierte Evidenzsicherung der Praxis des freien Betens wird also durch die Positionierung in der Gefolgschaft von Muhammad Ali eher ausgehöhlt denn gestärkt. Mahmuts individuierte Form von Religiosität ist dementsprechend vielmehr als reflexive Kraft- und Motivationsquelle zu verorten, denn als islamische Glaubenspraxis. Diese These wird auch durch die Wortverschlingung zwischen „stärken" und „motivieren" nach Form und Inhalt deutlich.

Darüber hinaus werden wie in einer Ergebnissicherung die bereits präsentierten Funktionen der Religion „Hoffnung" und „Stärke" wiederholt sowie erstmalig die Eigenschaft „Schutz" hinzugefügt. Diese Ergänzung liegt gewissermaßen auf der Hand, denn im Kontext des Boxkampfes ist der Schutz des eigenen Körpers die zentrale Aufgabe eines jeden Boxers. Das latente biografische Gesamtthema „Schutz" wird hier also erstmals manifest sichtbar. Aber Mahmut kann nicht explizit in der ersten Person formulieren, dass er selbst Schutz sucht, sondern verbirgt sich stattdessen im Schatten und Schutz des großen Muhammad Ali.

Halt die Glaube gibt die mir (.) die Religion. (Z. 174)

(6) In dem letzten Satz des Segments versucht Mahmut, die Bedeutung, die das Religiöse für ihn hat, zusammenzufassen. Er spricht wieder in der ersten Person. Die unvollständige Satzkonstruktion lässt mehrere Lesarten zu. Die Begriffe „Glaube" und „Religion" werden erstmals in einem Zusammenhang genannt. Unter dem Begriff „Glaube" präsentierte Mahmut zuvor die Bedeutung des rituellen Gebets in der Moschee, mit dem Begriff „Religion" wurde das freie Beten verbunden. Welche Bedeutung haben die beiden Begriffe in diesem Satz? Meine Hypothese: Das rituelle Pflichtgebet und das Freitagsgebet in der Moschee repräsentieren die normative Seite des islamischen Glaubens, die die Funktion hat, Zugehörigkeit zur muslimischen Gemeinschaft herzustellen; auf dieser Grundlage konnte Mahmut eine reflexive Religiosität aufbauen, die ihn motiviert und stärkt – und durch das freie Beten repräsentiert wird.

---

59 Muhammad Ali konvertierte erst im Alter von 22 Jahren zum Islam, zunächst zu der afroamerikanischen islamischen Bewegung „Nation of Islam" und später zum sunnitischen Islam.

4.2.1.5 Kontrastierung von erzählter und erlebter Lebensgeschichte

Bei dem kontrastiven Vergleich von erzählter und erlebter Lebensgeschichte geht es um mögliche Differenzen zwischen den beiden analytischen Ebenen, also darum, Unterschiede in der Gegenwarts- und Vergangenheitsperspektive zu interpretieren. Ingesamt lässt sich feststellen, dass es eine starke Kohärenz zwischen erzählter und erlebter Lebensgeschichte gibt. Dies ist meines Erachtens mit dem „Damals-Heute-Muster" und den Wendepunkten zu erklären, die die biografische Selbstpräsentation im Ganzen strukturieren und eine weitgehend chronologische Darstellung der biografischen Ereignisse erfordern, die von einer problematischen Vergangenheit zu einer erfolgreichen Gegenwart verläuft.

Der Vergleich brachte dennoch ein wichtiges Ergebnis hervor. Der Zusammenhang von Schul- bzw. Kindheitsproblemen und dem Autounfall weist Differenzen auf. Der Unfall wird in der erzählten Lebensgeschichte durchgängig als Ursache für Probleme in der Kindheit und Schulzeit präsentiert; der Unfall ist der Kern des Rechtfertigungsmusters, und dieses prägt die Erzählstruktur in der Gegenwart, von einzelnen Inkonsistenzen einmal abgesehen[60]. Auf Ebene der erlebten Lebensgeschichte wurde deutlich, dass der Unfall und seine Folgen die einzigen biografischen Ereignisse der Kindheit sind, von denen berichtet wird. Diese Reduzierung auf ein singuläres Ereignis bei gleichzeitiger Funktionalisierung desselben zur Rechtfertigung aller Probleme ist einerseits Ausdruck des „Damals-Heute-Musters", andererseits wirft sie Fragen auf, weshalb über andere Kindheitserlebnisse sowie über die Eltern und die Familie nicht berichtet wird. Einmal abgesehen von der übertrieben positiven Erwähnung der Eltern an zwei Positionen des Interviews. Meine Hypothese ist daher, dass sich in dem Zusammenhang von „Eltern" und „Unfall" die eigentliche, latente biografische Gesamtsicht konstituiert, die sich wie folgt herleiten lässt:

Für Mahmuts *Eltern* war der Unfall ein traumatisches Ereignis, in dessen Folge sie ihren Sohn (krankhaft) überbehütet haben. Er wurde – bildlich gesprochen – auf dem Sofa gefüttert und so vor Gefahren „beschützt". Durch Überernährung und Bewegungsmangel entstand dann seine Fettleibigkeit, deretwegen Mahmut in der Schule gehänselt wurde. Die darauf erfolgten aggressiven Ausraster können als Impulskontroll-Störung verstanden werden, denn Mahmut fühlte sich alltäglich als Außenseiter in der Klasse; er musste sein körperliches Unbehagen handlungsohnmächtig „er-tragen" und hatte keine anderen Ausdrucksformen, insbesondere keine sprachlichen, als Gewalt. Die Überbehütung von Mahmut durch die Eltern ist damit also die Ursache der Probleme in Kindheit und Schulzeit – so lautet meine These.

Behalten wir diese Lesart bei, dann folgt daraus, dass nicht, wie von Mahmut präsentiert, die „Epilepsiekrankheit" ursächlich für Aggressionen in der Schule war, sondern die Impulskontroll-Störung. Diese These bestätigt sich im Umkehrschluss aus den Inkonsistenzen in Mahmuts Selbstpräsentation. Ein Beispiel ist,

---

60   Diese wurden auf S. 61 ff. eingehend dargestellt.

wie Mahmut seine epileptischen Anfälle beschreibt: „Wirst steif und weißt gar nicht, was du tust. Gehst Du einfach die Leute zu", um sie zu schlagen (Z. 51). Ein epileptischer Anfall ist durch krampfartiges Zucken der Muskeln geprägt, wie Mahmut es als „steif" werden beschreibt. In diesem Zustand sackt dann der Betroffene bestenfalls an Ort und Stelle zu Boden und krampft, keinesfalls „marschiert" der Krampfende weiter und schlägt auf Andere ein. Diese hypothetische Lesart schließt aber nicht aus, dass Mahmut tatsächlich an einer „Epilepsiekrankheit" gelitten hat. In Folge des Unfalls könnte er nämlich ein Schädelhirntrauma erlitten haben, und daraus könnte sich eine (leichte) Epilepsie entwickelt haben. Dies würde erklären, warum Mahmut von Problemen mit der Konzentrationsfähigkeit in der Schule berichtet. Im Zuge jugendlicher Hirnausreifungen wäre es dann möglich, dass diese Epilepsie des Kindesalters verschwand. Dies scheint bei Mahmut der Fall gewesen zu sein, da er mit Beginn der Pubertät den schulischen Anforderungen gewachsen war und davon spricht, dass die Krankheit „weg" gewesen sei[61]. Mit einer dauerhaften Epilepsie wäre Mahmuts positive schulische Entwicklung nicht möglich gewesen. In dieser Lesart wird nun konsistent, was zuvor irritierend erschien, z.B., dass Mahmuts Klassenlehrer Probleme gelöst haben könnte, indem er Mahmuts Außenseiterrolle thematisierte und die Fettleibigkeit so in einen Zusammenhang mit seiner diffusen Aggressivität brachte, so dass diese Probleme formulierbar, erkennbar und zu bearbeiten waren. Fortgesetzt wurde dies von den Therapeuten, die die Impulskontroll-Störung schlussendlich heilten.

Was bedeutet diese Lesart nun in Bezug auf die latente biografische Gesamtsicht? Meine Hypothese lautet: Es ist ein familiäres Tabu, das Verschulden der Eltern in Bezug auf die Schul- und Kindheitsprobleme zu thematisieren. Dies könnte damit zusammenhängen, dass Mahmut stetig darum bemüht ist, seine Position in der Familie zu festigen und damit klare Herkunftsbezüge zu haben, und diese nicht durch Anlasten von Schuld gefährden zu wollen. Mahmut sucht sozusagen die Nähe der Eltern, obgleich sie es sind, die ihn überbehütet und damit die Probleme verschärft haben. Hinzu kommt, dass es nicht die Eltern waren, die Mahmut bei seinen Problemen geholfen haben, sondern sein Bruder. Diese familiäre Konstellation hat dazu geführt, dass die „Suche nach Schutz" bzw. nach „jemanden, der einen beschützt" als latentes biografisches Gesamtthema angesehen werden kann.

Das innerfamiliäre Tabu könnte aber auch aus einer Sprachlosigkeit von Seiten der Eltern resultieren, die das traumatisierende Unfallereignis (noch) nicht hinreichend verarbeitet haben. Denkbar wäre sogar, dass es eine juristische Aufarbeitung des Unfalls gegeben hat, bei der die Schuldfrage der Eltern verhandelt wurde.[62] Dies muss jedoch spekulativ bleiben. Mit Sicherheit lässt sich aber feststellen, dass

---

61 Hierauf wurde auf S. 65 eingegangen.
62 Gemäß § 171 Strafgesetzbuch hätten sich die Eltern vor Gericht verantworten müssen, wenn sie ihre Fürsorge- oder Erziehungspflicht gegenüber einer Person unter sechzehn Jahren gröblich verletzt hätten und dadurch der Schutzbefohlene in die Gefahr gebracht wurde, in seiner körperlichen oder psychischen Entwicklung erheblich geschädigt zu werden.

eine konstruktive innerfamiliäre Kommunikation über den Unfall und Mahmuts Probleme nicht stattgefunden hat. Die Sprachlosigkeit der Eltern hat sich gewissermaßen auf Mahmut übertragen und wurde erst durch die Gespräche mit dem Klassenlehrer aufgelöst. Bis zu diesem Zeitpunkt verteidigte sich Mahmut mit Gewalt statt mit Worten gegen die Hänseleien der Mitschüler. Das Fehlen elterlichen Schutzes beim Unfall wäre damit ursächlich für Mahmuts „Suche nach Schutz". Mit Beginn der Adoleszenz versucht Mahmut dieses „biografische Defizit" zu wandeln, indem er durch den Boxsport die Fähigkeit erwirbt, sich selbst zu beschützen und darüber hinaus mit Gottes Schutz rechnet. Diese Strategie ermöglicht Mahmut das Be- und Verarbeiten seiner problematischen Kindheit. Die Adoleszenz wird so zu einer Art zweiten Chance, bei der die verstrichenen Potenziale der Kindheit im adoleszenten Möglichkeitsraum gewandelt werden. Mit Beginn einer autonomen Lebenspraxis und der Emanzipierung von den Eltern hat Mahmut nun gewissermaßen die Rolle eingenommen, seine Eltern zu beschützen. Dies wird im übertragenen Sinne dadurch deutlich, dass Mahmut nicht über seine Eltern im Interview spricht und sie damit vor jedweder Schuldvermutung „beschützt". Abschließend ist bei dieser hypothetischen Lesart aber darauf hinzuweisen, dass es sich um eine Deutung auf der latenten Sinnebene handelt und angenommen werden muss, dass der Zusammenhang von Schul- bzw. Kindheitsproblemen und dem Verhalten der Eltern Mahmut nicht bewusst ist.

Der Unfall ist damit auf der manifesten und latenten Erzählebene das zentrale biografische Ereignis in Mahmuts Lebensgeschichte. Mit diesem Resümee wird aber nicht nur auf problematische Folgen des Unfalls abgezielt, sondern der Unfall durchaus als ein ambivalentes Ereignis verstanden, dass zwar lebensbedrohlich war, aber dessen Überleben gleichsam der „innere Motor" für Mahmuts hoffnungsvolle und optimistische Lebenshaltung sein könnte. Dies käme einem Lebensmotto gleich, dass Mahmut vielleicht so formulieren würde: „Wenn ich den Unfall überlebt habe, dann werde ich auch alle anderen Probleme in meinem Leben meistern können."

4.2.1.6 Zusammenfassung der Fallanalyse im Hinblick auf die Forschungsfrage

Die Zusammenfassung der Fallrekonstruktion muss bei den Wendepunkten beginnen. Sie markieren sowohl den Wandel der negativen in eine positive Verlaufskurve als auch den Beginn eines Autonomisierungs- und Individuierungsprozesses, der in Form einer sportlich-religiösen Bewährungsstrategie sichtbar wurde. Der Beginn des Boxsports und die damit einhergehende Verringerung der Fettleibigkeit leiteten einen Wandel ein. Sowohl aus adoleszenztheoretischer als auch strukturell-religiöser Perspektive kann Sport als Ressource für den adoleszenten Möglichkeitsraum verstanden werden, mit deren Hilfe es Mahmut gelingt, Neues zu erzeugen – und zwar eine zunehmend autonome Lebenspraxis. Die sich daraus ergebende Bewährungsdynamik wird noch dadurch verschärft, dass Mahmut der Hoffnungsträger der Familie ist. Seine Brüder haben keinen Schulabschluss, keine Arbeit und Probleme mit Dogen und Alkohol. Mahmuts Erzählung vermittelt nicht, dass er „Druck" hat, sich bewähren zu müssen. Er hat vielmehr eine zuversichtliche und hoffnungsvolle Gesinnung, und er geht geradezu spielerisch mit dem Bewährungsproblem um, das er mit einer sportlich-religiösen Bewährungsstrategie bearbeitet.

Sport bietet Mahmut die Möglichkeit, das, was ihm widerfahren ist, zu verarbeiten. Der Autounfall hat eine nicht zu adressierende Wut und Aggressivität in Mahmuts Leben erzeugt. Es gibt einen flüchtigen Schuldigen und die Schuld der Eltern, ihn nicht beaufsichtigt und beschützt zu haben; doch Letzteres kann und darf er nicht artikulieren. Der Boxsport bietet ihm die Möglichkeit, die erlittene Gewalt des Unfalls umzukehren und auf einen imaginierten Schuldigen „drauf-zu-hauen", die körperliche Attraktivität zu steigern und das Selbstvertrauen zu stärken. Der Boxsport ist hier – in der Terminologie Oevermanns gesprochen – Bewährungsmythos par excellence. Über die gemeinschaftliche Boxpraxis im Verein erfährt Mahmut eine Evidenzsicherung, ebenso über die Anerkennung seiner Person als Vorbild. Und letztlich erwirbt er durch das Boxen die Fähigkeit, sich selbst zu beschützen. Aber der mögliche Schutz und die Bewährung sind abhängig von seiner Kraft. In Krisensituationen könnte diese Kraft nicht ausreichen. Mahmut greift dann auf eine Facette seiner Religiosität zurück: Durch (freies) Gebet gewinnt er Motivation und Kraft.

Die Sequenz, in der Mahmut über die Bedeutung der Religion und das freie Beten spricht, ist durch viele lange Pausen gekennzeichnet. Mahmut reflektiert in seiner Religiosität sein Sein, in problematischen Situationen als auch während der Phase des Erzählens selbst. Das unerklärliche Schicksal des Unfalls wird thematisiert – im Konjunktiv: Jemand würde ihn beschützen, hat es aber in der Vergangenheit nicht getan. Die Eltern und Gott waren beim Unfall abwesend. Beide hätten aber das Potenzial gehabt, ihn zu beschützen. Diese Facette der Gottesbeziehung hat ein ambivalentes Moment; es besteht etwas Unversöhnliches zwischen Gott und Mahmut, aber gleichsam vertraut er sich ihm beim freien Beten an und rechnet mit seiner Hilfe.

Die andere Facette von Mahmuts Religiosität kann als traditionell muslimische Glaubenspraxis bezeichnet werden. Das ritualisierte Gebet und der Moscheebesuch zum Freitagsgebet stellen eine religiöse Praxis dar, durch die Mahmut Teil der muslimischen Gemeinschaft wird. Diese Funktion der Religiosität, Zugehörigkeit zu generieren, scheint für Mahmut von essenzieller Bedeutung zu sein; hier erfährt er eine egalitäre Zugehörigkeit, die er in seiner Familie nicht gefunden hat, da er nicht Teil ihrer Migrationsgeschichte ist.

Auch wenn Mahmut in den Sequenzen zum Thema „Religion" teilweise nur indirekt von sich spricht („man"), ist doch anzunehmen, dass er selber den muslimischen Glauben gewählt hat. Dies ist insofern interessant, als dass wir im Interview nichts über den Glauben der Eltern erfahren und sich daher nicht eindeutig sagen lässt, ob Mahmut aus einem muslimischen Herkunftsmilieu kommt. Es gibt auch keine Bekundung für eine religiöse Erziehung oder Sozialisation. Die Familienstruktur offenbart stattdessen ein lädiertes Bild, zum Beispiel im Hinblick auf Mahmuts Brüder und ihr Alkohol- und Drogenproblem, das dem islamischen Alkoholverbot zuwider steht und als Zeichen einer geringen Relevanz muslimischer Religiosität im Elternhaus verstanden werden kann. Nur einer der Brüder geht gelegentlich mit Mahmut zur Moschee (Z. 165). Es ist durchaus denkbar, dass Mahmut religiöser als seine Eltern ist. Wenn er nun vorgibt, sich an die „Regeln" halten zu wollen, dann sind hier wohl primär die Regeln der rituellen Glaubenspraxis gemeint, die ihm den Zugehörigkeitsstatus in der muslimischen Gemeinschaft sichern. Im Hinblick auf andere Lebensbereiche, die von islamischen Wert- und Normvorstellungen dominiert sind, wie beispielsweise das Heiratsverhalten, zeigt sich Mahmut noch indifferent.

Islamische Wert- und Normvorstellungen haben in Mahmuts Lebensgeschichte zwar eine wirkmächtige, aber keine vorstrukturierende Bedeutung. Es ist Mahmut selbst, der die Bedeutung der muslimischen Regeln für seinen Lebensentwurf festlegen kann. Man kann meines Erachtens also von einer Art religiösem Möglichkeitsraum reden, der als Teil des adoleszenten Möglichkeitsraums eine Ressource *sui generis* darstellt; eventuell ist er über die Adoleszenz hinaus bedeutsam. In ihm kann Mahmut das Trauma des Unfalls wandeln und sowohl in sportlicher Bewährung, als auch im Vertrauen auf Gott bearbeiten. Die reflexive, motivierende Religiosität wird auf der Basis der rituellen muslimischen Glaubenpraxis entfaltet. Damit beinhaltet die sportlich-religiöse Bewährungsstrategie zwar grundlegende Elemente muslimischer Glaubenspraxis, jedoch erzeugen diese aus sich keine Bewährung, sondern stellen den Gehorsamsaspekt gegenüber Gott dar, durch den Mahmut seine Zugehörigkeit zur muslimischen Gemeinschaft sichert. Es ist die reflexiv-religiöse Komponente, mit der Mahmut neben dem sportlichen Moment, die sich mit Beginn der Adoleszenz auftuenden Bewährungsproblematik erfolgreich bearbeitet.

4.2.2 Kadia – die „zwanglose" Gymnasiastin

Kadia wurde 1989 in einer großen Stadt im Rhein-Main Gebiet geboren. Zum Zeitpunkt des Interviews ist sie 18 Jahre alt. Kadia wohnt zusammen mit ihren Eltern in einer Eigentumswohnung, ihre Geschwister sind verheiratet und haben eigene Familien gegründet. Kadia hat die deutsche Staatsbürgerschaft und berberisch-marokkanischen[63] Migrationshintergrund. Ihr Vater immigrierte 1970 als so genannter

---

63 Berber sind die indigenen Einwohner Marokkos und ursprünglich keine Anhänger des Islams. Sie haben eine eigene Kultur und Sprache. Mittlerweile sind jedoch große Teile des Berbervolkes islamisiert.

Gastarbeiter von Marokko nach Deutschland und arbeitete im Baugewerbe. Die Mutter reiste im Jahre 1988 mit den vier Kindern nach Deutschland ein. Kadia besucht zum Zeitpunkt der Befragung die Oberstufe eines Gymnasiums.

4.2.2.1 Zur Forschungssituation

Das Interview fand in einem Raum in Kadias Schule statt. Die Interviewerin hatte über eine Freundin, die Kadias Lehrerin ist, den Kontakt hergestellt. Aus der Kontaktaufnahme ergab sich eine Interviewkonstellation, bei der sich die Interviewerin während des Gesprächs in der Rolle der Lehrerin fühlte, Kadia präsentierte dementsprechend freundlich, aber zurückhaltend ihre Lebensgeschichte. Die Interviewerin beschreibt dies in den Hintergrundinformationen wie folgt: Kadia sei ihr mit „vermeintlicher Offenheit begegnet", jedoch habe sie „wichtige Dinge", die nicht in den Rahmen der Schule passen, verschwiegen. Sie habe ein bestimmtes Bild von sich präsentieren wollen, das klar abgegrenzt schien.

Die von der Interviewerin beschriebene Beziehung zwischen ihr und Kadia ist durch eine relativ große Distanz geprägt. Die Wahrnehmung der Interviewerin als Lehrerin wurde vermutlich noch durch den großen Altersunterschied verstärkt, der sich auch darin zeigt, dass Kadia die Interviewerin siezt. Das Arbeitsbündnis hat eher einen zweckmäßigen Charakter, so dass beide Parteien mit dem Interview ihre Interessen befriedigen konnten. Die Interviewerin bekam das Interview „geliefert", und Kadia hatte die Möglichkeit, ein bestimmtes Bild zu vermitteln.

4.2.2.2 Erzählte Lebensgeschichte

Die Erzählaufforderung der Interviewerin, „und deswegen würd ich Dich jetzt einfach mal bitten, dass Du uns aus Deinem Leben erzählst" (Z. 2 f.), beantwortet Kadia mit einer 27-zeiligen Sequenz, in der sie die Migrationsgeschichte und den sozialen Aufstieg der Familie präsentiert. Über sich selbst berichtet Kadia nur am Rande der Erzählung.

Die erfolgreiche Migrationsgeschichte der Familie

Kadia eröffnet die Eingangssequenz mit einem 12-zeiligen Bericht zur Migrationsgeschichte der Familie, die mit der 30 Jahre zurückliegenden Immigration des Vaters als „Gastarbeiter" nach Deutschland begonnen habe. Der Auftakt der Präsentation ist dem Vater und seiner Geschichte des sozialen Aufstiegs gewidmet. Kadia rekurriert auf die Leistungen des Vaters; dies kann als Ausdruck eines starken familiären Zusammenhalts verstanden werden, der sich darin zeigt, dass Kadia die Leistungen des Vaters für sich selbst verbucht. Im Anschluss an diesen Auftakt berichtet Kadia von dem Familiennachzug ihrer Mutter und der vier Geschwister. Sie seien aus Marokko nach Deutschland gekommen, „und ein Jahr später bin ich dann hier geboren", sagt Kadia (Z. 16). Dieser Satz ist der einzige, den Kadia über sich selbst in der Anfangssequenz preisgibt. Daran anschließend präsentiert sie den sozialen Aufstieg ihrer Geschwister. Sie hätten akademische Ausbildungen und arbeiteten in angesehenen Berufen. Der Bericht über die Geschwister ist recht umfangreich; dies deutet darauf hin, dass Kadia unmissverständlich den sozialen Aufstieg der Familie, der auch in der zweiten Generation durch die Geschwister fortgeführt wurde, in den Mittelpunkt ihrer Darstellung rücken möchte. An dieser Stelle wird bereits deutlich, dass innerhalb der Familie eine ausgeprägte leistungsethische Gesinnung und Erwartung besteht. Der Druck, den diese Erwartungen erzeugen, wird umso deutlicher im darauf folgenden Satz. In einer Argumentation rechtfertigt Kadia den beruflichen „Ausfall" von einem ihrer Brüder. Sie sagt: „Und ehm ein Bruder ist Gebäudereiniger. Der war nicht . nicht so begabt" (Z.20f.). Weshalb präsentiert Kadia ihren Bruder so und nicht anders? Meine Hypothese ist: Ein Bruder als Gebäudereiniger passt einfach nicht in das Bild einer erfolgreichen Migrantenfamilie, das insbesondere durch berufliche Leistung figuriert wird. Deshalb könnte die Schuld für den niedrig qualifizierten Job direkt mit der „Begabung" des Bruders erklärt werden, um so keinen Anlass dafür zu geben, dass der Migrationshintergrund im weiteren Sinne als Ursache in Betracht käme.

Kadia knüpft dann an das Thema „Ausbildung und Beruf" in Bezug auf ihre eigene Lebensgeschichte an. Sie sagt: „Ich bin jetzt auf dem Gymnasium und hoffe, ich schaffe das Abitur" (Z.23f.). Kadia liefert hier zwar implizit einen Hinweis auf ihren Beitrag zur erfolgreichen Familiengeschichte, jedoch bleibt die Ausführung erneut sehr knapp. Weshalb präsentiert sie ihre schulischen Leistungen in dieser bescheidenen Art und Weise? Ohne etwas aus ihrem Privatleben erzählen zu müssen, lässt Kadia hier also die Chance verstreichen, ihre eigenen Leistungsbemühungen erzählerisch darzustellen. Meine Hypothese ist: Kadias Bild von einem sozialen Aufstieg beinhaltet mehr als „nur" Bildungserfolg, sondern auch die Gründung einer eigenen Familie und die damit zusammenhängende finanzielle Selbstständigkeit. Kadia versäumt dabei nicht, die Insignien des Wohlstandes ihrer Geschwister aufzuführen, wie z.B., dass sie in sehr großen Wohnungen leben würden. In Bezug auf das skizzierte Bild eines sozialen Aufstiegs kann Kadia sich mit ihrer Lebensgeschichte aber noch nicht einreihen. Sie scheint zwar auf dem besten Wege in diese Richtung zu sein, aber es wird auch Unsicherheit deutlich, die sich in dem „Hoffen auf das Abitur" ausdrückt. In dieser Hoffnung wird der Leistungs- und Erwartungsdruck sichtbar, der von Seiten der Eltern und erfolgreich verselbstständigten Geschwister auf Kadia lastet. Die Hoffnung, den gymnasialen Bildungstitel zu erreichen, bedeutet für Kadia, gleichsam ein erfolgreiches Mitglied der Familie zu werden – was womöglich auch von der Angst oder, besser gesagt, von der Hoffnung begleitet wird, nicht wie der eine Bruder zu versagen. Solange, bis Kadia keine Insignien des sozialen Aufstiegs vorweisen kann, berichtet sie nur wenig über sich selbst.

Im Anschluss folgt eine 7-zeilige Sequenz, in der Kadia am Beispiel der Heirat ihrer Geschwister über das Thema „Zwanglosigkeit" innerhalb ihrer Familie berichtet. Sie betont, dass alle ihre Geschwister verheiratet seien und sich jeweils ihre Partner oder Partnerin „selber ausgesucht" hätten (Z. 25 f.). Diese „Zwanglosigkeit" innerhalb der Familie, die sich besonders auf eine freie und selbstständige Wahl des Partners bezieht, sei „sehr wichtig" für Kadia. Diese Sequenz hat einen evaluativen Charakter und ist am Ende der Eingangssequenz positioniert. Form und Inhalt des präsentierten Bildes einer zwanglosen oder, anders gesagt, liberalen Familienstruktur unterstreicht Kadias Anspruch, dass sie das Bild einer ganz „normalen" Jugendlichen zu vermitteln. Kadia verhindert durch diese Evaluation, dass ihre Familie im Bild von Migranten-Klischees verortet wird; und es wird betont, dass nicht nur der soziale Aufstieg, sondern auch die privaten Geflogenheiten innerhalb der Familie den leitenden Norm- und Wertvorstellungen der Mehrheitsgesellschaft entsprechen.

Anschließend setzt Kadia die Koda und sagt: „Das war es eigentlich im Großen und Ganzen" (Z. 29 f.). Das heißt, Kadia hat bis hierhin alles präsentiert, was sie präsentieren wollte und ihr wichtig erschien. Das thematische Feld der Eingangserzählung war die Migrationsgeschichte der Familie und der damit verbundene soziale Aufstieg. Kadia spricht nur in zwei Sätzen über sich selbst. Die vorläufige biografische Gesamtsicht ließe sich aus Kadias Perspektive so formulieren: Meine Familie ist eine erfolgreiche Familie, mit hochqualifizierten Berufen und freiheitlichen Wertanschauungen. Auf der latenten Ebene deutete sich an, dass Kadia unter einem Leistungs- und Erwartungsdruck innerhalb der Familie steht, das Abitur zu absolvieren und wie ihre Geschwister zu heiraten und eine eigene, finanziell selbstständige Familie zu gründen. Der Druck des familiären Auftrages könnte sich noch dadurch verschärfen, dass Kadia als einzige in der Familie keine eigene Migrationserfahrung hat; sie hat eine „Sonderstellung" und ist besonders darum bemüht, dass eine enge Bindung an die Familie besteht. Wenn Kadia betont, dass ihre Familie nicht dem klischeehaften Bild einer marokkanischen Familie mit arrangierten Ehen entspricht, dann könnte dabei der Wunsch nach Anerkennung mitschwingen, eine leistungsorientierte Jugendliche in einer beruflich erfolgreichen Familie zu sein; dieser Wunsch impliziert gleichsam, dass die Anderen sie vermutlich häufig anders wahrnehmen, nämlich als muslimische Jugendliche mit Migrationshintergrund und den dabei mitschwingenden negativen Konnotationen.

Schule als Ort von Distinktion

Kadia präsentiert im Anschluss an das Abstrakt eine 7-zeilige Belegerzählung, die durch eine Nachfrage der Interviewerin angeregt wurde und das Thema „Zwanglosigkeit" fortführt. Kadia berichtet von einen negativen Beispiel, das sich in der Schule ereignet hatte. Eines Tages habe sie aufgrund der Hochzeit ihrer Schwester in der Schule gefehlt, und der Lehrer habe sie daraufhin mit dem „Vorurteil" der arrangierten Ehe konfrontiert (Z. 32). Kadia imitiert die Stimme des Lehrers und dessen Frage: „Und haben Sie sich den selber ausgesucht" (Z. 36 f.)? Sie sagt anschließend, dass die Frage und Sichtweise des Lehrers sie „verletzt" habe (Z. 38). Diese Aussage und die emotionale Darstellung des Ereignisses bringen eine Handlungsunfähigkeit zum Ausdruck, gegenüber dem Lehrer opponieren zu können. Dies ist zum einen als Ausdruck einer asymmetrischen Beziehung zu verstehen, bei dem der Lehrer über die Bewertungsgewalt verfügt. Zum anderen ist der Lehrer im übertragenen Sinnen ein Repräsentant der Mehrheitsgesellschaft mit ihrer etikettierenden Sichtweise. Letzteres konfrontiert Kadia in ihrem Alltag immer wieder mit ihrer muslimischen Religiosität, die eigentlich keine Rolle spielen würde, aber von Anderen als Mittel der Erzeugung von Fremdheit und Diskriminierungen funktionalisiert wird.

Das Dilemma der Selbstpräsentation oder vom Zwang, „Zwanglosigkeit" zu präsentieren

Es folgt eine 8-zeilige Sequenz mit evaluativem Charakter. Kadia unterstreicht erneut, wie wichtig es für sie ist, „zu Hause zu nichts gezwungen" zu werden (Z.40). Erstmalig wird in diesem Zusammenhang nun auch erwähnt, dass die innerfamiliäre Zwanglosigkeit Außenwirkung haben sollte. Kadia sagt: „Ich find das ist wichtig in so ner marokkanischen Familie, dass es dann, dass die Leute dann auch sehen, dass es da, dass es keinen Zwang gibt" (Z.40ff.). Mit diesem Satz wird explizit der Zusammenhang zwischen „marokkanischer Herkunft" und „Zwanglosigkeit" bzw. „Zwang" hergestellt. Im nächsten Atemzug fügt Kadia hinzu, dass diese Zwanglosigkeit zunächst nur für ihre Familie gelte und es „natürlich" Familien gebe, bei denen es „anders" oder „strenger" zugehe (Z.42f.). Kadia bringt sich damit in ein Dilemma. In ihrer biografischen Selbstpräsentation kritisiert Kadia die klischeehafte Fremdsicht anderer, aber sie selbst benutzt zur Abgrenzung ihres Bildes einer „zwanglosen" marokkanischen Familie gleichsam das Bild einer „Gruppe" von „natürlich strengen" marokkanischen Familien; damit reproduziert Kadia letztlich die gleichen vorurteilbehafteten Blicke, die sie eigentlich verhindern wollte. Oder besser gesagt: Sie stimmt zu, dass die „Klischees" nicht abwegig sind, da es auch Zwang in marokkanischen Familien gebe. Das heißt, die differenzierte Fremdwahrnehmung, die sie von anderen einfordert, löst sie selbst auch nicht ein. In diesem Zusammenhang formuliere ich nun auch die Hypothese, warum Kadia sich in dieser Art und Weise präsentiert: Kadia steht gewissermaßen unter einem latenten Zwang, sich zwanglos darzustellen – und zwar im Interview sowie im Alltag. Die betont freiheitlich ausgerichtete Familienstruktur kann somit auch als Reaktion auf die Fremdwahrnehmungen zu verstehen sein, jedoch nicht nur. Die Herkunft als Berberfamilie legt die Annahme nahe, dass die Heiratskultur in Kadias Familie mehr durch die Berberkultur als durch die patriarchalisch-islamische Kultur geprägt sein könnte. In der öffentlichen Wahrnehmung fehlt diese Binnendifferenzierung allerdings häufig, und Kadia wird schlichtweg als Mädchen aus einer marokkanischen Familie wahrgenommen, mit all den klischeehaften Vorstellungen. Es scheint insofern eine wechselseitige Beeinflussung zwischen der ursprünglichen familiären Tradition durch die Kultur der Berber und dem latenten Zwang zu geben, die Wichtigkeit der „Zwanglosigkeit" gegenüber anderen zu präsentieren.

Es folgt eine Argumentation in der Kadia versucht, die „Zwanglosigkeit" weiter zu begründen. Sie beginnt damit, dass ihr Vater schon seit 37 Jahren in Deutschland sei, und bricht dann den Satz ab. Es folgt „ja und deswegen ist er glaube ich etwas .." (Z. 46). Auch der fortführende Satz wird abgebrochen, und damit bleibt unklar, worin der Zusammenhang zwischen der Zwanglosigkeit innerhalb der Familie und der Aufenthaltsdauer des Vaters liegen könnte. Hypothetisch ließe sich der Satz so fortführen, dass Kadias Vater sich im Laufe der Zeit an die in Deutschland herrschenden Norm- und Wertvorstellungen angepasst haben könnte; dies sagt Kadia jedoch nicht, weil sie damit ihre Herkunftskultur relativieren würde, die sie doch eigentlich von den Anderen anerkannt wissen will. Dies wäre insofern ein weiteres Dilemma oder, anders gesagt, ein unlösbares Spannungsverhältnis. Kadia wünscht sich einerseits, wie eine „normale" Jugendliche betrachtet und behandelt zu werden, andererseits wünscht sie sich, dass das Besondere, also ihre Herkunftskultur, anerkannt und gewürdigt wird.

Kadias Beziehung zu den Eltern – „Eigentlich" alles normal ...

Die zuvor genannte Argumentation wird nicht zu Ende geführt, sondern durch einen Themenwechsel abgebrochen. Kadia spricht über die Beziehung zu ihrem Vater und sagt: „Wir verstehen uns eigentlich ganz gut" (Z. 46). Der plötzliche Themenwechsel führt Kadia aus dem Dilemma der Begründung von „Zwanglosigkeit" heraus. Neben dieser Funktion ist der Inhalt der Sequenz zu betrachten. Das verwendete Wort „eigentlich" relativiert die Satzaussage und könnte darauf hindeuten, dass Kadias Beziehung zum Vater nicht so gut ist, wie sie es vorgibt. Obgleich die Familienstrukturen zwanglos sein sollen, heißt dies nicht gleichsam, dass der Vater z. B. als Respektperson betrachtet, und diese Autorität durch den Einfluss der kulturellen Herkunft begründet werden kann. Diese Hypothese würde bedeuten, dass die Beziehung zwischen Kadia und ihrem Vater in Bezug auf die persönliche Ebene durchaus gut sein könnte und gleichsam in Bezug auf die Position des Vaters als Familienoberhaupt informelle Strukturen bestehen, die die Beziehungskonstellation hierarchisch oder asymmetrisch werden lassen; dies könnte das einschränkende „eigentlich" erklären.

Der Bericht über die Beziehung zum Vater wird abrupt beendet und stattdessen von der Mutter berichtet. Kadias Mutter sei eine „Hausfrau", die aber mit der deutschen Sprache „eigentlich ganz gut" klarkomme (Z. 57f.). In dieser Aussage zeigt sich erneut der „Zwang zur Zwanglosigkeit". Kadia gelingt es nicht, schlichtweg ihre Mutter als „Hausfrau" zu bezeichnen, sondern sie spricht mitschwingende Klischees explizit an. In diesem Fall wird das Klischee vorweg genommen, die „typische Migranten-Ehefrau" beherrsche nur ihre jeweilige Herkunftssprache. Kadia macht überdies deutlich, dass ihre Mutter Hausfrau aus freier Wahl gewesen sei, weil sie kein „Interesse" an einer beruflichen Beschäftigung gehabt habe. Die freie Wahlmöglichkeit der Mutter ist sowohl ein Indiz für die liberalen und modernen Familienstrukturen als auch für den finanziellen Wohlstand der Familie. Dass die

Mutter arbeiten würde, scheint schlichtweg überflüssig gewesen zu sein. Kadia sagt: „Uns gings auch finanziell auch immer gut" (Z. 62 f.). An dieser Sequenz wird sichtbar, wie die biografische Selbstpräsentation in Gänze von der Migrationsgeschichte durchdrungen und strukturiert wird. Das Bild der erfolgreichen Migrantenfamilie wird an den unterschiedlichsten Themenbereichen immer wieder in den Vordergrund gestellt, und die jeweils mitschwingenden Migranten-Klischees werden direkt oder indirekt entkräftet.

Der eigene Lebensentwurf und die Erwartungen der Familie

Kadia berichtet in der folgenden 6-zeiligen Sequenz über den Auszug ihrer Geschwister aus dem Elternhaus. Die Geschwister seien zwischen 18 und 22 Jahre alt gewesen, als sie zur Heirat in die eigene Wohnung umzogen. Im Anschluss sagt Kadia: „Und ich bin noch zu Hause und ich bleib noch da (lacht)" (Z. 73). An dieser Sequenz wird ein charakteristisches Muster bzw. eine Strategie deutlich in Bezug auf Kadias Umgang mit ihren Plänen und den familiären Erwartungen. Betrachten wir Form und Inhalt des Satzes, dann scheint die präsentierte eindeutige Entscheidung, im Haus der Eltern zu verbleiben, durch das Lachen irritierend zu werden. So, als sei es eine resolute Entscheidung, die nur mit einem Lachen im Gesicht zu vermitteln sei, weil sie familiäre Konventionen verletzt. Die zuvor genannten Heirats- bzw. Auszugszeitpunkte der Geschwister deuten eine Erwartungshaltung an, die auch auf Kadia lastet. Sie sollte sich vermutlich nicht als 18-jährige Schülerin nach einem Ehepartner bemühen, jedoch scheint eine Verselbstständigung und Gründung eines eigenen Haushalts oder einer Familie eher mit Anfang 20 erwartet zu werden, denn später. Kadia hat in ihrem Lebensentwurf aber etwas anderes geplant. Sie habe entschieden, „noch" bei den Eltern zu bleiben. Ihr Lebensentwurf steht damit zunächst einmal im Widerspruch zu den familiären Erwartungen. Aber Kadia sucht nicht den Konflikt, sondern eine charmante Lösung, wie das Lachen es andeutet.

Auf der latenten Sinnebene scheint hier eine Strategie im Umgang mit diesem potenziellen Konflikt sichtbar zu werden, die sich auch an späterer Stelle im Interview konkretisiert, wenn Kadia über ihren Schulwechsel spricht. Abstrakt formuliert scheint es Kadias Strategie zu sein, dass sie den eigenen Lebensentwurf „offiziell" in den Grenzen der familiären Erwartungen gestaltet und damit den sozialen Aufstieg in der Migration fortführt, aber gleichsam z. B. ihre eigene Zeitlichkeit in Bezug auf Heirat „durchsetzt". Kadias Pläne werden hierzu strategisch verpackt, wie durch das Lachen. Mit dieser pragmatischen und subtilen Strategie scheint es ihr zu gelingen, die eigenen Pläne zu verfolgen und (offene) Konflikte mit den Eltern oder der Familie zu vermeiden. In dieser Sequenz kann es Kadia also gelingen, den erwarteten Verselbstständigungsprozess aufzuschieben und stattdessen zu Hause bei den Eltern im Moratorium der Adoleszenz zu verweilen. Das heißt jedoch nicht, dass sie den Familienauftrag ablehnt, sondern lediglich zu einem späteren Zeitpunkt umzusetzen gedenkt.

Nach einer kurzen Unterbrechung folgt die letzte Sequenz vor der zweiten Koda. Hier wird noch einmal die Distanz zwischen der Interviewerin und Kadia deutlich sowie Kadias Motivation zur biografischen Selbstpräsentation. Die Interviewerin bekommt auf ihre Frage, wie es zu Hause mit den Eltern gewesen sei, ein knappes „gut" als Antwort präsentiert. Das nachfragende „Ja?" nimmt Kadia sodann zum Anlass, durch eine Aufzählung von elektronischen Geräten den finanziellen Wohlstand ihrer Lebenssituation zu präsentierten. Das heißt, die ursprünglich mit der Frage intendierte Thematik der Beziehungsqualität zwischen Kadia und ihren Eltern wird nicht thematisiert: Sie will das Bild vermitteln, in einer Familie zu leben, deren Migrationsgeschichte erfolgreich war und zum Wohlstand geführt hat – ansonsten habe Kadia „nichts Spannendes" mehr zu erzählen (Z. 89 f.).

4.2.2.3   Erlebte Lebensgeschichte

Die Rekonstruktion der Fallgeschichte ist kaum möglich, da Kadia die Migrationsgeschichte der Familie präsentiert und nicht ihren Lebensweg. Über die Kindheit berichtet Kadia gar nicht. Neben der Erwähnung des Geburtszeitpunktes[64] ist das nächste biografische Ereignis, das bedeutsam für die Gesamtgestalt der Biografie ist, der Schulwechsel auf die Oberstufe des Gymnasiums. Zu diesem Zeitpunkt war Kadia (etwa) 16 Jahre alt. Anders ausgedrückt bedeutet dies, dass Kadia nur über die letzten zwei Jahre ihrer Lebensgeschichte berichtet und daher eine Rekonstruktion der Fallgeschichte nur unzureichend möglich war.

Dennoch lässt sich für die Phase der Sekundarstufe Eins, die von der fünften bis zur zehnten Klasse andauert, sagen: Kadia besuchte eine Klasse auf einer Gesamtschule, die durch eine große ethnische Heterogenität gekennzeichnet gewesen sei. Es habe nur „zwei oder drei richtige Deutsche" gegeben (Z. 236). Trotzdem oder vielleicht gerade deswegen sei Kadia an der Gesamtschule mit Vorurteilen konfrontiert worden, die sie verletzt haben, z. B. durch die Nachfragen des Lehrers zu vermeintlich arrangierten Ehen ihrer Schwestern. In die Zeitspanne der Sekundarstufe Eins könnte ein unspezifisches „früher" fallen (Z. 338), von dem Kadia berichtet. Ihre Geschwister hätten früher über die Erledigung ihrer Hausaufgaben gewacht, und das habe sie als „Druck" empfunden. Es sei ihr nicht verständlich gewesen, warum die Geschwister sie „immer gefordert" hätten, obgleich sie gute Noten geschrieben habe (Z. 328 ff.). Weder die Hausaufgabenüberwachung der Geschwister noch die Diskriminierungen der Lehrer sind präzisen biografischen Zeitpunkten zuzuordnen, aber dennoch charakterisieren diese Ereignisse Kadias Wahrnehmung in Bezug auf Beziehungen während dieser Lebensphase. Man könnte vielleicht von einer frühen Jugendphase sprechen. Die Art und Weise, wie Kadia die Interaktion zwischen sich selbst und den Lehrern bzw. Geschwistern beschreibt, lässt erkennen, dass Kadia sich in einer asymmetrischen Beziehung befand, die sie als Fremdbestimmung erlebt hat. Sie scheint aber bereits ein aufkeimendes Verlangen nach

---

64   Dieser wurde in der Analyse der Eingangserzählung interpretiert, siehe hierzu S. 81 ff.

Selbstbestimmung gehabt zu haben oder wollte, anders gesagt, als Subjekt mit eigener Lebenspraxis respektiert werden. Doch innerhalb der asymmetrischen Beziehungen fühlte sie sich unter Druck. Die hier nur zaghaft zu entwickelnde Interpretation zielt darauf ab, diese Ereignisse als Ausdruck eines beginnenden Adoleszenzkonfliktes zu verstehen sowie in Anknüpfung die These der subtilen Strategie bei der Durchsetzung eigener Interessen, die womöglich durch solch eine Art von Erlebnissen begünstigt wurde.

Das zweite biografische Datum bzw. Ereignis von Gesamtbiografischer Bedeutung ist Kadias Nebenjob als Kassiererin in einem „Deko-Geschäft". Mit etwa 16 Jahren begann sie dort nach der Schule zu arbeiten, um sich „selbstständig" den geplanten Führerschein zu finanzieren (Z. 117ff.). Die Entscheidung für diese Tätigkeit ist als Ausdruck eines adoleszenten Verselbständigungsprozesses in Richtung einer finanziellen Selbstständigkeit zu verstehen. Während Kadia in Entwicklungsbereichen wie z.B. bei der Umgestaltung ihrer Beziehung zu den Eltern eher dezente Individualisierungstendenzen erkennen lässt, scheint sie den finanziellen Verselbstständigungsprozess leichter vorantreiben zu können; dies könnte auch damit zusammenhängen, dass Kadias Nebenjob den Leistungserwartungen der Familie entspricht. Das Deko-Geschäft ist aber auch ein Ort, wo Kadia nicht unmittelbar den Leistungserwartungen von Lehrern, Eltern oder Geschwistern ausgesetzt ist. An der Arbeitsstelle kann Kadia einen Raum für ihr Explorationshandeln finden, eine Art Refugium vor den Erwartungen der Anderen. Kadia beschreibt darüber hinaus, dass sie sich sehr wohlfühle in dem Team, weil alle Mitarbeiter einen Migrationshintergrund haben. Diese Aussage bestätigt indirekt den Zwang zur „Zwanglosigkeit", der Kadias Alltag in der Öffentlichkeit beeinflusst und der nun im Deko-Geschäft ausgesetzt zu sein scheint. Sie kann dort in der Multikulturalität des Teams zwanglos sie selbst sein.

In den selben Zeitraum fällt das Ereignis des bereits erwähnten Schulwechsels von der Gesamtschule auf die gymnasiale Oberstufe. Kadia war 16 Jahre alt. Der Wechsel in die neue Klasse habe ihr damals „überhaupt nicht gefallen", weil Kadia als Einzige aus ihrer alten Gesamtschulklasse gewechselt hatte (Z. 141ff.). Der Schulwechsel wurde ohne Kadia beschlossen. Sie sagt: „Weil mein Lehrer das unbedingt wollte und der hat es dann meinem Vater so .. eingeflüstert und meine Geschwister waren auch alle hier" (Z. 144ff.). In der Gegenwart präsentiert Kadia den Wechsel, als wäre es ein manipulativer Akt des Lehrers gewesen, den Entscheidungsprozess für den Vater zu bestimmen. In der Vergangenheitsperspektive wird deutlich, dass der Schulwechsel – in drastischer Weise – als fremdbestimmtes Ereignis empfunden wurde, bei dem Kadia sich gewissermaßen als Objekt der Interessen der (männlichen) Erwachsenen gefühlt habe. Dies wird auch in der Gegenwartsperspektive deutlich, in der Kadia sich darum bemüht, ihren Vater als unschuldiges Opfer der Lehrermanipulation darzustellen. Und zusätzlich ist die Beziehung „eigentlich" gut; da ist kein Raum für Kritik und Streit. Sie entlastet ihren Vater daher von den negativen Folgen, die der Schulwechsel mit sich brachte. Dies kann als Ausdruck der Würdigung seiner Position als Respektperson der Familie gedeutet werden. In der neuen Klasse habe eine „total kühle Atmosphäre" geherrscht, und Kadia habe sich als Außenseiterin gefühlt, so dass sie „psychosomatisch" krank geworden sei (Z. 170ff.). Kadia habe daraufhin längere Zeit in der Schule gefehlt, ihre Leistungen seien schlechter geworden. Zusammen mit einer Freundin, die auch einen marokkanischen Migrationshintergrund hat, habe Kadia daraufhin die elfte Klasse wiederholt. Nach der Wiederholung habe sie sich wieder wohl gefühlt in der neuen Klasse. Der Verlauf dieses Ereignisses und Kadias Art und Weise im Umgang mit dem Problem zeigen in radikaler Weise, wie die subtile Strategie zur Durchsetzung ihrer eigenen Interessen funktioniert. Die Entscheidung des ungewollten Schulwechsels konnte Kadia nicht direkt beeinflussen, sie schildert es als Akt einer fremdbestimmten Entscheidung. Sie konnte weder gegen den übermächtigen Lehrer noch ihren respektgebührenden Vater opponieren. Um diese Entscheidung zu beeinflussen, musste Kadia allerdings eine Zeitlang die Atmosphäre der neuen Klasse ertragen, bevor sie psychosomatisch krank werden „durfte" und dadurch letztlich ihren eigenen Willen in den Grenzen der Erwartungen, in diesem Fall des Besuchs eines Gymnasiums, durchzusetzen. Der Schulwechsel ist für die Gesamtgestalt der Biografie das entscheidende Ereignis, bei dem sich die subtile Strategie konstituiert, durch die Kadia in der Lage ist, den größten Bruch in ihrer Lebensgeschichte positiv zu wandeln. Dies ist sicherlich eine spezielle Art, mit adoleszenten Konflikten umzugehen. Sie wird insbesondere in den Entwicklungsbereichen deutlich, wo sich kaum Handlungsspielräume für Kadia innerhalb der engen Grenzen des familiären Musters ergeben. Die Entstehung dieser Strategien ist dennoch als Ausdruck eines Selbstbestimmungsprozesses auf dem Weg der Umsetzung eines individuierten Lebensentwurfs zu verstehen.

4.2.2.4 Feinanalyse

Das Thema „Religion" oder „Religiosität" wird in zwei verschiedenen Zusammenhängen präsentiert: In Bezug auf Etikettierungsprozesse durch Andere, die sich z.B. auf die bereits genannten Klischees zur Rolle der Frau im Islam beziehen, und in Bezug auf Kadias Identität der Familie. Die Bedeutung der Fremdzuschreibungen wurde bereits im Zusammenhang mit der „Zwanglosigkeit" interpretiert, so dass die Feinanalyse sich ausschließlich auf eine Sequenz beschränkt, in der Kadia über die Bedeutung muslimischer Religiosität im Kontext der Familie spricht. Diese Sequenz wurde durch die Frage der Interviewerin eingeleitet, wie sich Kadia ihren zukünftigen Ehemann vorstellt. Nachdem Kadia sagte, dass er „intelligent" sein und die berberische (Familien-)Sprache beherrschen sollte, folgt dieser Wortwechsel:

I[65]: Und was ist die Kultur für Dich noch? Also Deine, die Sprache, Du hast gesagt, Du möchtest gerne, dass die Kultur erhalten bleibt. Was

---

65   Das „I" steht für Interviewerin.

K: (atmet ein) Die Sprache die ehm .. die Bräuche zum Beispiel bei den Hochzeiten oder zum Beispiel eh jetzt .. auch die Religion finde ich //mhm// ist mir wichtig. (Z. 558-561)

(1) Die Nachfrage der Interviewerin scheint Kadia zu überraschen, was durch Atempausen, Füllwörter und Wiederholung von bereits Gesagtem deutlich wird. Sie beginnt stichwortartig das Thema „Hochzeitsbräuche" und bricht dann ab. Weshalb? Meine Hypothese ist: Kadia ist beim Erzählen bewusst geworden, dass dieses Thema nicht geeignet ist, um sich als normale Jugendliche in einer modernen Familie zu präsentieren. Hätte sie die Bräuche weiter beschrieben, dann wären dadurch vielleicht die Klischees bestätigt worden oder zumindest ein Gefühl der Fremdheit erzeugt worden; beides will sie aber mit der biografischen Selbstpräsentation vermeiden. Kadia wechselt daher zum Thema „Religion". Geht man zunächst davon aus, dass Kadia sagt, „Religion ist mir wichtig", dann steht diese Satzaussage in einem Spannungsverhältnis zur Positionierung innerhalb der Aufzählung: „Religion" wird erst nach der Aufzählung von Sprache, kulturellem Hintergrund, Bräuchen und Hochzeitsbräuchen an letzter Stelle erwähnt, obgleich Religion „wichtig" sei. Form und Inhalt klaffen auseinander. Es scheint vielmehr, als ob Religion das passende Thema zum Lösen der kulturellen Enge gewesen sei, die das Thema „Hochzeitsbräuche" erzeugt hätte und Kadia schlichtweg spontan eingefallen sein könnte. In diesem Verständnis ließ sich das erste Satzfragment – aus Kadias Perspektive – wie folgt lesen und fortführen: „Auch die Religion finde ich" irgendwo in meinem Leben wieder und sie könnte an dieser Stelle des Interviews passend sein. Meine These ist, dass Religion kein virulentes Thema in Kadias Leben und Alltag ist, aber dass sie glaubt, damit die Nachfrage und das Interesse der Interviewerin befriedigen zu können. Aber dies schließt dennoch nicht aus, dass Religiosität für Kadia eine biografische Bedeutung haben könnte, die darin besteht, *ein* Teil ihres kulturellen Ganzen zu sein – sozusagen wie in einer biografischen Nebenrolle. Diese Bedeutungsebene zu vermitteln, scheint für Kadia schwierig zu sein; das wird durch die Pausen und Satzabbrecher deutlich. Es wird eine Unsicherheit in der Präsentation spürbar, da Kadia nach der geeigneten Ausdruckweise ringt, um sich in der Forschungssituation zwar als Muslimin zu präsentierten, aber ohne dabei eventuell mitschwingende Klischees zu bedienen. Dieses Dilemma wird auch bei Kadias Antwort auf die folgende Frage der Interviewerin sichtbar.

I: Bist Du religiös? Sehr religiös?
K: Eh religiös bin ich, sehr nicht eh weil ich ... ja vielleicht kommt das ja noch (lacht) Also, aber, eigentlich bin ich nicht so religiös aber ich find halt . also in einem gewissen Rahmen schon. Ich trinke nicht . was ja bei uns wichtig ist oder . ich esse zum Beispiel auch eh keine Sch- kein Schweinefleisch oder .. //mhm// also ich rauche nicht, das gehört zwar nicht so ganz zur Religion aber . halt ich halte mich schon . *an (Z. 562-567)

(2) Im ersten Teil dieser Sequenz (bis zum „Ich trinke nicht") präsentiert Kadia relativ präzise die Bedeutung, die Religiosität in ihrem Leben einnimmt und bereits

zuvor unter Punkt Eins hypothetisch formuliert wurde. Kadia sieht sich selbst als religiös, aber nicht sehr religiös, sondern nur in einem „gewissen Rahmen". Betrachten wir diese Aussage im Detail. Zunächst scheint Kadia über die Nachfrage überrascht zu sein und antwortet pauschal: „religiös bin ich". Sodann wird diese Aussage durch ein „sehr nicht" wieder relativiert und mündet in dem Versuch, dies in einer Argumentation („weil ich") zu erklären. Kadia bricht den Satz ab und formuliert stattdessen in humorvoller Art und Weise, dass sie vielleicht ja noch „sehr religiös" werden könnte, aber dies eher im Bereich des Unwahrscheinlichen liege; dies wird durch das Lachen ausgedrückt. Sie sucht anschließend weiter nach einer geeigneten Ausdrucksform für die Bedeutung der Religiosität in ihrem Leben. Sie bringt es auf die Formel: „nicht so religiös aber […] in einem gewissen Rahmen schon." Mit dieser Formel beschreibt Kadia ziemlich präzise, dass Religiosität *ein* Teil ihres kulturellen Hintergrundes oder, anders gesagt, eine Seite von den vier Seiten ihres kulturellen Rahmens sei. Dieser Rahmen hat eine biografische Bedeutung, die sich wohl kaum in der Einhaltung des Alkoholkonsum- und Schweinefleischverzehrverbotes erschöpfen kann; dies sind religiöse Allgemeinplätze des Islams und lassen überdies vermuten, dass Kadia kaum über ein religiöses Wissen verfügt. Das scheint sie auch nicht zu benötigen für die Funktion, die Religiosität in ihrem Lebensentwurf hat. Meine Hypothese lautet daher: Religiosität hat im Wesentlichen eine Zusammenhalt- oder Wir-stiftende Funktion innerhalb der Familie, denn Kadia spricht davon, dass es „bei uns wichtig" sei, die Alkohol- und Speiseverbote zu beachten. Es kommt dabei nicht auf die Inhalte der religiösen Wert- und Normvorstellungen an, sondern auf deren Funktion. Kadia vermischt die religiösen Ge- und Verbote mit einem nicht-religiös begründeten Rauchverbot, das sie einhalte. Diese Vermischung könnte daraus resultieren, dass innerhalb ihrer Familie beides gültig ist. Es wäre denkbar, dass der Vater das Rauchverbot erlassen hat und Kadia sich daran hält, weil der Vater eine Respektsperson darstellt. Dies würde bedeuten, dass Kadia die informellen Regeln befolgen würde, die die asymmetrische Beziehung zu ihren Eltern, insbesondere dem Vater, strukturieren.

Die Interviewerin konkretisiert in Bezug auf das Thema „Religion" und fragt nach:

I: *Wie ist das mit Beten?
K: .. eehhmm bet- ich bete auch ja.
I: Mhm .. so wie's sein soll?
K: Ja. Also ich vernachlässige es sehr sehr oft. Zum Beispiel jetzt zurzeit bete ich mal
     wieder nicht (lacht), weil also . es ist auch anstrengend. Aber . ich habs schon versucht auch. (Z. 68-573)

(3) Das Unbehagen von Kadia über die immer konkreter werdenden Nachfragen der Interviewerin bleibt unvermindert sichtbar und das wiederkehrende Antwortmuster. Kadia äußert zunächst, dass sie betet und relativiert anschließend diese Aussage. Mit der ersten zögerlichen Antwort von Kadia gibt sich die Interviewerin nicht zufrieden. Dieses Muster wird auch durch das beharrliche Nachfragen der In-

terviewerin forciert, ob Kadia bete, wie es sein soll. Diese Frage zielt auf das rituelle Pflichtgebet[66] ab. Die Interviewerin konfrontiert Kadia mit der zentralen Pflicht islamischer Glaubenspraxis. Kadias Antwort beginnt mit einem kurzen „ja", also einsilbig, wie sie auch zuvor in Bezug auf die Atmosphäre im Elternhaus geantwortet hatte.[67] Die Ähnlichkeiten – in struktureller Hinsicht – zwischen den beiden Stellen verdeutlicht, dass Kadia über diese Themen nicht berichten möchte. Das „Ja" prinzipiell zu beten, wird sodann nachdrücklich relativiert, und zwar durch die Wortverdoppelung „sehr". Im Umkehrschluss könnte dieser Satz bedeuten, dass Kadia eigentlich kaum betet, jedoch grundsätzlich Bescheid weiß, wie die Praxis des Pflichtgebets aussehen sollte. Ähnlich wie zuvor (Punkt 2) wird der folgende Satz mit einem Lachen abgeschlossen, der eine ironische Lesart nahe legt. Wenn Kadia sagt, dass sie gegenwärtig „mal wieder" nicht bete, dann bedeutet dies, dass der Zeitraum des „mal wieder" eigentlich unentwegt zuträfe. Das heißt: Sie „vernachlässige" das Beten häufig, nahezu immer. Durch eine Argumentation versucht Kadia ihre vernachlässigende Gebetspraxis zu legitimieren: Beten sei „auch anstrengend". Weshalb präsentiert Kadia sich so? Meine Hypothese ist: Kadia will hier implizit das Bild von sich vermitteln, eine zarte Frau zu sein, für die die Anstrengungen des Pflichtgebets eigentlich eine Überforderung darstellt und daher ausgesetzt werden kann. Aber Kadia beendet das Segment mit einer Art Ergebnissicherung, in der sie beteuert, dass sie „schon versucht" habe zu beten. Mit der Aussage „es schon versucht" zu haben, beteuert Kadia, dass das Verrichten des Pflichtgebets für sie prinzipiell gültig sei und sie daher unzweifelhaft eine Muslimin sei, auch wenn sie nicht bete. Sie will damit sicherstellen, dass Religiosität eine Bedeutung in ihrer Lebensgeschichte zugeschrieben bekommt, die sich allerdings weniger im Beten, denn in dem zuvor genannten religiösen „Rahmen" konstituiert.

Die folgende Sequenz macht besonders deutlich, wie das Interaktionsmuster im thematischen Feld des Religiösen von konkretisierenden Nachfragen der Interviewerin und lavierenden Antworten von Kadia geprägt ist.

I: Mhm . und wie machen das Deine Eltern?
K: Meine Eltern beten. *Gewissenhaft
I: *Ja?
K: Mhm
I: Fünfmal am Tag?
K: Mhm
I: Mhm
K: (uv) also mein Vater betet immer nach, abends, weil der ja tagsüber arbeitet //mhm// bis fünf Uhr Mittags oder so was, und dann betet er halt ganz normal.//mhm// Das ist schon wichtig bei uns. (Z. 574-583)

---

66   Zur Bedeutung des rituellen Pflichtgebets siehe auch die Erläuterungen beim Fall Mahmut* auf S. 69f.
67   Siehe hierzu S. 87.

(4) Die Frage der Interviewerin führt zu einem Perspektivwechsel. Kadia spricht nun stellvertretend über die Gebetspraxis ihres Vaters. Die Interviewerin wollte erreichen, dass das Gespräch aus der Enge der direkten, persönlichen Nachfrage herauskommt, in der Hoffnung, dass Kadia wieder besser erzählen kann. Es gelingt aber nicht, weil die Themen „Religiosität" und „Eltern" aufeinander treffen. Über beides spricht Kadia ungern, weil es Themen des privaten Bereichs sind, die Kadia nicht preisgeben will. Das Thema Religion ist heikel, weil das angesprochene rituelle Beten zwar die religiöse Pflicht des Gläubigen ist, aber oftmals auch als Klischee für die „Wahrhaftigkeit" des Muslim-Seins fungiert – und damit eine gewisse Nähe zu negativen Konnotationen aufweist. Das Thema Eltern ist heikel, weil ihnen Respekt gebührt und nichts Nachteiliges über sie berichtet werden sollte. Kadia präsentiert daher ihre Eltern als „gewissenhaft" Betende im Unterschied zu ihrer eigenen nachlässigen Gebetspraxis. Kadias Unbehagen aufgrund des Themas und die nachbohrenden Fragen der Interviewerin führen zu einem Schlagabtausch von „mhm"-Lauten, der die Verklemmtheit der Situation hervorragend illustriert. Erst danach geht Kadia genauer auf die nachgefragte Gebetspraxis ein, jedoch nur der des Vaters. Er bete „immer" abends, aber würde auch tagsüber beten, wenn ihn nicht die Arbeit davon abhielte. Mit anderen Worten: Ihr Vater würde grundsätzlich der Pflicht, fünf Mal am Tag das rituelle Gebet zu verrichten, nachkommen; dies weist ihn als frommen Muslim aus, und Kadia klinkt sich in diese Darstellung ein, indem sie sagt, dass die Gebetspraxis des Vaters „schon wichtig bei uns" sei. An dieser Stelle bezieht sich das „uns" eindeutig auf die Familie. Die zuvor (unter Punkt 2) formulierte Hypothese wird somit bekräftigt, dass die religiöse Wir-Identität der Familie die wichtigste Funktion des religiösen Rahmens darstellt, der insbesondere durch die Gebetspraxis des Vater konstituiert wird. Er kann sozusagen als Träger oder Repräsentant der (rituellen) Glaubenspraxis oder -pflicht für die ganze Familie angesehen werden.

I: Ja, und die Moschee besucht er auch?
K: Mein Vater besucht die Moschee nur im Ramadan. //mhm//Das ist zum Beispiel auch so ein weiterer Aspekt: das Fasten, das finde ich für mich sehr sehr wichtig. //mhm//Und also Ramadan allgemein und ehm, ja dann geht er abends immer beten in die Moschee, an Ramadan hat er auch immer frei. Da nimmt er sich einen Monat lang Urlaub. Und weil das ja so so anstrengend wär mit dem Fasten und mit dem Arbeiten. //mhm//Ja und dann . abends eh geht er immer beten und . ab und zu geh ich auch mal mit aber das ist eher selten. (Z. 584-591)

(5) Nachdem einen Satz in Bezug auf die Praxis ihres Vaters, leitet Kadia einen Perspektivwechsel ein. Kadia greift einen „Aspekt" ihrer eigenen Rede über den Vater auf und spricht über das Fasten im Ramadan. Ähnlich wie Kadia bei der ersten Sequenz (Punkt 1) geradezu beiläufig auf das Thema „Religion" gestoßen war, scheint es hier mit dem Thema „Fasten" zu sein. Form und Inhalt stehen in einem Spannungsverhältnis. Mit einer Wortdoppelung betont Kadia, dass zum einen das *Fasten* „sehr, sehr wichtig" sei und zum andern, dass der Ramadan im *Allgemeinen*

wichtig sei. Diese Aussage ist nach dem bekannten Muster aufgebaut, zunächst eine Betonung der Wichtigkeit und dann eine Relativierung des Betonten zu präsentieren. In diesem Fall geht es um den Ramadan als soziale Veranstaltung, die insbesondere in der Familie einen festlichen Charakter haben kann, bei dem abendlichen, gemeinsamen Essen. Es werden in der Sequenz auch die Thesen bekräftigt, dass der Vater stellvertretend für die gesamte Familie fastet, also die Funktion des Repräsentanten hat, und dass Kadia sowie ihre Mutter lieber zu Hause bleiben, weil es „so so anstrengend" sei. Kadia präsentiert hier, ähnlich wie beim Beten, das Argument der großen Anstrengung (Punkt 3), demnach die anstrengenden religiösen Pflichten etwas für den starken Mann im Haus seien und weniger für die (zarten) Frauen. Kadia rechtfertigt sich also implizit für ihr Nicht-Fasten. Dass wird noch verstärkt durch den Verweis auf den Vater, der extra Urlaub nehme im Ramadan, was Kadia als Schülerin nämlich nicht könne. Hinzukommt, dass mit dieser Aussage die Ernsthaftigkeit des Vaters in Bezug auf die religiöse Pflichterfüllung unterstrichen wird und das seine Rolle als Repräsentant der religiösen Identität der Familie bekräftigt. Beim Abschluss dieser Sequenz zeigt sich, dass Kadia auch wenn sie die Möglichkeit hat, „eher selten" in die Moschee gehe. Dies zeigt, dass es bei Kadias Religiosität nicht um die religiöse Praxis geht, sondern den religiösen Rahmen, der Teil des kulturellen Hintergrundes der Familie ist.

5.2.2.5   Zusammenfassung der Fallanalyse

Es konnte gezeigt werden, dass das thematische Feld von Kadias biografischer Selbstpräsentation die Migrationsgeschichte der Familie und der damit verbundene soziale Aufstieg sind. Dies ist der Erzählrahmen, in dem Kadia ihre eigene Lebensgeschichte einbettet und präsentiert; im übertragenen Sinne ist diese Gestalt der Erzählstruktur Ausdruck ihres realen Lebens. Je nach adoleszentem Entwicklungsbereich bestehen für Kadia in unterschiedlichem Maße Autonomisierungs- und Individuierungsmöglichkeiten, die, vereinfacht gesagt, durch den familiären Rahmen gesteckt werden. Kadias Lebensentwurf weist insgesamt eine enge familiäre Bindung auf und ist eingespannt in die Erwartungen ihrer Eltern und Geschwister, dass sie die erfolgreiche Migrationsgeschichte der Familie ebenso fortführt. Die Familie hat daher eine sehr hohe Bildungsaspiration, und es herrscht ausgeprägte Leistungsorientierung oder auch -druck in Bezug auf schulische und berufliche Erfolge. Kadia ist besonders darum bemüht, diese leistungsethische Orientierung in den Vordergrund zu stellen sowie die liberalen Erziehungs- und Umgangsformen innerhalb der Familie. Sie versucht, das Bild einer „normalen Jugendlichen" zu präsentieren, die, wie sie sagt, zu Hause zu nichts gezwungen wird.

Auf der latenten Ebene konnten allerdings bindende Strukturen rekonstruiert werden, die besonders die Beziehung zu ihrem Vater beeinflussen und auf den berberischen Migrationshintergund der Familie zurückzuführen sind. Es wird immer wieder deutlich, dass Kadia ihren Vater einerseits in einem traditionalistisch geprägten Verständnis als das „Oberhaupt" der Familie ansieht, dessen Worten und Entscheidungen Folge zu leisten ist; andererseits hat sie eine „subtile Strategie" entwickelt, wie sie diese Erwartungen unterlaufen kann, um den eigenen Lebensentwurf durchzusetzen – und ohne dabei die formale Stellung des Vaters offenkundig in Frage zu stellen und diesen zu brüskieren. Es gelingt Kadia, die traditionalistisch geprägten Familienstrukturen rund um die Rolle des Vaters in eine moderne Jugendbiografie zu integrieren.

Diese Konsistenz, die Kadias Biografie aufweist, ist im Zusammenhang mit der Art und Weise zu verstehen, wie muslimische Religiosität in den Lebensentwurf eingebettet wird. Kadia verortet muslimische Religiosität als Teil ihres kulturellen Hintergrundes. Durch muslimische Religiosität und die Berbersprache kann Kadia an die familiäre Identität anknüpfen und sich in die „Kultur" der Eltern und Geschwistern integrieren. Die zugehörigkeitsstiftende und integrierende Funktion des Religiösen besteht, wie Kadias Lebensentwurf zeigt, auch ohne die Anwesenheit einer religiösen Praxis. In Anknüpfung an Kadias Verortung des Religiösen kann man von einer „kulturalisierten" Form[68] muslimischer Religiosität sprechen. Das heißt, Religiosität wird als eine Dimension neben anderen im „kulturellen Hintergrund" platziert und hat in der „kulturalisierten" Form eine in jenes kulturelle Milieu bzw. Familiengefüge integrierende Funktion. Dies geht einher mit dem Bedeutungsverlust der religiösen Praxis. Andererseits werden Alltagspraxen, die an sich keine religiösen Bezüge aufweisen der „kulturalisierten" Religiosität zugeordnet. Kadia subsumiert beispielsweise das Rauchverbot, welches in ihrer Familie vorherrscht, in den kulturell motivierten Normen- und Wertebereich und nennt es unmittelbar im Anschluss an das islamische Schweinefleischverbot.

Kadias Selbstbezeichnung als Muslimin basiert auf einer individuell kulturalisierten Form muslimischer Religiosität, die nach außen hin unsichtbar ist. Dennoch muss sich Kadia im Alltag immer wieder mit Zuschreibungen, Projektionen und Diskriminierungen auseinandersetzen, die sich auf ihren muslimischen Glauben beziehen. Kadia gelingt es, diese äußere Dimension ihrer Religiosität und die kulturelle Identität der Familie produktiv in ihren eigenen Lebensentwurf einzuarbeiten. Muslimische Religiosität spielt in Kadias Individuierungsprozess insbesondere zur Beantwortung der Fragen, „Woher komme ich?" und „Wer bin ich?" eine wichtige Rolle. Obgleich Kadia Bewährung ihrer Lebenspraxis in einer ausgeprägten Leistungsorientierung sucht, wurde deutlich, dass muslimische Religiosität einen funktionalen Charakter für die Bearbeitung adoleszenter Entwicklungsaufgaben hat und mithin eine adoleszente Ressource darstellt.

---

68 Der schillernde Begriff der „Kulturalisierung" ist hier explizit in einer produktiven Art und Weise zu verstehen und wurde unmittelbar aus der Subjektperspektive abgeleitet. Er ist an dieser Stelle nicht zu verwechseln mit einer hegemonialen Deutung, bei der die Lebenslagen und Probleme von Migranten durch „kulturalistische Deutungen" reduktionistisch betrachtet werden. Siehe auch Tietze (2004; 2007), die von einer kulturalisierten Form muslimischer Religiosität spricht, jedoch mit einer anderen Konnotation als hier verwendet.

4.2.3 Yasmina – die interkulturelle Selbsttherapeutin

Yasmina ist in Frankreich geboren und in dem Vorort einer französischen Großstadt aufgewachsen. Sie ist zum Zeitpunkt des Interviews 26 Jahre alt. Yasmina
wohnt zusammen mit ihren Eltern in einem Haus, das die Eltern besitzen; ihre zwei
älteren und eine jüngere Schwester sind bereits ausgezogen. Yasmina hat einen tunesischen Migrationshintergrund und sowohl die tunesische als auch die französische Staatsbürgerschaft. Ihre Eltern immigrierten nach Frankreich, als sie noch
jung waren. Yasmina hat eine abgeschlossene Hochschulausbildung in den Geis-
teswissenschaften und promovierte zum Zeitpunkt des Interviews.

4.2.3.1 Zur Forschungssituation

Die Beziehung zwischen dem Interviewer und Yasmina sowie der Entstehungskon-
text sind ungewöhnlich für ein narratives Interview. Der Interviewer und Yasmina
haben bereits seit langer Zeit eine freundschaftliche Beziehung zueinander und beide waren Teilnehmer am deutsch-französischen Forschungsprojekt, aus dem dieses
Interview stammt. Das heißt, Yasmina ist sowohl Forschende als auch Beforschte
und sie hat sich selbst in diese Doppelrolle gebracht – Forschungsobjekt und For-
schungssubjekt zugleich zu sein. Diese Doppelrolle wurde anfänglich verheimlicht
und offenbarte sich erst im Verlauf des Projekts.

Im Anschluss an die von Strauss und Corbin (1996) postulierte „all-is-data"
Haltung in Bezug auf empirische Daten jeglicher Art ist eine Interpretation des Interviews jedoch nicht kategorisch ausgeschlossen. Bei der Interpretation sind die
Beziehung zwischen Interviewer und Autobiografin sowie der ungewöhnliche Ent-
stehungshintergrund angemessen zu berücksichtigen. Sie stellen eine weitere Inter-
pretationsfolie dar, an der das Erzählte gespiegelt werden kann. Die Art und Weise
der Entstehung des Interviews – also wie Yasmina sich in eine Doppelrolle positioniert – gibt gewissermaßen einen Vorgeschmack auf die autobiografische Erzählung und das zentrale Thema: die Verwobenheit von privater und wissenschaftlicher Suche nach einer konsistenten Identität im Kontext von Migration.

Die Besonderheit des Forschungshintergrundes und der große Umfang des Interviews haben zu einer stärker ergebnisorientierten und damit komprimierten Darstellung der Fallanalyse geführt, vergleicht man sie mit den anderen Fällen. In Bezug auf die Analyseebene der erzählten Lebensgeschichte heißt dies z.B., dass die
Sequenzialität der Erzählreihenfolge zu Gunsten der vortextlichen Interpretations-
ebene des Forschungshintergrundes durchbrochen und sich stattdessen stärker an
der gesamtbiografischen Bedeutung orientiert wird.

4.2.3.2 Erzählte Lebensgeschichte

Die Rekonstruktion der erzählten Lebensgeschichte zeigt, dass die Verwebung von eigener oder privater Identitätssuche *und* wissenschaftlicher Forschung über „Identitätskonstruktionen" konstitutiv für die Struktur der biografischen Selbstpräsentation sowie der erlebten Lebensgeschichte ist. Yasmina präsentiert sich als eine französische Jugendliche mit Migrationshintergrund, die sowohl Expertin der eigenen Biografie als auch Expertin für interkulturelle Angelegenheiten der zweiten Generation ist. Wie diese unterschiedlichen Perspektiven und Interessen zusammenhängen, oder genauer gesagt, verwoben sind, wird deutlich, wenn Yasmina über ihre Promotion spricht:

> ... ich weiß sicher, welche Fragen mich wirklich interessieren. Ich arbeite über Interkulturelles, Identitätskonstruktion, Identifikationsmodelle und all so was. Siehst du, das sind Sachen, die mich auf der persönlichen Ebene stark ansprechen. Deshalb also glaube ich, ist das letztlich ein bisschen eine Therapie, verstehst du, bis zur Promotion zu kommen ist ein bisschen wie an das Ziel meiner Therapie kommen, mich selbst und meine Welt zu verstehen. (Z. 504-510)

Diese Sequenz zeigt deutlich, dass das Thema der Promotion gleichsam ein Thema der „persönlichen Ebene" ist und damit deutlich über das übliche Maß des Interesses bei einer wissenschaftlichen Arbeit hinausgeht. Die Nähe, oder anders gesagt, die fehlende Distanz zum Forschungsgegenstand kennzeichnet Yasminas Promotion sowie dieses Interview. Das Interview entspricht daher der Form nach – insbesondere bezogen auf die Art und Weise des Erhebungshintergrundes – im übertragenen Sinne der Gestalt von Yasminas Lebenspraxis, bei der es um den Prozess und die Herausbildung eines Selbst- und Weltbildes geht. Im Zentrum steht dabei die Frage: „Wer bin ich?" Das heißt, dass das thematische Feld des Interviews der Prozess der „Suche und Formung einer interkulturellen Identität" an sich ist und damit das Interview gleichsam als ein Baustein dieses verwobenen Prozesses zu verstehen ist. Dieser Prozess (sich selbst und die Welt zu verstehen) wird als eine Art „Therapie" bezeichnet. Die Wahl dieses Begriffes provoziert die Frage danach, welche Verletzung selbst behandelt oder therapiert wird; im Folgenden wird aus der Perspektive von Yasmina versucht, darauf eine Antwort zu geben.

Meine erste Hypothese dazu lautet: Yasmina hat Verletzungen in der Beziehung zu ihren Eltern erfahren, die im Wesentlichen auf fehlender Anerkennung oder Zuneigung in der Kindheit beruhen. Es fällt auf, dass Yasmina kaum über ihre Kindheit berichtet. Lediglich eine Facette wird mehrmals betont. Yasmina sagt, dass ihre Eltern sehr viel „geschuftet" hätten für die Kinder (Z. 599) und ihr Vater „sieben Tage die Woche [...], zwanzig Stunden am Tag", gearbeitet hätte (Z. 93f.). Die übertriebene Darstellung der Arbeitszeit des Vaters in der Gegenwart könnte Ausdruck dessen sein, wie stark Yasmina in der Kindheit die Abwesenheit des Vaters empfunden hat – und zwar so, als hätte er kaum Zeit zu Hause und mit den Kindern verbracht. Unter diesen Umständen ist zu vermuten, dass die Beziehung zwischen Yasmina und ihrem Vater dementsprechend „belastet" ist. Hinzu kommt, dass Yasmina davon berichtet, dass sie in den Sommerferien „immer drei Monate in ein Kaff geschickt" wurde, zu den Großeltern (Z. 130f.). Die durch Arbeitszeit bedingte Abwesenheit der Eltern und die Ferienaufenthalte in Tunesien bringen eine Evaluation der Kindheit hervor, die Yasmina so formuliert: „Das Kaff, das sind also alle Kindheitserinnerungen. Alle Erinnerungen: die Spiele ... alles, was die Kindheit eines Kindes ausmacht, ist für mich dort" (Z. 131ff.). Diese Bewertung heißt andersherum gesagt, dass die Kindheit in Frankreich, also ihr Alltag trist und nicht kindgerecht gewesen sei, weil ihre Eltern durch die Arbeit keine Zeit für Yasmina und ihre Schwestern gehabt hätten. Und dies habe Yasmina verletzt. Innerhalb der Familie hatte Yasmina darüber hinaus eine Außenseiterrolle inne; sie sagt, dass sie sich „immer etwas abseits gefühlt" habe, sowohl im Verhältnis zu ihren Eltern als auch zu ihren Schwestern (Z. 341f.). Sie habe immer „sehr im Schatten" der „beiden großen Schwestern" gestanden und sei als kleine „Nervensäge" behandelt worden (Z. 473f.). Es entsteht hier der Eindruck, dass Yasmina das ungeliebte Kind der Familie zu sein scheint. Dieses Bild wird noch dadurch verschärft, dass die Eltern kein „Babyfoto" gemacht oder aufbewahrt hätten. Insgesamt sei dies „superschwer zu ertragen" gewesen (Z. 345ff.).

Im Anschluss an diese Selbstpräsentation wird die oben genannte These konsistenter. Die Beziehung zu den Eltern sowie den Geschwistern weist unzweifelhaft emotionale Verletzungen auf. Doch, sind dies jene Verletzungen, die Yasmina zuvor bei der Beschreibung des Promotionsvorhabens gemeint hat? Es spricht einiges dafür, dass dies nicht der Fall zu sein scheint. Die emotionalen Verletzten aus den Beziehungen entfalten zwar auf der latenten Ebene eine biografische Wirkung, nämlich in dem Sinne, als dass die persönlichen Verletzungen hinter den wissenschaftlichen Fragen um Interkulturalität versteckt werden und nur indirekt durch die kognitive Bearbeitung mit-therapiert werden. Die emotionalen Verletzungen stehen vielmehr im Zusammenhang mit der Migration, denn der soziale Aufstieg der Familie hatte seinen Preis; die gewissermaßen verdoppelten Anstrengungen im Beruf gingen zu Lasten der Zeit für die Kinder. Über diesen „Exkurs" spannen sich die emotionalen Defizite wiederum in den Kontext von Migration und Identität ein, und das sind jene Fragen, die Yasmina in ihrer Promotion bearbeitet.

Diese Situation wird noch komplexer im Antlitz der Herausforderung, einen individuierten Lebensentwurf gestalten zu müssen. In Anbetracht der skizzierten Erfahrungen läge es nahe, dass Yasmina hätte „alles anders machen" wollen, als ihre Eltern. Doch Yasmina entwickelt eine sehr differenzierte Sichtweise auf ihre eigene Geschichte und legt einen Lebensentwurf vor, bei dem sie sogar bedauert, nicht den Erwartungen der Eltern entsprechen zu können. Sie sagt: Es sei „super verletzend", dass sie sich durch ihren akademischen bzw. intellektuellen Werdegang dermaßen von ihren Eltern emanzipiert habe, dass sie nicht mehr den Erwartungen oder der „Form" der Eltern entsprechen könne (Z. 589f.). Zu eng seien die Erwartungen der Eltern, und zu weit habe sich Yasminas „Geist geöffnet" (Z. 759). Dieser Konflikt charakterisiert die Beziehung zu den Eltern und wird von Yasmina durchaus als ambivalent beschrieben: „Ich würde gerne das sein, was sie für mich vorgesehen haben! Aber mein Werdegang sorgt dafür, dass ich das nicht mehr kann" (Z. 584 f.). In dieser Sequenz spricht Yasmina später auch explizit von einer „Verletzung"; sie stellt damit diesen grundsätzlichen, intergenerationalen Konflikt, der durch die Migration verschärft wird, in Bezug zu der „Therapie" durch die Promotion. Dieser Bezug bedeutet im Anschluss an die zuvor genannte These sodann auch, dass Yasminas akademischer Werdegang keine Anerkennung von Seiten der Eltern erfährt. Der interkulturelle Lebensentwurf wird nicht anerkannt, sondern von den Eltern als Enttäuschung bewertet, da sie nicht ihre Erwartungen erfüllt habe. Diese „Verletzung" auf der Beziehungsebene wird von den Erfahrungen in Bezug auf Yasminas interkulturellen Anspruch flankiert: Zweimal scheiterten ihre gemischten Beziehungen, obgleich die Partner Muslime waren, jedoch keine Tunesier. Dies habe zum einen die Eltern in ihrer Position bestärkt, dass der interkulturelle Lebensentwurf nicht praxistauglich sei, und zum anderen habe Yasmina „Lust" bekommen, sich der eigenen Kultur anzunähern (Z. 296 ff.).

Das Spannungsverhältnis zwischen theoretischem Anspruch und lebenspraktischen Erfahrungen in Bezug auf „Interkulturalität" kann als eine Art „chronischer Verletzung" verstanden werden, die sich nicht heilen lässt. Auch dies wird im Interview deutlich, wenn Yasmina sich als Immigrantin der zweiten Generation bezeichnet; dies sei eine „geopferte Generation" und zwar, „geopfert in dem Sinn, dass wir dazu verdammt sind, eine Wahl zu treffen, wo man normalerweise keine Wahl treffen müsste". Sie müssten sich „zwischen der Herkunftskultur unserer Eltern, […] ihren Projekten, ihren Zukunftsvorstellungen für uns und so und unserer interkulturellen Realität" entscheiden (Z. 641 ff.). In diesem Zitat wird bereits bekannte Verwobenheit wieder sichtbar, wenn Yasmina in der Wir-Form als Expertin für die zweite Generation *und* zugleich selbst als „Mitglied" der zweiten Generation spricht. Die interkulturelle Entscheidungsproblematik ist sowohl in theoretischer als auch praktischer Hinsicht das zentrale Thema von Yasminas Lebensgeschichte. Bei der bis hierhin dargestellten Analyse wurde deutlich, wie Yasmina sich selbst zum Thema macht und wie die Verletzungen der Kindheit im Zusammenhang mit der Migrationssituation stehen; beides ist Bestandteil von Yasminas Selbst-Therapie.

Die bis hierhin entfaltete Fallstrukturhypothese scheint hinreichend tragfähig zu sein, so dass die Darstellung der weiteren Analyse auf zwei prägnante Sequenzen beschränkt werden kann. Die biografische Selbstpräsentation beginnt mit der Kurzfassung des beruflichen und akademischen Werdegangs. Sie beschreibt, weshalb sie nach ihrem ersten universitären Abschluss weiterhin an der Uni geblieben ist: „Ich hatte Lust, weiter zu forschen, aber ich hatte eine tierische Angst. Ich wollte ein Sicherheitsnetz …" (Z. 14 f.). In dieser Sequenz wird eine Bipolarität von Lust und Angst beschrieben, die als Ausdruck eines lebenspraktischen Entscheidungsdilemmas zu verstehen ist, in dessen Folge erstmals eine Strategie der Bearbeitung sichtbar wurde, die sich im Verlauf des Interviews als Bewältigungsmuster verfestigte. Anstatt zwischen den Möglichkeiten „Beruf" oder „Uni" zu entscheiden, wählte Yasmina eine Kombination. Sie absolvierte eine berufliche Weiterqualifizierung, so dass sie als Pädagogin arbeiten konnte, und begann parallel dazu, Erziehungswissenschaften zu studieren. Yasminas Strategie im Umgang mit Entscheidungen ist dadurch charakterisiert, dass sie zwei Wege parallel beschreitet. Dadurch werden einerseits biografische Entwicklungsmöglichkeiten offen gehalten, und andererseits ist Yasmina weder in der einen noch der anderen Sphäre vollständig integriert, sondern befindet sich gewissermaßen parallel in zwei Welten. Yasminas Entscheidungsstrategie ist also in struktureller Hinsicht mit dem Zustand „interkultureller Verdammnis" zu vergleichen, bei dem es keine allseits zufriedenstellenden Lösungen gibt.

Die zweite Sequenz ließe sich in den Worten von Yasmina mit der Überschrift betiteln: „Wir waren eine Immigrantenfamilie" (Z. 0 f.). Yasmina beschreibt relativ ausgiebig, wie die finanzielle Mangellage ihrer Familie spürbar gewesen sei und dazu geführt hätte, dass sie nicht ihr Wunschfach studieren konnte. Sie wollte ursprünglich Innenarchitektur an einer privaten Schule studieren, doch dazu hätte sie einen Studienkredit aufnehmen müssen, für den die Eltern wiederum hätten bürgen müssen. Das wollte Yasmina aber nicht, weil die Eltern mit dem Hauskredit vollends ausgelastet waren. Yasminas Argumentation läuft also darauf hinaus: „Weil ich arm war" (Z. 0 f.) oder, weil „wir [...] arm" waren, sei es nicht möglich gewesen, Innenarchitektur zu studieren (Z. 97). Yasmina begann stattdessen Psychologie *und* Kunst als Doppelstudium zu studieren, weil sie sich nicht zwischen den Fächern entscheiden konnte. In dieser Sequenz wird also die Entscheidungsstrategie deutlich sowie das Bild einer armen Migrantenfamilie. Letzteres erzeugt eine Damals-Perspektive, auf der Yasminas biografische Selbstpräsentation aufbaut. Zum einen kann Yasmina sich dadurch gewissermaßen als „Opfer" der migrationsbedingten Verhältnisse präsentieren, die dazu „verdammt" ist, an einer staatlichen Universität zu studieren. Und zum anderen etabliert Yasmina hiermit zu Beginn des Interviews eine Kontrastfolie, an der sie ihren eigenen sozialen Aufstieg und akademischen Erfolg spiegeln kann. Diese Grundstruktur der Erzählung könnte damit auch die Anerkennung durch den Interpretierenden und den Interviewer abzielen, die aus der eingangs geschilderten Forschungssituation resultiert. Darüber hinaus ist diese Sequnez funktional im Sinne einer Eingangsevaluation, mit der Yasmina die Präsentation ihrer Lebensgeschichte rechtfertigt, weil die familiäre Ausgangslage ihre Lebensgeschichte interessant und erzählenswert macht.

Abschließend soll skizziert werden, wie sich das thematische Feld der „interkulturellen Identitätskonstruktion" im Verlauf der biografischen Selbstpräsentation verändert. Dabei verläuft diese Veränderung der Erzählstruktur nach Form und Inhalt in Analogie zur chronologischen Abfolge der erlebten Lebensgeschichte. Anfangs berichtet Yasmina in der Wir-Form, dass ihre Familie eine „Immigrantenfamilie" gewesen sei. Ab Zeile 129 beginnt das Thema der „interkulturellen Identität" durch eine Initialfrage des Interviewers und dominiert fortan die Präsentation. Yasmina spricht nun in der ersten Person: „Ich bin Französin. In Wirklichkeit ist es anders." Es folgt eine ausführliche Darstellung der Problematik, einen tunesischen Migrationshintergrund bei gleichzeitiger französischer Staatsbürgerschaft zu besitzen. Diese Problematik des interkulturellen Identitätsbildungsprozesses wird bis zum letzten Satz des Interviews erörtert. In Zeile 850 beendet Yasmina das Interview mit dem Satz: „Heute definiere ich mich als muslimische Französin, die zum Interkulturellen verdammt ist. So ist das." Sie spricht also in der Gegenwart über ihre Gegenwart. Der Identitätsbildungsprozess ist damit an seinem vorläufigen Ende angekommen. Was in einem „Wir" innerhalb der Familie begann, hat sich sowohl im Verlauf des Interviews als auch im Verlauf des gelebten Lebens zu einem ausdifferenzierten „Ich" entwickelt. Yasmina definiert sich als Französin, die als besondere Note ihren muslimischen Glauben erwähnt.

4.2.3.3 Erlebte Lebensgeschichte

Bei der ergebnisorientierten Darstellung der erlebten Lebensgeschichte beschränke ich mich auf drei biografische Ereignisse, die für die Gesamtgestalt und biografische Gesamtsicht von Bedeutung sind. Wie bereits erwähnt, berichtet Yasmina als einzige Ereignisse aus ihrer Kindheit über die Armutslage der Familie in dem Vorort einer Großstadt sowie die Urlaube in dem „tunesischen Kaff". Das nächste und damit erste biografische Datum, das bedeutsam für die Gesamtgestalt der Biografie ist, war, als Yasmina im Alter von 13 Jahren ihren französischen Pass erhielt. Sie wurde zum Beginn der Jugendphase französische Staatsbürgerin, und das hatte damals folgende Auswirkungen. „Du wurdest also mit dreizehn Französin, und es war klar und eindeutig" (Z. 141 f.). Dieser Schritt brachte Yasmina Gewissheit, dass der Lebensmittelpunkt der Familie eindeutig in Frankreich ist und weiterhin sein wird. Die Reisen zu den Großeltern in Tunesien während der Kindheit konnten damit eindeutig als Kindheitserinnerungen abgelegt werden, die zwar einen Bezug zu der Herkunft der Familie hergestellt haben, aber für den Lebensalltag in Frankreich fortan keine Bedeutung mehr haben sollten. Dass eine Re-Migration nach Tunesien für die Eltern nicht mehr in Betracht kam, war eine wichtige Botschaft für die jugendliche Yasmina. Dieses Ereignis kann im Übergang von Kindheit in die Adoleszenz auch als Beginn der interkulturellen Identitätsfrage verstanden werden, die Yasmina bis zur Gegenwart beschäftigt. Sie wurde Französin, aber hat tunesische Wurzeln.

Das Ende der Schulzeit und der Beginn des Studiums im Alter von 17 Jahren markieren das zweite bedeutende biografische Datum. Yasmina beendete ihre Schullaufbahn mit dem „französischen Abitur" in demselben Jahr, indem ihre Eltern ein Haus erwarben. Yasmina erwähnt dies, weil der Hauskauf und die Finanzierung des Kredites alle finanziellen Kapazitäten der Eltern verschlungen haben. „Also mussten sie das managen, und sie konnten nicht noch zusätzlich ihre Kinder managen" (Z. 111 f.). Für Yasmina und ihre kleinere Schwester bedeute dieser Umstand, dass sie selbstständig ihr Leben meistern mussten und nicht auf die Fürsorge der Eltern bauen konnten. Yasmina musste also mit 17 Jahren ihren weiteren Lebensweg selbst organisieren. Dass ersehnte Studium an der Privathochschule konnte aufgrund der Kreditlast der Eltern allerdings nicht realisiert werden. Aus dieser Situation heraus begann Yasmina Bildhauerei und Psychologie zu studieren. Den Beginn des Studiums erlebte Yasmina damals als „wahre Befreiung" (Z. 248). Sie sagt, dass die ersten beiden Jahre an der Uni ihren „Geist geöffnet" hätten (Z. 413). Es wird hier deutlich, wie der Beginn des Studiums den adoleszenten Individuierungsprozess beeinflusst. Yasmina begann, die erfahrenen Werte und Normen ihrer Erziehung und Sozialisation zu reflektieren. Sie bemerkte dabei, wie eng die Vorstellungen und Erwartungen ihrer Eltern im Hinblick auf ihren eigenen Lebensentwurf waren. Diese führten zu intergenerationalen Konflikten und dazu, dass Yasmina begann, ihr eigenes Selbst- und Weltbild zu gestalten.

Das dritte biografische Ereignis, das von besonderer Bedeutung für die Gesamtgestalt der Biografie ist, kann nicht eindeutig datiert werden; es hängt aber inhaltlich mit dem zuvor erwähnten adoleszenten Ablösungsprozess zusammen. Yasmina war vermutlich zwischen 19 und 20 Jahre alt, als sich das folgende Schlüsselerlebnis ereignete. Es war nicht Yasmina, sondern ihre zweitälteste Schwester, die einen Freund gehabt habe, der gebürtiger Franzose gewesen sei. Darüber sei es zu einem Streit zwischen der Schwester und Yasminas Eltern gekommen, weil „dieser Junge kein Moslem war" (Z. 337). In der Folge dieses Ereignisses sei die Schwester von zu Hause ausgezogen. Sie sei damals 21 Jahre alt gewesen und lebt bis heute mit diesem Franzosen zusammen. Yasmina habe auf dieses Ereignis zunächst mit Verständnis für die Position der Eltern reagiert. Sie sagt, dass sie dadurch versucht habe, die Eltern zu beschützen, weil der Auszug „super heftig" für sie gewesen sei (Z. 335). Ohne die Schwester für lange Zeit gesehen zu haben, sei mit der Zeit aber ein Reflexionsprozess in Gang gekommen; diese „Reflexionsphase" habe zu einer grundsätzlichen Entscheidung in Bezug auf Yasminas eigene Lebensgestaltung geführt. Sie sagt:

Ab da war die einzige Sache, die für mich gezählt hat, etwas, das ich tief verinnerlicht habe, dass ich jemand Muslimisches kennen lerne, und da habe ich mich verändert. Ich habe mich verändert, weil ich aufgehört habe zu versuchen, in die Form zu passen. [...] und seit, ich glaube, dem Abschied meiner Schwester, habe ich mich ausgeklinkt. Mir war alles egal. Siehst du, ich habe mich an eine einzige Grenze gehalten, das ist ... gut, wenn ich eines Tages mein Leben mit jemandem verbringe, dann mit einem Moslem, und der ganze Rest ist mir egal. (Z. 338 ff.)

Die Reflexion dieses Ereignisses führte zu einer ambivalenten Entscheidung. Einerseits habe sich Yasmina eine „einzige Grenze" gesetzt, und andererseits habe sie sich von allen begrenzenden Erwartungen der Eltern befreit. Die scheinbar kompromisslose Entscheidung, die eigenen Ideale und Werte in einem toleranten, interkulturellen Lebensentwurf verwirklichen zu wollen, wird durch dieses Ereignis beeinflusst. Yasmina hat am Beispiel der Schwester vorgeführt bekommen, welche Grenzüberschreitung die Beziehung zu den Eltern unmöglich zu machen scheint:

Es muss ein muslimischer Partner sein. Yasmina akzeptiert dieses Zugeständnis an die „Form" der Eltern und macht deutlich, dass sie die Beziehung nicht gefährden will. Doch sie übernimmt keinesfalls das gesamte religiöse Selbstverständnis der Eltern, sondern wandelt jenes und entwirft ein individuiertes Religiositätsverständnis unter Beibehaltung jener einzigen Grenze. Dieses Ereignis prägte die Gestalt der Beziehung zu den Eltern sowie die funktionale Bedeutung muslimischer Religiosität in Yasminas Biografie.

4.2.3.4 Feinanalyse

In der Feinanalyse werden Sequenzen behandelt, die aus verschiedenen Abschnitten des Interviews stammen. Sie behandeln das Thema „Religiosität" im Kontext von „Familie" und „Identitätskonstruktion". Über muslimische Religiosität im Zusammenhang mit Fremdzuschreibungen oder Etikettierungsprozessen berichtet Yasmina hingegen kaum, denn die „Mischung" in Frankreich und insbesondere in der Großstadt sei dafür verantwortlich, dass Yasmina ihr „Anderssein [...] im Alltag eigentlich nicht" spürt (Z. 219f.). Es wird im Folgenden daher nur die Bedeutung muslimischer Religiosität innerhalb der Familie und in Yasminas Identitätsentwurf untersucht.

Religion in der Familie oder „unsere religiöse Identität"

> Y: Meine Eltern haben nicht ... meine Mutter war jung, als sie nach Frankreich gekommen ist, sie haben also unsere tunesische Identität nicht sehr in den Vordergrund gestellt. Unsere religiöse Identität sehr. Weißt du, wenn Kinder klein sind, lesen Vater, Mutter ihnen eine Geschichte vor dem Einschlafen vor. Wir ...
> I: Du bist Muslimin, ist es das?
> Y: Ja, ich bin Muslimin. Siehst du, wir bekamen den Koran zum Einschlafen vorgelesen.
> I: Zum Einschlafen?
> Y: Ja, ja, vor dem Einschlafen mussten wir das alle ... und dann, wenn du eingeschlafen bist, haben sie dich geweckt (lacht)! (Z. 144-152)

In dieser Sequenz berichtet Yasmina erstmalig über muslimische Religiosität. Die Sequenz ist in die Wir-Phase des bereits beschriebenen Identitätsbildungsprozesses einzuordnen. Yasmina berichtet, dass die Eltern die „religiöse Identität" und nicht die „tunesische Identität" der Familie betont hätten. Die Art und Weise wie diese gelebt wurde, wird hier am Beispiel des Gute-Nacht-Rituals – in Form eines allabendlichen Lesens des Korans – verdeutlicht. Zuvor wird allerdings eingeschoben, dass die Mutter als junge Frau nach Frankreich immigriert sei. Weshalb präsentiert Yasmina diesen Einschub? Yasmina könnte verdeutlichen wollen, dass sich die Mutter schon in jungen Jahren für ein Leben in Frankreich entschieden hatte und nicht für einen Lebensentwurf in der Herkunftskultur. Dieser Entschluss bedingt, dass der Lebensentwurf in der Fremde „kompatibel" mit den Anforderungen der französischen Gesellschaft sein musste. Die Betonung der Religiosität ermöglicht, sowohl dem sozialen Aufstieg nachzueifern als auch eine Verbindung zur Herkunft aufrecht zu erhalten, da das Religiöse Privatsache ist. In Folge dieser Entscheidung wurden die Kinder im Sinne des elterlichen Verständnisses von einer „religiösen Identität" erzogen und sozialisiert. Diese Asymmetrie in dem Beziehungsverhältnis wird auch in Form der Personalpronomina deutlich, denn „sie" hätten „unsere" religiöse Identität in den Vordergrund gestellt, z.B. durch die allabendliche Koran-Lesung. Die Art und Weise, wie Yasmina dieses Ritual präsentiert, erweckt Zweifel, ob es eine Freude oder eine Pflicht gewesen sei. Denn „alle" Kinder „mussten" zuhören und wurden geweckt, wenn sie einschliefen. Yasmina lacht, wenn sie davon berichtet. Diese Art der religiösen Sozialisation scheint für Yasmina fraglich zu sein, denn sie belächelt es, aber macht es dennoch nicht lächerlich. Meine Hypothese ist, dass Yasmina das Gute-Nacht-Ritual einerseits als Akt der liebevollen Zuwendung in einer durch die elterliche Abwesenheit geprägten Kindheit erinnert, und andererseits als einen Akt der religiösen Belehrung oder Konditionierung[69]. Diese Lesart lässt sich ergänzen in Bezug auf Yasminas Vorstellungen der eigenen Kindererziehung, die sie an anderer Stelle erwähnt. Sie sagt, dass sie ihren Kindern den Glauben zwar „weitergeben", aber „nicht aufdrücken" wolle (Z. 76). Unter Hinzunahme dieser Aussage könnte man vermuten, dass die allabendliche Koran-Lesung eher wie ein Aufdrücken von religiösen Inhalten, denn ein gerne erlebtes Gute-Nacht-Ritual zu bewerten ist.

Aber trotz Bedenken in Hinblick auf die Art und Weise, wie die religiöse Vermittlung stattfand, wird an dieser Sequenz deutlich, dass es den Eltern gelungen ist, durch ihr religiöses Verhalten „eine religiöse Identität" der Familie zu erzeugen. Es wurde so eine „Wir-Identität" innerhalb der Familie etabliert, die im Alltag praktikabel und in der Öffentlichkeit unsichtbar war. Gleichsam eröffnete sie die Möglichkeit, dass die Kinder durch muslimische Religiosität an ihre „tunesischen Wurzeln" anknüpfen konnten (Z. 655). Über das Lesen des Korans hinaus scheint es aber kaum oder keine religiöse Praxis innerhalb der Familie gegeben zu haben. Für die „religiöse Identität" ist demnach die Bedeutung von *gemeinsam* geteilten Norm- und Wertvorstellungen zentral, die vom Islam geprägt sind. Es geht nicht um die Herausbildung einer religiösen Praxis.

Muslimische Religiosität als Baustein der eigenen Identität

Ja, ich bin Muslimin. (Z. 149)

also ich habe entdeckt, dass ich sunnitische Muslimin bin. (Z. 746 f.)

… kurz gesagt: heute definiere ich mich als muslimische Französin, die zum Interkulturellen verdammt ist. So ist das. (Z. 850 f.)

---

69 Yasmina verwendet den Begriff „Konditionierung" an einer anderen Stelle im Interview: Ihr Vater habe Yasmina und ihre Schwestern „pro-palästinensisch erzogen" und den Nahostkonflikt so dargestellt, als seien sich „alle Araber" einig in dieser Sache (Z. 702 f.). Dies sei eine „Konditionierung hoch drei!" gewesen (Z. 734).

Diese drei Sequenzen, aus unterschiedlichen Stellen des Interviews, verdeutlichen eine Entwicklung, die von einer übernommenen „religiösen Identität" zu einer ausdifferenzierten Selbstdefinition mit religiösem Attribut verläuft. Analytisch betrachtet, kann man sagen, dass die religiöse Prägung der Kindheit im Zuge der Adoleszenz zu einem individualisierten, religiösen Selbstverständnis gewandelt und so zum Bestandteil der Identität wurde.

Die erste Sequenz entspringt dem Zusammenhang, bei dem Yasmina über das abendliche Koranlesen berichtet. Sie sagt allerdings erst auf Nachfrage des Interviewers, dass sie Muslimin sei. Das heißt, dass Yasmina sich bis zu diesem Zeitpunkt (noch) nicht selbst als Muslimin vorgestellt hat, sondern „nur" als Französin. Dies könnte zum einen dem Erzählkontext geschuldet sein und zum anderen Yasminas Absicht mit diesem Interview. An dieser Stelle wird über ein Kindheitserlebnis gesprochen, zu dessen Zeitpunkt Yasmina noch keine bewusste Entscheidung zum Muslimin-Sein getroffen haben dürfte. Sie wäre es nur qua familiäre Zugehörigkeit gewesen. In der Gegenwart des Erzählens möchte Yasmina aber nicht auf ihre Religiosität reduziert werden und vermeidet daher, sich selbst ausschließlich als Muslimin zu bezeichnen. Sondern sie will betonen, eine muslimische Französin zu sein.

Die zweite Sequenz wurde von Yasmina im Zusammenhang mit einer Reise in den Libanon[70] präsentiert, die sie im Alter von 21 Jahren durchgeführt hat. Sie sagt, dass sie damals entdeckt habe, eine „sunnitische Muslimin" zu sein. Yasmina beginnt auf dieser Reise, die „religiöse Identität" der Familie zu reflektieren und zu hinterfragen. Es scheint, als hätte sie von ihren Eltern nur ein sehr beschränktes religiöses Wissen vermittelt bekommen, denn die vermeintliche „Entdeckung" betrifft eine elementare Eigenschaft ihrer Religion: das Schisma des Islams, in Sunniten und Schiiten. Wichtiger als diese scheint daher eine weitere Entdeckung zu sein, die sie im Libanon erlebt hat. Sie sagt: „Letztlich gehört man nie richtig zu einer [religiösen; M.T.] Gruppe, [...] selbst in einer Gruppe gibt es Unterteilungen, die dafür sorgen, dass das überhaupt nicht dieselbe Kultur ist, dass das nicht derselbe Bezug zum Göttlichen ist" (Z. 749 ff.). Dieser Satz verdeutlicht, dass die soeben gewonnene Erkenntnis, zur „Gruppe" der sunnitischen Muslime zu gehören, sogleich wieder verworfen wurde. Yasmina wurde bewusst, dass es keine festen und eindeutigen, sondern nur fluktuierende und individualisierte religiöse Zugehörigkeiten geben kann. Sie ist gewissermaßen dazu „verdammt", ihre individuelle Form muslimischer Religiosität zu entwerfen und diese in ihren Lebensentwurf zu integrieren. Und dies wird in der dritten Sequenz deutlich.

---

70   Im Libanon gibt es eine Vielzahl religiöser Gruppierungen sowohl innerhalb des Christentums als auch des Islams. Innerhalb des Islams stellen die unterschiedlichen Gruppierungen des Schiismus die Mehrheit dar, im Gegensatz zu den sonst üblichen Verhältnissen in der „islamischen Welt", die überwiegend sunnitisch geprägt ist.

Die dritte Sequenz befindet sich am Schluss des Interviews.[71] Yasmina präsentiert hier ihre gegenwärtige Selbstdefinition. Sie verbindet hierbei das Französin- und Muslimin-Sein auf eine spezifische Weise, so dass muslimische Religiosität zum Attribut des Französisch-Seins wird. Yasmina definiert sich eindeutig als eine Französin, die sich aber durch die Besonderheit ihres Glaubens von den *Francais de souche* unterscheidet. Yasmina verwendet muslimische Religiosität wie eine Beigabe, die aber die besondere Würze ihrer Identität bestimmt. Es ist der „interkulturelle Baustein" ihrer Identität. Gäbe es diesen Baustein nicht, dann wäre Yasmina schlichtweg in Frankreich geboren, aufgewachsen und sesshaft, so wie die *Francais de souche*. Doch Yasmina will anders und normal zugleich sein. Sie hat dazu eine Position bzw. Betonung muslimischer Religiosität in ihrer Identitätskonstruktion gewählt, die einen Wandel von der Betonung der „religiösen Identität" innerhalb der Familie zum Betonen des Französin-Seins erkennen lässt. Dies hat eine Doppel-Funktion: Einerseits wird durch die gewandelte Betonung Yasminas Anspruch auf Individualität gegenüber den Eltern sowie der Mehrheitsgesellschaft deutlich, da sie eine Differenz herstellt, anderseits knüpft sie aber sowohl an die religiöse Tradition der Eltern an als auch an das nationale Bewusstsein der Republik und damit den Vorstellungen der Mehrheitsgesellschaft.

Ein Nachtrag: keine „tunesische Identität", aber ein tunesischer Pass

Yasmina definiert sich als muslimische Französin und nicht als Tunesierin, Maghrebinerin (*Beurette*) oder Araberin. Sie betont die französische Staatsbürgerschaft, die sie seit dem 13. Lebensjahr hat. Aus den Hintergrundinformationen geht aber hervor, dass Yasmina auch die tunesische Staatsbürgerschaft besitzt. Sie hat folglich eine doppelte Staatsbürgerschaft – sie ist Tunesierin und Französin. Darüber spricht Yasmina im Interview nicht, sondern nur über ihr Verhältnis zu Tunesien und einer „tunesischen Mentalität":

> Weil ich keine Tunesierin bin. Weil ich nicht die tunesische Mentalität besitze. Weil ich nicht dieselben Werte habe. Ich habe nicht dieselben sozialen, kulturellen Bezüge ... Wahrscheinlich sind die einzigen Gemeinsamkeiten die Religion und dann das Land Tunesien. Es ist kein hypermuslimisches Land, [...] Wenn ich sage, dass das kein hypermuslimisches Land ist, dann heißt das keine zur Schau nach außen getragene Identität, tatsächlich ist es ein muslimisches Land. (Z. 194-203)

Diese Sequenz ist Yasminas Antwort auf die Frage des Interviewers, warum sie nicht in Tunesien leben wolle. Es wird deutlich, dass Yasmina ihre tunesische Staatsbürgerschaft beim Beantworten verschweigt, sondern stattdessen die Unterschiede zwischen ihrer und einer „tunesischen Mentalität" betont. Gemeinsamkeiten bestünden lediglich in Bezug auf die Religion. Es scheint, als wolle Yasmina den Vorrang der französischen Staatsbürgerschaft innerhalb ihrer Selbstkonstrukti-

---

71 An dieser Stelle wird nur der erste Teil des Satzes behandelt; der zweite Teil wurde auf S. 99 interpretiert.

on nicht gefährden und verschweigt daher ihre tunesische Staatsbürgerschaft. Diese Strategie kann in struktureller Hinsicht als gewandelte oder, genauer gesagt, gesteigerte Form der Unterdrückung der „tunesischen Identität" verstanden werden, so wie es bereits die Eltern innerhalb der Familie begonnen hatten. Die skizzierte Bedeutung der Religion in der tunesischen Gesellschaft („kein hypermuslimisches Land") wirft Parallelen zur Position der Religion in der französischen Gesellschaft auf. Und diese Art und Weise gefällt Yasmina. Religiöse Zeichen seien im öffentlichen Raum nicht gerne gesehen, und es gebe in Tunesien „keine nach außen getragene [religiöse M.T.] Identität". Auch in Frankreich sind religiöse Zeichen im öffentlichen Raum nicht gern gesehen und wurden sogar aus öffentlichen Gebäuden verbannt.[72] Und auch Yasmina trägt ihre Religiosität nicht zur Schau, sie trägt weder Kopftuch noch Gewand, sondern bevorzugt eine „unsichtbare Religiosität". Sie möchte in der Öffentlichkeit nicht auf den ersten Blick als Muslimin erkannt werden können und damit vielleicht auch etwaigen Diskriminierungen aus dem Weg gegen. Vielmehr scheint Yasmina aber darüber verfügen zu wollen, wem gegenüber und in welcher Weise sie sich als Muslimin präsentiert. Während sie es im Alltag bevorzugt, in der „Mischung" der französischen Gesellschaft unterzugehen, möchte sie im Privaten – wie z.B. gegenüber einem muslimischen Partner notwendig – darüber verfügen können, sich als Muslimin zu präsentieren oder, wie in diesem Interview, als muslimische Französin.

4.2.3.5 Zusammenfassung der Fallanalyse

Die Fallanalyse hat gezeigt, dass „Interkulturalität" das zentrale thematische Feld von Yasminas Biografie ist. Yasmina bearbeit das Thema „interkulturelle Identitätskonstruktion" sowohl in ihrer privaten Lebenspraxis als auch in wissenschaftlich-theoretischer Weise mit ihrer Promotion; diese Verwobenheit ist konstitutiv für die biografische Selbstpräsentation und die (erlebte) Lebensgeschichte. Obgleich auf Ebene der erzählten Lebensgeschichte deutlich wurde, wie Yasmina darauf insistiert, zur „Interkulturalität verdammt" zu sein, zeigte die erlebte Lebensgeschichte eine Strategie im Umgang mit dieser Problematik. Anstatt sich in Entscheidungssituationen für eine Auswahlmöglichkeit zu entscheiden, wählt Yasmina weder das eine noch das andere, sondern sie wählt beide Optionen aus bzw. beschreitet beide Wege parallel. Dies zeigte sich z.B. beim Doppel-Studium und der doppelten Staatsbürgerschaft. Durch diese Strategie zur Bewältigung von Entscheidungen behält sich Yasmina einerseits biografische Entwicklungsmöglichkeiten offen, andererseits befindet sie sich in zwei Lebenswelten und ist in keiner vollständig zu Hause; dies ist in struktureller Hinsicht mit dem von Yasmina beschriebenen Zustand der Interkulturalität zu vergleichen. Diese Strategie könnte sich aber als Scheinlösung erweisen, denn Yasminas ausdifferenzierte Identität als „muslimische Französin" ist nur möglich unter dem Zugeständnis, dass sie ihre tunesische Staatsbürger-

---

72   Zum so genannten „Kopftuchverbot" in Frankreich siehe S. 23 f.

schaft verschwiegen hat. Yasminas Konzept von „Interkulturalität" ist also ein doppelbödiger Kompromiss. Ihre gescheiterten interethnischen Partnerschaften verdeutlichen und belegen dies. Auch Yasmina selbst nimmt Bezug darauf, dass es eine Spannung zwischen ihrem theoretischen Anspruch an Interkulturalität und ihren praktischen Erfahrungen gibt, die sich nicht lösen lässt.

Die Wirkung dieses Kompromisses wurde auch auf der latenten Ebene sichtbar. Yasminas emotionale Verletzungen in Bezug auf die Beziehung zu ihren Eltern während der Kindheit stehen – in struktureller Hinsicht – im Zusammenhang mit der Migration (der soziale Aufstieg erforderte verdoppelte Arbeitszeit der Eltern). Die von Yasmina präsentierte *finanzielle* Armut ihrer Familie konnte auf der latenten Ebene als Ausdruck von „Armut" in Bezug auf Liebe und Annahme von Seiten der Eltern herausgearbeitet werden. Obgleich Yasmina auch von den Schattenseiten ihrer Kindheit berichtet, die insbesondere in Bezug auf die Beziehung zu den Eltern besteht, wurde gleichsam eine Sehnsucht nach Anerkennung durch die Eltern sichtbar. Eine offene Aufarbeitung dieser Beziehungsverletzungen scheint aber nicht möglich zu sein, weil Yasmina sich schon durch ihren akademischen Werdegang von den Vorstellungen der Eltern entfernt hat, und die Beziehung nicht gefährden kann. Sie ist darum bemüht, den kleinsten gemeinsamen Nenner nicht aufzugeben, sondern zu erhalten. Daher hat sie sich auch eine „einzige Grenze" gesetzt, und zwar, dass ihr Partner ein Muslim sein muss. Sie entspricht und widerspricht also den Erwartungen der Eltern, denn die Eltern erwarten eine ethnisch-religiöse Endogamie von ihren Kindern, also dass sie einen „kleinen Tunesier" heiraten (Z. 565), und Yasmina wandelt diese Vorstellung um, indem sich ihre „einzige Grenze" ausschließlich auf die Religiosität des Partners bezieht. An diesem Beispiel wird deutlich wie Yasmina einen Wandel zum individuierten Lebensentwurf bei intergenerationaler Kontinuität vorantreibt. Ihre Biografie zeigt damit einerseits einen gelingenden adoleszenten Ablösungs- und Individuierungsprozess, der von einem „wir waren eine Immigrantenfamilie" zu einer differenzierten Selbstbezeichnung verläuft („ich bin muslimische Französin"), andererseits aber in dem Kompromiss der (unbearbeiteten) Verletzungen auf unterschiedlichen Ebenen verhaftet bleibt.

In adoleszenztheoretischer Sicht zeigt die Biografie von Yasmina, wie die verdoppelte Transformationsanforderung zwar intensiv bearbeitet und in dem Paradigma der „Interkulturalität" – mehr oder minder – „gelöst" wird, jedoch auf der persönlichen Ebene unbefriedigende Strukturen erzeugt. Die Erwartungen der Eltern und Yasminas eigene Vorstellungen einer gelingenden Lebensführung in der Migration lassen sich nicht in Einklang bringen. In der Beziehung zu ihren Eltern entstanden so Verletzungen auf beiden Seiten; daran änderte auch die „einzige Grenze" nichts. Der interkulturelle Lebensentwurf ist ein Kompromiss, der einen negativen Beigeschmack hat, und trotzdem scheint es keine bessere Lösung zu geben. Dies ist das Dilemma der zweiten, „geopferten Generation". Das Dilemma der zweiten, „geopferten Generation" spiegelt sich trotz der erfolgreichen Lebensgeschichte in dem Kompromiss zwischen einem allseits anerkannten Lebensentwurf bzw. der Sehnsucht danach und dem Entsprechen der elterlichen Erwartungen wider.

Im Hinblick auf die Forschungsfrage konnte also gezeigt werden, wie muslimische Religiosität als zentraler Baustein zur interkulturellen Selbstkonstruktion als „muslimische Französin" verwendet wurde; dies geschieht nach dem Muster, die „religiöse Identität" der Familie zu übernehmen und in eine eigene Form der Religiosität umzuwandeln. In struktureller Hinsicht ist damit die Funktion verbunden, an die Herkunftskultur der Familie anzuknüpfen und gleichsam den eigenen individuierten Lebensentwurf zu gestalten; dies konnte am Beispiel des Themas „Heirat" und der „einzigen Grenze" gezeigt werden, die sich ausschließlich auf die Absicht bezieht, einen muslimischen Partner zu akzeptieren. In Bezug auf die Selbstbezeichnung und den Identitätsentwurf kann man sagen, dass muslimische Religiosität als Alleinstellungs- und Abgrenzungsmerkmal funktionalisiert wurde. Innerhalb des interkulturellen Lebensentwurfs ermöglicht muslimische Religiosität, das „Anderssein zu unterstreichen" (Z. 278 f.) und zwar sowohl gegenüber Franzosen maghrebinischer Herkunft, also der eigenen „Gruppe", als auch gegenüber *Francaise de souche*. Yasmina provoziert damit gewissermaßen die ethnozentrischen Erwartungen der eigenen Gruppe sowie die Emanzipationserwartungen der alteingesessenen Franzosen. Ihr individueller Lebensentwurf soll sich von beiden Erwartungshaltungen unterscheiden (vgl. Z. 823). Yasmina bearbeitet die adoleszenten Fragen, „Woher komme ich?" und „Wer bin ich?" durch die Transformation der religiösen Identität der Familie in eine eigene, individualisierte Form der Religiosität. Muslimische Religiosität wird also im Sinne einer Ressource zur Bearbeitung der verdoppelten Transformationsanforderung in der Adoleszenz verwendet.

4.2.4 Mostapha – der anpassungsfähige Marokkaner

Mostapha[73] ist in Marokko geboren, aufgewachsen und hat dort sein Abitur gemacht. Mit 18 Jahren immigrierte er nach Frankreich, weil er ein Stipendium für die Vorbereitungsklasse und das Studium bekommen hatte. Er absolvierte sein Studium in Marseille und schloss als Diplomingenieur für Aerodynamik ab. Zum Zeitpunkt des Interviews ist Mostapha 26 Jahre alt und arbeitet als Informatikingenieur in der Computerbranche. Er war zwei Jahre mit einer Französin verheiratet und ist heute geschieden. Mostaphas Vater immigrierte nach Deutschland, als Mostapha „klein war" (Z. 30). Und die Mutter lebt in Marokko.

---

73 Der Fall Mostapha wurde auch von Müller (2010) analysiert, im Hinblick auf biografische Legitimationsstrategien.

4.2.4.1 Zur Forschungssituation

Mostapha und der Interviewer waren einander bis zum Interview nicht bekannt. Sie haben aber einen gemeinsamen Freund, über den der Interviewkontakt hergestellt wurde. Obgleich keine direkte Freundschaft besteht, ist die Forschungssituation durch eine relative Nähe zueinander gekennzeichnet. Sowohl Mostapha als auch der Interviewer sind gebürtige Marokkaner und elternunabhängig als Bildungsmigranten nach Frankreich immigriert. Sie sind Muslime, und ihre Muttersprache ist Arabisch. Das Interview fand jedoch auf Französisch statt.

Form und Ablauf sind ungewöhnlich für ein narratives Interview. Bereits die Erzählaufforderung unterscheidet sich von den anderen Interviews in diesem Sample. Der Interviewer fragte: „Würdest du uns helfen, indem du meine Fragen beantwortest und deine Geschichte erzählst?" (Z. 4 f.) Mit dieser Frage wird Mostapha gebeten, Fragen zu beantworten und seine Geschichte zu erzählen. Die Erzählaufforderung ist also direktiv und non-direktiv zugleich. Das Interview verlief über weite Strecken wie ein Gespräch, und es bestehen kaum Sequenzen, in denen länger erzählt wurde. Das Interview ist insofern wie ein gemeinsam hervorgebrachtes Wissen zu betrachten, das aufgrund der Parallelen in der Migrationsgeschichte aber aus einem recht homogenen, gemeinsamen Erfahrungsraum hervorgegangen ist. Die Art und Weise des Erzählstimulus' sowie die Nähe innerhalb der Beziehung haben sicherlich dazu beigetragen, dass als zentrales und einziges Thema die elternunabhängige Migrationsgeschichte präsentiert wird und es keine thematische Entwicklung im Verlauf des Interviews gibt. Dies könnte dadurch begünstigt worden sein, dass Mostapha zum Erzählen seiner Geschichte und nicht seiner *Lebens*geschichte aufgefordert wurde. In Bezug auf die Migrationsgeschichte beschränkt sich Mostapha im Wesentlichen auf seine schulische und berufliche Karriere mit Ausnahme der geschilderten Ehe. Diese Fokussierung auf nicht-private Themen scheint auch der Beziehung zu dem gemeinsamen, verbindenden Freund geschuldet zu sein, eine gewisse Befangenheit erzeugt hat; dies wird beim Abschluss des Interviews sichtbar, wenn der Interviewer seine Hoffung äußert, Mostapha „nicht zu sehr in Verlegenheit gebracht" zu haben (Z. 368). Die Forschungssituation und die Beschaffenheit des Falls haben zu einer veränderten Darstellung der Fallanalyse geführt.

4.2.4.2 Analyse der Eingangssequenz

Mostapha eröffnet das Interview mit einem 11-zeiligen Abstrakt seiner Lebensgeschichte. Mit Ausnahme eines knappen Rückblicks auf die Schulzeit in Marokko, beschreibt Mostapha ausschließlich seine elternunabhängige Migrationsgeschichte in Frankreich sowie seine jetzige Lebenssituation. Das bedeutet, dass nur über die Lebensspanne zwischen dem 18-ten und 26-ten Lebensjahr berichtet wird.

> Ich heiße Mostapha, ich bin 26 Jahre alt, ich bin in Marokko geboren, ich bin Ingenieur für Aerodynamik, [schnell] aber ich arbeite in der Computerbranche. (3) Ich habe mein

110

Abitur 1998 in Marokko gemacht (3), ich bin mit fünf Jahren in die Schule gekommen, ich bin kein einziges Mal sitzen geblieben, ich war früh fertig, mit guten Ergebnissen (..). Eher jemand, der sich die Kurse zu schnell aneignet. Ich habe mich beworben, aber ich habe damals nicht geglaubt, dass ich genommen und dass das ein Wendepunkt in meinem Leben sein würde. Ich bin in Marseille angekommen, ich hatte mein Zimmer im Internat schon reserviert. Der Anfang war schwieriger als ich zunächst gedacht hatte. Denn das Stipendium habe ich erst sechs Monate nach meiner Ankunft erhalten, eine Verzögerung wegen administrativer Probleme. Ich habe schwierige Momente erlebt am Anfang (3) ich bekam ein Stipendium von 2500 Francs im Monat. (Z. 9-19)

Im ersten Satz präsentiert Mostapha stichpunktartig alle Informationen zu seiner Person, so als würde er sich in einem Vorstellungsgespräch befinden. Mostapha berichtet von sich in der ersten Person, und beschreibt seine gegenwärtige Situation; diese ist durch ein großes „aber" gekennzeichnet. Mostapha ist ein ausgebildeter „Aerodynamikingenieur" für die Luftfahrt, der *aber* „in der Computerbranche" arbeitet; letzteres wird schnell sprechend hinzugefügt. Weshalb präsentiert Mostapha sich in dieser Art und Weise? Meine Hypothese lautet: Mostapha ist frustriert und enttäuscht darüber, dass er nicht in dem Berufsfeld Arbeit finden konnte, in dem er ein ausgebildeter Spezialist ist. Er spricht nur ungern darüber und doch kann es „aber" nicht verschwiegen werden. Mostapha präsentiert seine gegenwärtige Situation, die – obgleich er hochqualifiziert und beruflich integriert ist – eben doch ein großes „aber" beinhaltet, das wie ein Makel an Mostaphas Migrationsprojekt zu hängen scheint.

Im nächsten Satz berichtet Mostapha von seiner schulischen Laufbahn in Marokko: Er habe die Schule zügig und erfolgreich durchlaufen und mit dem Abitur beendet. Es scheint, als wollte Mostapha hier verdeutlichen, dass er ein intelligenter Schüler gewesen sei und damit gewissermaßen zu Recht ein Studienstipendium in Frankreich bekommen habe. Bis auf diese knappe Schilderung der Schulzeit erfahren wir nicht mehr über die Kindheit in Marokko. Weshalb? Meine Hypothese ist: Zum einen hat die Zeit und Lebensgeschichte vor der Migration keine funktionale Bedeutung für die Präsentation des Migrationsprojekts, und zum anderen scheint es keine biografische Verbindung zwischen dem Leben in Frankreich und der Kindheit in Marokko zu geben. Die Migration ist wie ein biografischer Bruch. Folgt man dieser Lesart, dann lässt sich eine weitere These anschließen: Durch die Migration musste Mostapha gewissermaßen ad hoc erwachsen werden. Das heißt, der Übergang zwischen Kindheit und Erwachsen sein hatte keinen prozessualen Charakter, und es wurden nur diejenigen adoleszenten Entwicklungsbereiche bearbeitet, die für das Leben in Frankreich notwendig waren, z.B. ökonomische Selbstständigkeit; andere Bereiche, wie etwa die Umgestaltung der Beziehung zwischen Mostapha und seinen Eltern, wurden hingegen nicht (aktiv) bearbeitet.

Anschließend präsentiert Mostapha in einer Art Evaluation, wie die damalige Entscheidung zur Immigration nach Frankreich entstanden sei. Er habe „nicht geglaubt", dass er für ein Stipendium ausgewählt werden würde und dass jene Auswahl ein „Wendepunkt" für sein Leben sein werde. Wie ist dies zu verstehen? Meine Hypothese ist: Mostapha präsentiert die Entscheidung zur Migration, als sei es eine Chance gewesen, die er ergriffen habe, ohne die Folgen vorab überblicken zu können. Damit könnte Mostapha die Verantwortung für Krisen und Schwierigkeiten während des Migrationsprojekts tendenziell von sich weisen wollen, da sie schlichtweg nicht zu erwarten gewesen wären. Ob Mostapha diesen „Wendepunkt" seiner Lebensgeschichte als positiv oder negativ bewertet, erfahren wir nicht; dies könnte auch daraus resultieren, dass er ambivalente Erfahrungen in Frankreich gemacht hat und die gegenwärtige Situation offen gesehen wird. Mostapha hat keine Zukunftsperspektive in Marokko in Bezug auf die Verwertung seines Bildungserfolgs als sozialen Aufstieg. Diese Chance bietet sich ihm grundsätzlich nur in Frankreich, aber hier sei es ihm nicht gelungen, weil ihm eine berufliche Karriere in der Luftfahrtbrache verwehrt wurde. Die Gründe für sein Scheitern nennt Mostapha jedoch erst im weiteren Verlauf des Interviews.

4.2.4.3 Erzählte und erlebte Lebensgeschichte

Es wird im Folgenden die Analyse der erzählten und erlebten Lebensgeschichte in Bezug zueinander dargestellt; dies legt die Struktur des Interviews nahe. Mostapha präsentiert die Themen und Ereignisse sowohl in Bezug auf die sequenzielle als auch chronologische Darstellung in Übereinstimmung, so dass es keine analytischen Unterschiede zwischen den Ebenen der erzählten und erlebten Lebensgeschichte gibt. Die Art und Weise von Mostaphas biografischer Selbstpräsentation ist durch eine ökonomische und stringente Präsentationsstruktur charakterisiert. Das heißt, dass Mostapha sich kaum Zeit für Erzählungen nimmt, sondern in überwiegend kurzen Sequenzen von den Phasen seines Migrationsprojekts berichtet. Die Gesamtgestalt der biografischen Selbstpräsentation ähnelt im übertragenen Sinne der Zielorientiertheit und Arbeitsökonomie, die Mostaphas schulische und berufliche Laufbahn in Frankreich aufweist; diese kann in drei Phasen unterteilt werden: (1) Vorbereitungsklasse[74], (2) Ingenieurstudium und Jobsuche, (3) beruflicher Neuanfang und Heirat.

(1) Vorbereitungsklasse: Anpassung und motivierende Diskriminierungen

Mostaphas Migrationsgeschichte beginnt mit der Vorbereitungsklasse in Marseille. Neben den bereits erwähnten finanziellen Schwierigkeiten habe er vor allem mit den Anforderungen zu kämpfen gehabt, sich „im Leben zu integrieren" und gleichzeitig schulische Leistungen erbringen zu müssen (Z. 42 f.); diese in struktureller Sicht verdoppelte Herausforderung hatte Mostapha mit Bravour bewältigt, das macht seine Schilderung deutlich.

---

74 Vorbereitungsklassen sind spezielle Klassen an ausgewählten Gymnasien in Frankreich, die zwei Jahre lang auf das Studium an einer *Grandes écoles* vorbereiten sowie eine Auswahlrangliste erstellen.

Die Integration in das „Studentenleben" und „Leben in Frankreich im Allgemeinen" sei durch eine Anpassung an die „Mentalität der Franzosen" gelungen (Z. 199). Mostapha musste sich „schnell anpassen" (Z. 71) und integrieren. Die geforderte „Anpassungsfähigkeit" bedeutete, dass Mostapha lernte auf seine Reaktionen zu achten, also „das [zu] sagen, was man muss, wo man muss" (Z. 186). Anhand dieser Beschreibung wird deutlich, dass der „Lernprozess" in einer Anpassung an die Erwartungen der Anderen bestand, wie ein angepasster Ausländer aufzutreten. Die Anpassungserwartung hat Mostapha pragmatisch behandelt. Er habe sein Verhalten verändert, so wie es notwendig, aber auch strategisch klug gewesen sei. Mostaphas Verhalten kann meines Erachtens als enorme Leistung bewertet werden, die aber gleichsam nicht mit einem Integrationsprozess zu vergleichen wäre, sondern eine „Express-Anpassung" darstellt. Diese oberflächliche und einseitige Assimilation in Richtung der französischen Mentalität und Geflogenheiten scheint zu Lasten einer fehlenden Auseinandersetzung mit den eigenen Vorstellungen und Herkunftsbezügen abgelaufen zu sein.

Die zweite Herausforderung hatte Mostapha in Bezug auf die Schulleistungen zu meistern, um im Leistungsranking am Ende der Vorbereitungsklasse einen der vorderen Plätze zu erreichen. Nachdem Mostapha die anfänglichen Sprachprobleme überwunden hatte, sei er jedoch mit anti-arabischen Diskriminierungen innerhalb der Schule konfrontiert worden: „Schon das Bild, das sie von Arabern hatten, war ein bisschen anders [...] Sie glaubten, wir seien wirklich blöd" (Z. 99 ff.). Manche Lehrer seien „Rassisten" gewesen und hätten versucht, Mostapha durch schwierige fachliche Fragen bloß zu stellen (Z. 151). Die diskriminierenden Äußerungen und Schikanen der Lehrer haben jedoch nicht zur Resignation von Mostapha geführt, sondern zum Gegenteil: Der Rassismus habe Mostapha motiviert, sich umso mehr anzustrengen und den Anderen zu beweisen, dass er intelligenter sei als sie es erwarteten. Das heißt, Mostapha begriff die gegen ihn gerichteten Diskriminierungen als objektive Schwierigkeiten, die er zu bewältigen hatte und nicht als persönliche Anfeindungen. Mostapha sagt, dass er seine „Anstrengungen verdoppeln" musste, um in der Vorbereitungsklasse bestehen zu können (Z. 135). Mostapha evaluiert die Zeit in der Vorbereitungsklasse auf eine erstaunliche Art und Weise. Mostapha sagt: „Er [der Mathelehrer; M.T.] hat mich gebildet, mit seinem Rassismus hat er mich gebildet" (Z. 161). Diese Bewertung hat sich als wahrhaftig erwiesen, denn Mostapha beendete die Vorbereitungsklasse erfolgreich und landete auf Platz acht von 28 Studenten.

(2) Keine Anstellung als Aerodynamikingenieur wegen der arabisch-muslimischen Herkunft

Im Anschluss an die Vorbereitungsklasse begann Mostapha ein Ingenieurstudium der Aerodynamik an einer Hochschule in Marseille. Das Studium bereitete Mostapha „keine großen Schwierigkeiten" mehr, da er sich bereits an die Gepflogenheiten des französischen Bildungssystems angepasst hatte (Z. 209). Probleme machten aber die obligatorischen Praktika. Mostapha berichtet, dass er über 100 Bewerbungen schreiben musste, bis er schließlich einen Praktikumsplatz fand. Von dieser Erfahrung an begann Mostapha zu verstehen, dass gute Noten in der Schule oder Hochschule nicht garantieren, ein Praktikum in der Wirtschaft zu bekommen (Z. 210). Er hatte bis dahin das Gegenteil geglaubt. Mostaphas Weltbild von Leistung, Bildungstiteln und einem entsprechend hochqualifizierten Arbeitsplatz zerfloss geradezu. Mostapha sagt: „An dem Punkt habe ich schließlich alles verstanden" (Z. 216). Als Mostapha damals mit „der Realität der Dinge konfrontiert" worden war (Z. 221 f.) wurde ihm bewusst, dass außerhalb des Bildungssystems eine Verdoppelung seiner Anstrengungen nicht zu dem gleichen Erfolg führt wie in der Vorbereitungsklasse.

Trotzdem oder genauer gesagt, ohne eine andere Wahl gehabt zu haben, musste Mostapha für das Praktikum im Folgejahr seine Anstrengungen verdoppeln. Er schrieb zweihundert Bewerbungsschreiben – doch diesmal ohne Erfolg. Es gelang ihm nicht, aus eigener Anstrengung einen Platz zu finden, sondern nur über die Beziehungen des Praktikumsverantwortlichen der Hochschule. Mostapha präsentiert dieses Ereignis im Zusammenhang mit den Ereignissen im Jahr 2001 und impliziert damit, dass sie als Ursache der Probleme gelten. Zum einen habe es eine Krise in der französischen Wirtschaft gegeben und zum anderen die Anschläge vom 11. September. Dieses Jahr wird in der Gegenwart so evaluiert: „Das war das Jahr, wo sich für mich alles geändert hat" (Z. 228). Man kann sagen, dass es ein Wendepunkt in Mostaphas Migrationsprojekt war oder, genauer gesagt, der Beginn einer negativen Verlaufskurve. Berufliche Diskriminierungen „gegenüber Immigranten aus Führungsschichten" nahmen zu (Z. 232). Der Blick auf die Vergangenheitsperspektive macht allerdings deutlich, dass Mostapha damals den Zusammenhang zwischen den Anschlägen vom 11. September und seinen Problemen in der Wirtschaft (noch) nicht erkannt hatte oder womöglich nicht erkennen wollte. Er sagt: „Ich habe es nicht sofort gemerkt. Ich kann nicht sagen, dass, äh, dass ich mir dessen bewusst war" (Z. 242).

Die Analyse der Gegenwarts- und Vergangenheitsperspektive bringt also Unterschiede hervor, indem, wie Mostapha das Scheitern seiner Praktikumssuche erklärt. Wie ist das zu interpretieren? Die Erfahrungen bei der ersten Praktikumssuche erschütterten zwar Mostaphas „Glauben" in den Zusammenhang von Bildungsleistungen und beruflicher Wertschätzung, jedoch machte er nicht seine Herkunft dafür verantwortlich. Dass die Schwierigkeiten bei der Praktikumssuche auf anti-arabisch-muslimische Diskriminierungen zurückzuführen waren, die er bereits aus der Vorbreitungsklasse kannte, konnte oder wollte Mostapha lange Zeit nicht wahrhaben. Zu sehr glaubte er damals immer noch daran, aus eigener Anstrengung diese Schwierigkeiten bewältigen zu können. Es wird hier ein unermüdlicher Wille deutlich, Herausforderungen zu bewältigen. Auf der latenten Ebene könnte das Nicht-Bewusst-Werden der Diskriminierungen auch eine Schutzfunktion gewesen sein, weil Mostapha diese – die Lebensperspektiven erschütternde – Enttäuschung nicht hätte verkraften können. Auch bis in die Gegenwart hinein scheint ihn diese Enttäuschung zu verletzen. Als der Interviewer direkt nach dem Zusammenhang zwischen den Anschlägen vom 11. September und den Diskriminierungserfahrungen fragt[75], riegelt Mostapha vehement ab. Er antwortet: „Ich weiß nichts davon, und ich will nichts wissen, und ich will nicht darauf zurückkommen" (Z. 238 f.). Diese unmissverständliche Absage an eine Thematisierung des Zusammenhangs macht deutlich, dass die Enttäuschung bis heute nicht verarbeitet worden ist.

Nach dem erfolgreich beendeten Studium zogen sich die Probleme der Suche nach einem Arbeitsplatz als Aerodynamikingenieur hin. Mostapha bekam über 100 Absagen und wurde nur zu einem einzigen Bewerbungsgespräch eingeladen. Dies war ein Schlüsselerlebnis. Mostapha schildert es so:

> Das Gespräch ist super gelaufen, bis zu dem Zeitpunkt als ich sagte, ich hätte die marokkanische Staatsbürgerschaft [lacht], die Frau hat sofort ihren Blick verändert. Sie hat mir deutlich gesagt, wenn Sie kein französischer Staatsbürger sind, können wir Sie nicht einstellen. Ich war wirklich enttäuscht, [schnell] sehr." Ich habe Lebensläufe an Unternehmen verschickt, die in der Luftfahrt arbeiten und Ingenieure suchten. Mein Profil passte genau zu dem, was sie suchten. Aber man hat mich nicht einmal zu einem Gespräch eingeladen. In dem Augenblick war ich sicher, dass das mit meiner Herkunft zusammenhing. (Z. 256-263)

Bei diesem Bewerbungsgespräch bestätigte oder, besser gesagt, besiegelte sich die Befürchtung, die sich in den vorigen Ereignissen bereits angekündigt hatte. Mostapha wurde aufgrund seiner Herkunft diskriminiert und nicht aufgrund einer fehlenden beruflichen Kompetenz. Wider der Erkenntnis dieses „Augenblicks" wollte Mostapha aber weiterhin nicht glauben oder akzeptieren, dass dies seine berufliche Zukunft als Aerodynamikingenieur beendet – bevor sie begonnen hat. Er verschickte sodann Bewerbungsunterlagen mit gefälschten Namen und wurde umgehend zu einem Bewerbungsgespräch eingeladen. Zur weiteren Überprüfung kehrte Mostapha zurück nach Marokko, „um sicher zu gehen, dass ich in Frankreich wegen meiner Herkunft und nicht wegen meiner Fähigkeiten aussortiert wurde" (Z. 270 f.). In Marokko wurde ihm zwar eine Anstellung als Techniker angeboten, jedoch kehrte er nach wenigen Monaten nach Frankreich zurück, weil er keine Stelle fand, die seinem Ausbildungsniveau und einer entsprechenden Bezahlung entsprach.

Der analytische Vergleich von erzählter und erlebter Lebensgeschichte machte deutlich, dass Mostapha die eindeutigen Zeichen für seine Chancenlosigkeit, in Frankreich als Aerodynamikingenieur zu arbeiten, lange Zeit nicht akzeptieren wollte. Es dauerte etwa vier Jahre, bis Mostapha mit einer beruflichen Umorientierung diese Krise wandeln konnte. In der Gegenwart evaluiert Mostapha den Zusammenhang umso deutlicher:

---

75 Einer der Attentäter hatte Aerodynamik an der TU Hamburg-Harburg studiert und war arabischer Muslim.

Die Anschläge vom 11. September 2001 haben auch meine Karriere beeinflusst, weil ich eine Luftfahrtausbildung hatte. Die Attentäter waren arabische Muslime, also haben die Unternehmen, die in diesem Bereich arbeiten, Araber und Muslime systematisch ausgegrenzt. (Z. 266 ff.)

(3) Neuanfang in Frankreich: Heirat und berufliche Umorientierung

Mostapha sagt, dass er nach Frankreich zurückkehrte, um eine Französin zu heiraten. Auf diese Entscheidung wird in der folgenden „Analyse zur Bedeutung der Religiosität" genauer eingegangen. An dieser Stelle ist es ausreichend zu sagen, dass Mostapha durch die Heirat zum Versorger der Familie wurde und daher dringend eine Anstellung benötigte. Er fand aber nur einen Job als „Sicherheitswache". Als Absolvent einer Elitehochschule auf solch einem niedrig qualifizierten Posten zu arbeiten war eine unangenehme Erfahrung. Mostapha sagt, dass er damals „wirklich bereut" habe, ein Jobangebot als Techniker in Marokko abgelehnt zu haben (Z. 283). Mostapha kündigte nach einem Jahr, um sich ganz der Jobsuche zu widmen. Dies war eine mutige Entscheidung; sie markiert das Ende der negativen, beruflichen Verlaufskurve und war ein Wendepunkt in Mostaphas Biografie:

> Zum Glück habe ich mir nach drei Monaten Suche einen Job geangelt, Drei-Monats-Vertrag, als Techniker in einem Unternehmen, das in der Computerbranche arbeitet. Ich betrachte diese Arbeit als einen Wendepunkt in meinem Leben, denn weil ich es akzeptiert habe, als Techniker zu arbeiten, (Z. 287 ff.)

Wenn Mostapha hier beschreibt, dass er „akzeptiert habe, als Techniker zu arbeiten", dann bedeutet das auch, dass er akzeptiert hat, dass sein ursprünglicher Lebensentwurf – eine berufliche Karriere als Aerodynamikingenieur – hiermit verabschiedet wurde. Er akzeptierte die Umstände, die ihn zwangen, sich in anderen Branchen umzuschauen. Über den Zeitarbeitsjob gelangte er schließlich in eine Computerfirma, in der er sich durch seine Arbeitsleistung bewährte und anschließend eine feste Stelle als Ingenieur angeboten bekam. Nachdem die berufliche Krise überwunden war, entstand eine Krise in der Ehe.

4.2.4.4 Analyse zur Bedeutung der Religiosität

Das Thema „Religiosität" wird kaum direkt angesprochen. Wir erfahren nichts über die Bedeutung muslimischer Religiosität in seiner Herkunftsfamilie und seine religiöse Praxis. Dennoch hat das Religiöse eine biografische Bedeutung. Das Scheitern von Mostaphas Karriere als Aerodynamikingenieur sowie das Scheitern seiner gemischten Ehe stehen im Zusammenhang damit, dass Mostapha arabischer Muslim ist. Der Zusammenhang zwischen den Anschlägen vom 11. September, arabisch-muslimischen Diskriminierungen und Mostaphas beruflichen Problemen wurde bereits hinreichend dargestellt. Es geht im Folgenden am Beispiel der Ehe daher um die Bedeutung muslimischer Religiosität im privaten Bereich.

Zum Hintergrund der Heirat

Mostapha entschied sich zur Heirat mit einer Französin, als er in einer tiefen Krise steckte. Er war nach Marokko zurückgekehrt, weil er in Frankreich wegen seiner Herkunft diskriminiert wurde und keine Anstellung in der Luftfahrtbranche fand; das war eine „riesige Enttäuschung" (Z. 269). Doch auch die beruflichen Aussichten in Marokko sahen nicht besser aus. Aus dieser Situation heraus beschließt Mostapha, nach Frankreich zurückzukehren, um seine französische Freundin zu heiraten, die er seit etwa zwei Jahren kannte. Es stellt sich die Frage: Weshalb hat sich Mostapha in dieser Zeit zur Hochzeit entschieden? Meine Hypothese ist: Das Private ist in Mostaphas Lebensplanung nachrangig. In der Zeit, wo es beruflich nicht weiter ging, konnte er sich mit der Ausgestaltung seiner privaten Zukunft auseinandersetzen. Die Nachrangigkeit der privaten Angelegenheiten könnte auch aus der verdoppelten Belastung des Migrationsprojekts resultieren, deren Bewältigung seine Kraft und Zeit verzehrte. Die Heirat könnte – in funktionaler Sicht – als Begründung gedient haben, um trotz schlechter Jobaussichten und Erfahrungen nach Frankreich zurückkehren. Auf der latenten Bedeutungsebene betrachtet, könnte dahinter der ungestillte Wunsch nach Karriere und sozialen Aufstieg stehen, der in Frankreich realisiert werden sollte.

Nun soll diese funktionale Betrachtung nicht in Abrede stellen, dass auch Liebe bei der Entscheidung eine Rolle gespielt hat. Durch die Liebesbeziehung könnte Mostapha Anerkennung seiner Person erfahren haben, die er ansonsten in Frankreich nicht erfuhr. Er musste sich immer durch Leistung bewähren. Mostaphas zukünftige Ehefrau könnte als Französin sozusagen stellvertretend in diesen Riss treten, den Mangel an Anerkennung, der Mostapha in der Migrationssituation widerfuhr, zu kompensieren. Die unbewusste Suche nach Anerkennung in der Ehe befriedigte Mostaphas Sehnsüchte jedoch nicht. Weshalb? Meine Hypothese: Mostaphas Selbstbild ist aufs Engste mit seiner beruflichen Anerkennung verknüpft, und sein Karrierewunsch konnte nicht durch das Surrogat der ehelichen Anerkennung gestillt werden. Dies zeigt auch das folgende Zitat. Mostapha sagt:

> Das Bild, das ich den anderen vermitteln wollte, ist das Bild von jemandem, der äh der leben will, seinen Traum, Ingenieur zu werden, realisieren will, der fähig ist, Dinge zu tun und Entscheidungen zu treffen, jemand Sympathisches. Ich wollte als Mensch respektiert, (3) als ich selbst respektiert werden, weder weil ich arabisch bin, noch weil ich muslimisch bin, sondern weil ich ich selbst bin. (Z. 165-169)

Mostapha spricht hier in Bezug auf die „Anderen" in seiner Vorbereitungsklasse, also Lehrer und Mitschüler. Er beschreibt eine grundlegende Absicht, die er mit dem Migrationsprojekt verwirklichen wollte. Er wollte berufliche Selbstverwirklichung und Anerkennung seiner Person als „Mensch" finden. Anstatt der Anerkennung bekam er arabisch-muslimische Diskriminierungen zu spüren, die ihm berufliche Bewährung versagten. Die Anerkennung seiner Person könnte Mostapha nun in der Ehe gesucht haben, jedoch bleibt der ungestillte „Traum", als Ingenieur zu arbeiten, weiterhin – und vorrangig – bestehen.

Kulturelle Unterschiede – „Ich bin arabischer Muslim, sie ist französische Christin"

In der folgenden Sequenz erklärt Mostapha das Scheitern der Ehe. Es habe kulturelle Unterschiede und Probleme gegeben. Zuvor hatte Mostapha erklärt, dass die Ehe ausschließlich wegen seiner hohen Arbeitsbelastung und den überzogenen Erwartungen seiner Frau gescheitert sei. Als Mostapha die Anstellung als Ingenieur in einer Computerfirma bekam, musste er einen „komplizierten Auftrag" bearbeiten, der ihn „drei Monate lang [...] Tag und Nacht an diesem Projekt" beschäftigte (Z. 303 f.). Mostapha lieferte zwar eine „Glanzleistung" ab, jedoch ging der berufliche Erfolg zu Lasten der Ehe. Seine Frau habe kein Verständnis für sein berufliches Engagement gehabt: „Sie wollte, dass ich arbeite, dass ich gut Geld verdiene und dass ich immer für sie da war" (Z. 310 f.). Im Anschluss an diese Argumentation, als der Interviewer nachfragte, ob es wirklich nur die Arbeit gewesen sei, die die Ehe scheitern ließ, präsentiert Mostapha eine kulturelle Erklärung der Probleme:

> Es war nicht die Arbeit, die uns bis zur Scheidung gebracht hat, aber ich weiß nicht, ob ich sagen kann, dass es einen kulturellen Unterschied zwischen mir und ihr gegeben hat, aber es hat einige Probleme gegeben, die mit unseren Kulturen zusammenhingen, die dafür gesorgt haben, dass das Leben schwierig war. Aber mit der Arbeit ist es immer schwieriger geworden. Ich bin arabischer Muslim, sie französische Christin, also Unterschiede in den Gewohnheiten und Sitten. Am Anfang haben wir das Leben rosarot gesehen, wir dachten, dass wir unsere Schwierigkeiten überwinden würden, jeder mit seiner eigenen Kultur, aber schließlich war es doch nicht so einfach. Außerdem waren meine und ihre Familie von Anfang an gegen unsere Ehe, aber sie haben unsere Entscheidung trotzdem respektiert. Mit der Last meiner Arbeit und mit der zunehmenden Distanz wurde es schwieriger, äh, diese Probleme zu überwinden. Man hat sie immer deutlicher in unserer Partnerschaft bemerkt (Z. 315-326).

Der „kulturelle Unterschied" zwischen Mostapha und seiner Frau wird in dieser Argumentation als Ursache für das Scheitern der Ehe präsentiert. Der kulturelle Unterschied beruht im Kern auf Unterschieden in der Religion. Mostapha bezeichnet sich als „arabischer Muslim" und bezeichnet demgegenüber seine Frau als „französische Christin". Hier werden zwei ungleiche „Eigenschaften" gegenübergestellt, also dem Arabisch- ein Französisch-Sein gegenüber; eine ethnische wird mit einer nationalen Zugehörigkeit verglichen. Es scheint, als habe Mostapha bewusst nicht das entsprechende Äquivalent zum Französisch-Sein, also das Marokkanisch-Sein, gewählt, weil die ethnische Zugehörigkeit bedeutsamer als die marokkanische Staatsbürgerschaft ist. Während sich die Staatsbürgerschaft prinzipiell wechseln lässt, ist die ethnische Zugehörigkeit unveränderlich. Und die überwiegende Anzahl der Araber sind auch Muslime. In diesem Fall weist die Selbstbezeichnung als „arabischer Muslim" also auf eine starke Identifikation mit der ethnisch-religiösen Herkunft hin, die durch die Migration unverändert und im Grunde unveränderlich ist (mit Ausnahme der theoretischen Möglichkeit einer Konversion). Dies könnte darauf hindeuten, dass die ethnisch-religiöse Zugehörigkeit die einzige „Sache" in Mostaphas Leben ist, die er im Zuge der Anpassung an die französische Kultur nicht verändert hat und verändern will, weil sie seine Rückkehr nach Marokko ermöglichen würde. Religiosität hat hier also die Funktion einer biografischen Konstante.

Die Auswirkungen der kulturellen, oder genauer gesagt, ethnisch-religiösen Unterschiede hätten zu „Unterschiede[n] in den Gewohnheiten und Sitten" geführt, die im Alltag spürbar gewesen seien. Die unterschiedlichen religiös begründeten Norm- und Wertvorstellungen stellten also eine Herausforderung an die Ehe dar, die von Mostapha und seiner Ehefrau unterschätzt und nicht angemessen bearbeitet wurde. Die Probleme resultieren nicht aus widerstreitenden individuellen Formen von Religiosität, sondern aus kollektiven, religiösen Bedeutungsmustern. Mostapha ergänzt wenig später: „Weder sie noch ihre Familie waren bereit, sich meinen Gewohnheiten und Sitten anzupassen. Umgekehrt waren ich und meine Familie dazu ebenso wenig bereit" (Z. 330ff.). Hier wird deutlich, wie die kollektiven, religiösen Orientierungsmuster im Kontext der Familie Zusammenhalt stiften, den die jeweils andere Seite potenziell bedroht sieht, würden sich Mostapha oder seine Frau anpassen. Hier schwingen implizit womöglich auch eine Abneigung gegenüber der jeweiligen fremden Kultur mit und die Angst, gewissermaßen kolonialisiert zu werden. Man kann resümieren: Die Gebundenheit an familiäre und kulturelle Normen und Werte wirkte auf die interethnische und interreligiöse Ehe als unlösbare Belastung, während sie gleichsam den Zusammenhalt mit der Herkunftsfamilie stärkte.

Mostapha wendet später ein, dass die Ehe nicht an den kulturellen Unterschieden hätte scheitern müssen, denn er kenne andere Marokkaner, bei denen gemischten Ehen „wunderbar funktionieren" (Z. 342). Dies gelte allerdings nur unter folgender Bedingung. Er sagt: „Man muss die kulturellen Unterschiede bei der Heirat ernst nehmen und es nicht der Zeit überlassen, damit umzugehen" (Z. 336f.). Das scheint genau der Grund zu sein, weshalb Mostaphas Ehe scheiterte. Sie trugen eine „rosarote Brille", und durch die Arbeitsbelastung bedingte Abwesenheit von Mostapha wurden die kulturellen Unterschiede und Probleme nicht besprochen und bearbeitet. Damit ist letzten Endes die Arbeitsbelastung doch die wesentliche Ursache für das Scheitern der Ehe. Damit lässt sich wieder an den Satz in dieser Sequenz anschließen, indem Mostapha sagt: „Aber schließlich war es doch nicht so einfach." Mit ähnlichem Wortlaut hat Mostapha zu Beginn des Interviews die Anfangszeit der Vorbereitungsklasse evaluiert. Wenn man die Vorbereitungsklasse als Ausgangspunkt der beruflichen Karriere betrachtet, dann folgt daraus, dass sowohl die beruflichen als auch privaten Herausforderungen unter den Bedingungen der Migration von Mostapha unterschätzt wurden. Oder anders gesagt, dass das Migrationsprojekt schwieriger als erwartet war.

In Mostaphas Migrationsprojekt hat Religiosität also eine ambivalente Bedeutung. Die anti-arabisch-muslimisch begründeten Diskriminierungen lassen die Karriere als Aerodynamikingenieur scheitern. Und die verdoppelten Anforderungen im Beruf brachten im Zusammenhang mit den kulturellen Unterschieden auch die Ehe zum Scheitern. Andererseits ist muslimische Religiosität eine Konstante in Mostaphas Biografie, die ihm nicht nur eine Rückkehroption nach Marokko gewährleistet, sondern ohne die Mostapha bei seinem Migrationsprojekt kein Fundament gehabt hätte – so meine These. Die ethnisch-religiöse Zugehörigkeit ist konstitutiv für Mostaphas Selbstbezeichnung oder Identität. Ein Wandel der Identität im Zuge der Adoleszenz in Frankreich war nicht möglich, da das Migrationsprojekt die gesamte Kraft und Zeit von Mostapha beanspruchte. Die Migration kann so als Ad-hoc-Transformation ins Erwachsensein bezeichnet werden, bei der die adoleszenten Entwicklungsaufgaben einer schnellen Anpassung und Leistungserbringung weichen mussten. Das Selbstbild als arabischer Muslim blieb unverändert und hatte in der Migration eine ambivalente Bedeutung. Mostapha selbst betont tendenziell eine Bedeutung seiner Religiosität im Zusammenhang mit biografischen Krisen, aber ohne Lösungspotenzial.

4.2.4.5   Zusammenfassung der Fallanalyse

Das zentrale thematische Feld des Interviews ist Mostaphas Migrationsprojekt. Obgleich er eine enorme Leistung in Studium und Beruf investiert hat, bleibt, wie anfangs formuliert, ein großes „aber" bestehen – Mostapha arbeitet weder in seinem Wunschberuf, noch hat er seine Ehe stabilisieren können. Die herausgestellten Unterschiede zwischen erzählter und erlebter Lebensgeschichte zur Erklärung des beruflichen Scheiterns zeigen, dass die Bewusstwerdung der Chancenlosigkeit, als Aerodynamikingenieur in Frankreich zu arbeiten, (fast) wie ein traumatisierendes Ereignis für Mostapha war – denn er hatte seinen Lebensentwurf auf den Glauben an die Bewährung durch Leistung gebaut. Die anti-arabisch-muslimisch begründeten Diskriminierungen verschärfen die sich Mostapha stellende Bewährungsproblematik in einer Weise, die zwar zunächst Antrieb seiner Leistungen sind, aber später zur „riesigen Enttäuschung" führen (Z. 269).

Diese nicht zu bewältigende Dynamik zeigt, wie eine „äußere" Dimension von Religiosität im Kontext von Migration in Form von religionsbezogenen Zuschreibungen und Diskriminierungen auftauchen kann, und diese von den Anderen, also der Mehrheitsgesellschaft, zur Differenzkonstruktion herangezogen wird. Mit dieser „äußeren" Dimension von Religiosität muss sich Mostapha intensiv auseinandersetzen, weil sie immer auch in Gegen- und Wechselseitigkeit die Lebenslage und den Lebensentwurf beeinflusst – direkt oder indirekt. Besonders deutlich zeigt sich die reziproke Wirkung in jener Situation, als Mostapha bewusst wurde, dass er in Frankreich ausschließlich aufgrund seines Namens bzw. seiner Herkunft beruflich aussortiert und diskriminiert wurde – unabhängig von seinem eigenen religiösen Selbstverständnis. Der Name „Mostapha" wird dabei von den Personalern der Unternehmen „automatisch" mit einer muslimisch-arabischen Zugehörigkeit gleichgesetzt, die unmittelbar zum Ausschluss in den Bewerbungsverfahren führte.

Die Diskriminierungserfahrung qua Namen determinierte Mostaphas berufliche Karriere, bevor er überhaupt eine Chance bekam, sich durch Leistung zu bewähren. Gleichwohl hat Mostapha bis zu diesem Punkt einen produktiven Umgang mit Diskriminierungserfahrungen entwickelt, der sich in einer „Coping-Strategie" in Form einer „verdoppelten Leistung" zeigt; diese Strategie war insbesondere im Bereich der Schule (Vorbereitungsklasse) und Hochschulbildung erfolgreich. Es gelang Mostapha zunächst, sowohl die Diskriminierungs- als auch die Migrations- und Adoleszenzerfahrungen zu meistern, indem er seine Anstrengungen verdoppelte. Diese „Coping-Strategie" muss damit auch als eine Reaktion auf die Diskriminierungserfahrungen betrachtet werden und zeigt zugleich Mostaphas kognitive Fähigkeiten, die er intelligent einsetzt und seine eigenen schmerzlichen Empfindungen und Erfahrungen hintanstellt. Die verdoppelte Leistung, deren Kehrseite und weitere Faktoren führen letztlich dazu, dass die „Coping-Strategie" im Bereich der Ehebeziehung an ihre Grenzen stieß.

Im Zuge der Heirat und der mit ihr neu entstehenden Rolle Mostaphas als Familienoberhaupt und Versorger verschärft sich nunmehr die Bewährungsproblematik seines Lebensentwurfs. Aus dieser in finanzieller Hinsicht zugespitzten Krise heraus schaffte Mostapha aber dennoch eine berufliche Umorientierung vom Ingenieur in der Luftfahrt- hin zur Computerbranche. Den beruflichen Erfolg bezahlte er mit dem Scheitern seiner Ehe. Der Spagat zwischen den Anforderungen einer interkulturellen Ehe und den Anforderungen im Beruf war nicht mehr zu bewältigen. Die „Coping-Strategie" hätte allerdings auch dann in der Ehebeziehung kaum eine Aussicht auf Erfolg gehabt, solange die beiden Ehepartner ihre jeweilige Herkunft, Tradition und Religiosität über die des Partners stellen und es, anstatt eines wechselseitigen Annäherungs- und Wandlungsprozesses ein Beharren auf der eigenen Binnensicht gibt. Denn obgleich die interkulturelle Ehe auf den ersten Blick wie eine migrationsbedingte Veränderung der „traditionellen" Heiratserwartungen der Eltern erschien, zeigte sich im Zuge des Trennungsprozesses ein Rückbesinnen auf die jeweiligen kulturell-religiösen „Sitten und Gewohnheiten" der Familie. Dies deutet wiederum auf ein Fortwirken der normativen muslimischen Strukturen im Bereich der Partnerschaft hin und lässt kaum oder keine Anzeichen für ein bewusstes bzw. aktiv individualisiertes und individuiertes Religionsverständnis bei Mostapha erkennen.

Bezogen auf eine adoleszenztheoretische Perspektive zeigt der Fall, wie die verdoppelte Transformationsanforderung Mostaphas Migrationsprojekt strukturiert. Im Bereich der beruflichen Verselbstständigung wurde deutlich, dass Mostapha seine Leistung verdoppeln musste, um zu bestehen. Obgleich die verdoppelten Herausforderungen gewissermaßen ein Antrieb für Mostapha waren und er eine autonome Lebenspraxis erreicht hat, so könnte man es auch als Überforderung verstehen, an der Mostapha seine Kräfte aufgerieben hat. Die adoleszenten Entwicklungsbereiche wie die Umgestaltung der Beziehungen zu den Eltern und die Herausbildung eines Identitätsentwurfes wurden hingegen entweder ad hoc durch die Migration erzwungen oder blieben unverändert.

Mostaphas Selbstbezeichnung als arabischer Muslim zeigt, wie seine Identität durch die Herkunft geprägt wird und gewissermaßen eingefroren und nicht gewandelt wurde. Die ethnisch-religiöse Herkunft führte im Verlauf des Migrationsprojekts zu Konflikten und Krisen bei der Jobsuche sowie in der Ehe. Muslimische Religiosität hat im Fall Mostapha eine ambivalente Bedeutung und kann tendenziell nicht als Ressource verstanden werden, insbesondere nicht im Hinblick auf die Adoleszenz. In Bezug auf das Migrationsprojekt könnte Religiosität allerdings wie ein Fundament wirken, auf dem Mostapha agieren konnte, und damit gleichsam die Rückkehr nach Marokko potenziell offen halten.

Im Hinblick auf einen Lebensentwurf sagt Mostapha, dass er seine Zukunft „weder schwarz noch rosarot" sehe (Z. 358). Diese Einschätzung ist das Resultat daraus, dass die Ehekrise und Scheidung Mostapha dermaßen geschwächt haben, dass seine berufliche Leistungsfähigkeit gesunken ist. Hier zeigt sich ein Zusammenhang von beruflicher und privater Zufriedenheit, die sich unter den Bedingungen einer beruflichen Karriere mit Diskriminierungen und seiner interkulturellen Ehe nicht einstellte. Hier könnte man die ungeheuerliche These wagen, dass eine endogame Ehe, z.B. mit einer französischen Muslimin, womöglich erfolgreich verlaufen wäre und damit letztlich eine Kraftquelle für die Arbeitsanforderungen hätte werden können. Mostaphas Lebensgeschichte entbehrt damit nicht einer gewissen Tragik. Denn Mostapha weiß, wie schwierig es ist, in der Migrationssituation beruflichen Erfolg und eine gelingende Ehe miteinander zu verbinden. Daher beschränkt sich Mostapha auf eines: In seinem Zukunftsentwurf sucht er nur noch nach einem Geschäftspartner – nicht mehr nach einem Ehepartner.

122

5 Fallvergleich und Typenbildung

Das vielleicht wichtigste Ergebnis, das sich beim Vergleich der rekonstruierten Fälle feststellen lässt, ist, dass Religion oder Religiosität kein vordergründiges Thema für die Autobiografen ist. Die Jugendlichen wollen erfolgreiche und gelingende Lebensgeschichten – oder wie Kadia: Familiengeschichten – präsentieren, bei denen ihre Religiosität zunächst keine Rolle spielt. Sie ist Privatsache, wie es in den westlichen, modernisierten Gesellschaften üblich ist. Die jungen Muslime berichten daher vorwiegend über „normale" Themen ihrer Lebenswelt wie Schule, Studium oder Beruf. In den Fällen Kadia, Yasmina und Mostapha wurde dabei eine intensive Ausprägung des Leistungsdenkens deutlich, um Karriere zu machen oder sozial aufzusteigen. Dies war bei Mahmut kaum zu finden, seine Zukunftspläne waren noch sehr indifferent, weil die Bewältigung des traumatischen Autounfalls in der Kindheit im Mittelpunkt stand. Die Kindheit stellt im Fall Mahmut sowie bei Yasmina – in struktureller Hinsicht – eine Kontrastfolie dar: ein schwieriges „Damals" kontrastiert mit einem gelingenden „Heute". Im Lichte dieser Vergangenheit werden Brüche und Probleme erklärbar, und die jeweils eigene, autonome Lebenspraxis wird umso erfolgreicher. Über diese „Funktion" hinaus wird die Kindheit ansonsten von keinem der Autobiografen thematisiert, es geht nur um die Jugendzeit. Wenn die Jugendlichen dabei über ihre Eltern, Familien oder ihr Selbstbild sprechen, dann sprechen sie in diesem Zusammenhang auch gleichzeitig über muslimische Religiosität – explizit oder implizit.

Es wurde deutlich, dass Religiosität innerhalb der Migration immer auch eine Funktion oder bisweilen nur die Funktion hat, mit dem eigenen, individuierten Lebensentwurf an die Herkunft der Familie oder Eltern anknüpfen zu können. Besonders die Fälle Kadia und Yasmina zeigten, wie muslimische Religiosität die Identität der Familie prägt. Die Kinder wurden religiös erzogen und sozialisiert. Im Zuge der Adoleszenz wurde die zunächst „übernommene" Religiosität gewandelt und individualisiert. Der Fall Yasmina zeigte hierbei einen starken Wandel, mit dem sie sich weit von den Vorstellungen der Eltern entfernt, aber nicht von ihnen trennt. Der Fall Kadia zeigte eine bewusste Entscheidung zur Bindung an familiäre Muster. Die religiöse Praxis der Jugendlichen spielt bei dieser Funktion der Religiosität keine Rolle. Yasmina und Mostapha berichten überhaupt nicht von ihrer Glaubenspraxis; bei Kadia und Mahmut wird die in unterschiedlichem Maße nachlässige Glaubenspraxis – besonders im Hinblick auf das Pflichtgebet und Fasten – entschuldigt und gerechtfertigt, wobei die prinzipielle Geltung dieser Rituale betont oder zumindest nicht in Frage gestellt wird. Wichtiger als die religiöse Praxis sind für diese Anknüpfungsfunktion jedoch die religiösen oder religiös motivierten Werte und Normen, die in der Familie oder dem Herkunftsmilieu gültig sind, und die Frage, *wie* sie in den eigenen Lebensentwurf integriert werden. Es kommt gewissermaßen auf den Grad der Individualisierung und Individuierung des Religiösen an.

In Bezug auf die Bedeutung der Religiosität bei der adoleszenten Identitätskonstruktion oder der Herausbildung eines „Ichs" zeigte sich ein unterschiedliches Bild; die Variablen Alter und nationaler Wohnort könnten dies mit beeinflussen. Die in Deutschland lebenden jungen Autobiografen Mahmut und Kadia sprechen kaum über ihr Selbstbild, und wenn, dann bezeichnen sie sich eher als „Ausländer" denn als Muslime. Bei den beiden in Frankreich lebenden Autobiografen Yasmina und Mostapha ist das anders. Während Kadia eine sehr differenzierte Selbstdefinition als „muslimische Französin" präsentiert, bezeichnet sich Mostapha als „arabischer Muslim". Sie bezeichnen sich weder als Tunesierin noch als Marokkaner. Das weist indirekt daraufhin, dass in der französischen Öffentlichkeit die nationale Zugehörigkeit eine untergeordnete Rolle spielt und vielmehr die Religionszugehörigkeit oder ethnische Herkunft betont wird. Diese Unterschiede resultieren aus den nationalstaatlichen Rahmenbedingungen.[76] Unter der Vorannahme, dass sich die Identität in Wechselwirkung mit Anderen konstituiert, führen diese Unterschiede in den öffentlichen Diskursen also auch zu unterschiedlichen Schwerpunkten bei der Identitätskonstruktion zwischen den deutschen und französischen Jugendlichen. Ebenso mit national spezifischen Eigenarten und in unterschiedlichem Maße beschreiben die Jugendlichen, dass sie ethnisch-religiöse Diskriminierungen erfahren haben.

Die Differenz zwischen Fremd- und Selbstsicht, über jenes was einen Muslim oder eine Muslimin vermeintlich oder tatsächlich auszeichnet, lässt muslimische Religiosität im Alltag und der Öffentlichkeit immer wieder relevant werden. Kadia beschreibt, wie sie in der Schule und auf der Straße mit islamischen Klischees konfrontiert wurde. Bei Mostapha haben die anti-arabisch-muslimisch begründeten Diskriminierungen gar seine berufliche Karriere zum Scheitern gebracht. Obgleich diese Zuschreibungen, Projektionen und Diskriminierungen zunächst nichts mit der Religiosität an sich gemein haben, steht diese „äußere" Dimension der Religiosität immer auch in Wechselwirkung zur Binnensicht, und muss von den Jugendlichen in der Adoleszenz „verhandelt" und verarbeitet werden. Wie sich die Bedeutung muslimischer Religiosität in den Biografien darstellt, hängt also auch davon ab, wie diese Spannung aus Fremd- und Selbstsicht sowie zwischen sozialisatorisch erworbener und individuell geformter Religiosität bearbeitet wird.

Der bis hierhin dargestellte *deskriptive* Fallvergleich kann wie folgt – auch in Form einer Tabelle – zusammengefasst werden: Religion oder Religiosität ist kein vordergründiges Thema, sondern wird im Privaten verortet. Obgleich sich die religiösen Versatzstücke im biografischen Dickicht verstecken, ist Religiosität präsent, insbesondere im familiären Kontext. Religiosität spielt vordergründig also keine Rolle, und doch besteht in dieser Position – gewissermaßen in der Nebenrolle – die lebensweltliche und biografische Bedeutung. Die Wichtigkeit des Religiösen entfaltet sich im Hintergrund, ist dort mit wichtigen Funktionen versehen und unver-

---

76   Siehe hierzu Abschnitt 2.1.3.

zichtbar. Es ist neben Sprache und im Fall von Yasmina das einzige Element aus der Herkunftskultur der Eltern, das in der Migration „überlebt" und so Anknüpfung, aber auch Abgrenzung und Individualisierung ermöglicht.

Tabelle 1: Überblick über das thematische Feld "Religion/Religiosität" im Fallvergleich[77]

Themen der Autobiografen	Mahmut	Kadia	Yasmina	Mostapha
Rituelle Glaubenspraxis (z.B. Pflichtgebet, Fasten)	✓	✓	–	–
Beten (persönliche Gottesbeziehung)	✓	–	–	–
Werte und Normen (z.B. Speisevorschriften)	–	✓	(✓)	✓
Heirat und Partnerschaft (z.B. innerreligiöse Endogamie)	(✓)	✓	✓	✓
Religiöse (Wir-)Identität der Familie	(✓)	✓	✓	–
Zugehörigkeit zu einer (ethnisch-) religiösen Gruppe	✓	–	✓	✓
Zuschreibungen und Diskriminierungen	✓	✓	–	✓
Selbstbezeichnung: „Ich bin …"	–	eingebürgert, marokkanisch erzogen und auch Moslem	muslimische Französin	arabischer Muslim

5.1 Bedeutungsmuster muslimischer Religiosität in der Adoleszenz

Aus den rekonstruierten Fällen und dem deskriptiven Fallvergleich wurden auf der *analytischen* Ebene drei Bedeutungsmuster muslimischer Religiosität in der Adoleszenz generiert. Sie sind das verallgemeinerte und abstrahierte Ergebnis der am Einzelfall generierten Strukturen. Mit anderen Worten: Es sind empirisch verankerte Typen oder genauer gesagt Realtypen. Die Typenbildung erfolgte im An-

---

77 Das Häkchen bedeutet, dass das Thema explizit erwähnt wird oder deutlich im Kontext des Interviews zu erkennen ist; das Häkchen in Klammern bedeutet, dass das Thema nur implizit sichtbar ist und nebensächlich oder knapp vorkommt; der Querstrich bedeutet, dass das Thema nicht im Interview vorkommt.

schluss an die theoretische Klammer aus adoleszenz- und religionstheoretischer Perspektive, wie sie im Abschnitt 3.2.3 dargestellt wurde. Das Vergleichskriterium bei der Formulierung der Realtypen orientiert sich dabei an der Frage: Welche Bedeutung hat muslimische Religiosität im Hinblick auf die Qualität des adoleszenten Möglichkeitsraums oder, allgemeiner formuliert, im Hinblick auf die Bearbeitung des Bewährungsproblems? Es wird im Folgenden ein kreativ-reflexives, pragmatisch-funktionales und statisch-ambivalentes Bedeutungsmuster vorgestellt; all diese Muster weisen jeweils eine spezifische Charakteristik auf.

5.1.1 Kreativ-reflexives Bedeutungsmuster

Die Charakteristik dieses Bedeutungsmuster liegt darin, das Religiosität in kreativ-produktiver Weise dazu dienen kann, den eigenen Lebensentwurf voranzutreiben, indem ein reflexives Bearbeitungspotenzial zur Verfügung gestellt wird, das sowohl bei der Herstellung biografischer Konsistenz, als auch bei der Kontingenzbewältigung[78] wirksam ist. Im Dialog mit Gott werden Probleme ausgesprochen und so reflektiert, dass Kraft und Motivation zum Lösen von Krisen entstehen. Das kreative Potenzial dieses Typus ist im Sinne einer schöpferischen Kraft zu verstehen, die die Entstehung des Neuen begünstigt. Im Hinblick auf den adoleszenten Möglichkeitsraum stellt die kreativ-reflexive Form von Religiosität eine Ressource dar; sie leistet bei adoleszenten Krisen sowie der Herausbildung einer konsistenten Identität oder eines konsistenten Lebensentwurfes einen produktiven Beitrag. Das kreativ-reflexive Bedeutungsmuster könnte auch über die Zeit der Adoleszenz hinaus bestehen und so gewissermaßen ein (religiöser) Möglichkeitsraum *sui generis* sein. Das Konsistenzherstellungs- und Kontingenzbearbeitungspotenzial kreativ-reflexiver Religiosität wird zwar besonders in der Adoleszenz als Zeit des Umbruchs und Wandels wirkmächtig, jedoch bestehen diese Anfragen an Religiosität grundsätzlich für die gesamte Lebenspraxis.

Das kreativ-reflexive Muster wurde aus dem Fall Mahmut generiert und ist dort empirisch verankert. Im Folgenden wird die Genese dieses Musters entfaltet und damit die Frage beantwortet: Wie entsteht dieses Religiositätsmuster? Das kreativ-reflexive Muster begründet sich auf einer individuellen und bewussten Entscheidung zum Glauben. Mit diesem Schritt wird die lebenspraktische Suche nach Sicherheit – im Sinne der Fragen „woher komme ich?, wer bin ich?, wohin gehe ich?" – religiös beantwortet. Das Religiöse eröffnet hierbei eine Hoffnung, die sich auf ein Leben im Jenseits bezieht, ebenso wie es eine hoffnungsvoll-optimistische Lebenshaltung im Diesseits erzeugt. Eine aktive religiöse Praxis ist sowohl Ausdruck dieser Haltung, als auch der kreativ-reflexive Raum, also das Mittel, um diese Hoffnung im Lebensalltag wirkmächtig werden zu lassen und so z.B. Krisen zu

---

78   Der Begriff „Kontingenzproblem" und „Bewährungsproblem" wird hier und im Folgenden in gleicher Weise verwendet.

bewältigen. Dies wurde bei der Feinanalyse[79] von Mahmuts Praxis des freien Betens deutlich, die zwischen den Polen „Gott gib mir die Kraft" oder „ich will es schaffen" oszilliert. In struktureller Hinsicht ist diese Praxis, wie bereits gesagt, von Oevermann (2003:354f.) als „Form der Selbstcharismatisierung in der Befähigung zur Krisenbewältigung" bezeichnet worden, die aus Gottvertrauen Selbstvertrauen erwachsen lässt.[80]

Die lebensweltliche Suche nach Sicherheit wird einerseits durch die Selbstcharismatisierung in Krisen jeweils situativ beantwortet, andererseits bleibt die Suche nach grundständiger Sicherheit, wie sie sich in Mahmuts Unsicherheit über den eigenen Ort in der Welt zeigte, unbeantwortet. Zur Herstellung einer biografischen Konstante ist die Beantwortung der zuvor genannten drei großen Fragen des Lebens notwendig. Die kreativ-reflexive Form von Religiosität ist dabei auf die Verknüpfung mit einem religiösen Schöpfungs- bzw. Herkunftsmythos angewiesen, wie ihn bspw. der Islam liefert. Im Fall Mahmut wurde dies bei der Feinanalyse[81] der rituellen, islamischen Glaubens- und Gebetspraxis deutlich, die Zugehörigkeit zur Gemeinschaft der Muslime und damit letztlich Evidenzsicherung herstellt.

Die Entstehung dieses Musters und die dahinter liegende Suche nach grundständiger Sicherheit und einer Kraftquelle gegenüber den Unwägbarkeiten der Lebenspraxis könnte zumindest durch zwei Faktoren begünstigt werden: Zum einen das Erleben einer existenziellen Krise, die im Fall Mahmut der lebensbedrohliche Autounfall war. Die Konfrontation mit dem eigenen Sterben und Tod provoziert in besonderem Maße ein Bewusstsein von der Endlichkeit der Lebenspraxis und die Frage, welchen Sinn das Leben nach dem Überleben der lebensbedrohlichen Krise hat. Zum anderen könnte ein genereller Mangel an Ressourcen die Entstehung des Neuen begünstigen, z.B. im Hinblick auf die Familie und das soziale Umfeld. Die Beantwortung lebensweltlicher Fragen mit Gottes Hilfe ist jedoch nicht als Rückzug ins Religiöse oder gar als Notlösung zu verstehen, sondern eine *bewusste* Entscheidung zum Glauben, deren biografische Bedeutung lediglich in Ermangelung anderer Ressourcen verstärkt sein kann.

Das kreativ-reflexive Bedeutungsmuster charakterisiert einen Typus von Religiosität, der bezogen auf die Adoleszenz in der Migration sozusagen eine multifunktionale Ressource ist. Die Herstellung biografischer Konsistenz und das Kontingenzbewältigungspotenzial kann als Kitt adoleszenter Umwandlungsprozesse die Entstehung des Neuen in einer inneren Logik zusammenbinden, ohne dabei Entwicklungsmöglichkeiten einzuengen, sondern diese sogar kreativ beflügeln. Diese

---

79 Siehe hierzu S. 72 ff.

80 Aus der Perspektive des Glaubenden und der inneren Logik der Religion heraus stellt sich die Selbstcharismatisierung allerdings als *göttliches* Wirken im Leben des Menschen dar, dessen Geltungsanspruch hier jedoch nicht verhandelt werden kann, da sich die religiöse Hoffnung grundsätzlich erst im Jenseits einlöst und sich damit einer empirischen Überprüfbarkeit entzieht.

81 Siehe hierzu S. 69 ff.

zusammenbindende Funktion ist also dynamisch und situativ anders. Die Bedeutung dieses Muster kann sich damit auf die gesamte Bandbreite adoleszenter Entwicklungsbereiche beziehen, jedoch auch nur auf einzelne Entwicklungsbereiche; z.B. kann die Anknüpfungsfunktion an die Herkunft der Eltern durch die bewusste und individuelle Entscheidung zum Glauben sogar noch verstärkt werden und im übertragenen Sinne wie ein Bekenntnis zu den Eltern wirken. Die Anknüpfungsfunktion hat zwar in der Migrationssituation eine große Bedeutung, ist jedoch eher als „Nebenprodukt" dieses Musters anzusehen. Der Schwerpunkt dieses Bedeutungsmusters liegt in der durch Religiosität geschaffenen Möglichkeit zur kreativ-reflexiven Bearbeitung biografischer und lebensweltlicher Themen.

5.1.2 Pragmatisch-funktionales Bedeutungsmuster

Die Charakteristik dieses Bedeutungsmusters liegt darin, dass Religiosität eine Funktion bei der Bearbeitung einzelner lebensweltlicher Aufgaben und Probleme hat und dabei in pragmatischer Art und Weise verwendet wird. Die Bedeutung von Religiosität im Lebensentwurf orientiert sich an der ihr zugebilligten Aufgabe und Funktion und nicht an einer aus dem inneren der Religiosität herrührenden Bedeutung. Das Vorhandensein einer religiösen Praxis ist bei diesem Muster weitgehend entbehrlich, jedenfalls schränkt es nicht die pragmatisch-funktionale Bedeutung ein. Im Blick auf die Adoleszenz entfaltet dieses Muster eine Aktivität in *einzelnen* Entwicklungsbereichen und nicht, wie im vorigen Muster, in der gesamten Bandbreite adoleszenter Themenbereiche. Religiosität in diesem Modus wird insbesondere zur Herstellung intergenerationaler Kontinuität innerhalb der Familie und bei der Gestaltung eines eigenen Identitätsentwurfs verwendet. Das pragmatisch-funktionale Bedeutungsmuster ist insofern eine Ressource zur Bearbeitung adoleszenter Entwicklungsaufgaben; es kann bei der Herstellung biografischer Konsistenz mitwirken, aber es birgt kein Potenzial zur Bearbeitung des Bewährungsproblems. Bewährung wird nicht innerhalb der Religiosität, sondern z.B. in einer ausgeprägten Leistungsorientierung in Schule, Studium und Beruf gesucht.

Das pragmatisch-funktionale Muster wurde aus den Fällen Kadia und Yasmina generiert. Die grundständige Charakteristik dieses Bedeutungstypus zeigte sich in beiden Fällen, jedoch wurden zwei unterschiedliche Dimensionen deutlich, die anschließend differenziert werden. Die Entstehung dieses Typus ist zunächst durch die Fortführung der Religiosität der Eltern gekennzeichnet – und zwar so, wie sie während der Kindheit vermittelt wurde. Die religiöse Erziehung und Sozialisation wird in ihrer Bedeutung für den eigenen Lebensentwurf anfangs nicht hinterfragt. Es gibt daher keine bewusste Entscheidung für den Glauben. Die religiöse Identität der Familie wird erst im Zuge adoleszenter Konflikte individualisiert und damit den eigenen Vorstellungen von Religiosität im Lebensentwurf angepasst; die zwei dimensionalen Ausprägungen sind unterschiedliche Modi dieser Konfliktaustragung und des Individualisierungsprozesses. Die Transformation kann offensiv oder defensiv und subtil verlaufen, jedoch bleibt sie in dem funktional vorgegebenen Rahmen. Die Anknüpfungsfunktion findet die Grenze zur Individualität also dort, wo diese keinen Bezugspunkt mehr zur Religiosität der Eltern erkennen lassen würde. Andersherum gesagt: In dem individuierten Lebens- und Identitätsentwurf muss zumindest fragmentarisch die religiöse Herkunft der Familie sichtbar und erhalten bleiben.

Während die Anknüpfungsfunktion ihren Wandel und ihre Wirkung nach innen hin erfährt und damit ausschließlich im Privaten Bedeutung erlangt, kann Religiosität als Baustein der Identität auch nach außen hin bedeutsam sein. Dabei spielt auch die Fremdsicht der anderen eine Rolle, die wechselseitig das Selbstbild als Muslim oder Muslimin beeinflusst. Die Religiosität ist dabei nach außen grundsätzlich „unsichtbar". Religiöse Symbole wie z.B. ein Kopftuch werden vermieden, weil sie zum einen im Hinblick auf die pragmatischen Funktionen keinen „Gewinn" bringen würden, und zum anderen weder den religiösen Wert und Normvorstellungen in dem Herkunftsmilieu, noch der religiösen Überzeugung des Jugendlichen entsprechen. Es ist nicht die religiöse Frömmigkeit von Bedeutung, sondern der Status des Muslim-Seins. Bewährung der Lebenspraxis sucht der Jugendliche bei diesem Typus daher nicht in der Religiosität, sondern in einer zumeist stark ausgeprägten Leistungsorientierung.

Obgleich unsichtbar und im Hintergrund platziert, hat das pragmatisch-funktionale Muster eine wichtige biografische Bedeutung. Durch und mit Religiosität besteht oder entsteht mitunter der einzige Anknüpfungspunkt an die Herkunftskultur der Eltern. So wie die Jugendlichen eine kulturell-religiöse Verbindung zu ihren Eltern aufrechterhalten, wollen sie diese auch im Hinblick auf ihre eigenen Kinder weitergeben; eine inner-religiöse (Ehe-)Partnerschaft wird angestrebt. Dies könnte auch darauf hinweisen, dass dieser Bedeutungstypus geschlechtersensibel ist, denn Frauen dürfen nach islamischer Heiratsordnung nur einen muslimischen Mann heiraten, Männer können auch eine Jüdin oder Christin ehelichen.

Das pragmatisch-funktionale Bedeutungsmuster charakterisiert einen Typus von Religiosität, der bezogen auf Adoleszenz in der Migration als Ressource bewertet werden kann. Die Jugendlichen greifen auf Versatzstücke ihres religiösen Hintergrundes zurück und integrieren diese, je nach funktionaler Anforderung, in den eigenen Lebensentwurf. Die Entstehung dieses Typus kann durch eine hohe Bildungsaspiration der Eltern sowie der damit verbundenen Leistungsorientierung begünstigt werden. Die Auseinandersetzung mit den Erwartungen der Eltern, insbesondere, wenn diese als Auftrag zur Fortführung des sozialen Aufstiegs sowie der kulturell-religiösen Tradition formuliert sind, geschieht auf unterschiedliche Art und Weise. Es konnten im Zusammenhang mit dem pragmatisch-funktionalen Bedeutungsmuster zwei Dimensionen oder, anders gesagt, Strategien der Auseinandersetzung im Generationenverhältnis, herausgearbeitet werden.

Eine defensiv-bindungsbetonte Strategie (zeigte sich im Fall Kadia)

Charakteristisch für diese Strategie ist, dass adoleszenten Umwandlungsprozessen und Entwicklungsanforderungen in einer *defensiven* Art und Weise begegnet wird. Es werden insbesondere Konflikte mit den Eltern vermieden, und es wird eine enge Bindung zu familiären Mustern aufrechterhalten. Individuierungsprozesse verlaufen grundsätzlich innerhalb der Grenzen der familiären Erwartungen, jedoch wird durch subtile Strategien der eigene Handlungsspielraum erweitert. Die Ausgestaltung des eigenen Lebensentwurfes wird so vorangetrieben, ohne (offene) Konflikte mit den Eltern zu provozieren. Man kann insofern von einem eher „konservativen" Lebensentwurf sprechen, der aber selbst gewählt wurde. Die Entscheidung zu diesem Lebensentwurf und der damit einhergehenden engen Bindung an die Familie ist von der inneren Logik der Strategie heraus als Ausdruck einer autonomen Entscheidung zu verstehen. Im Vergleich zum Maßstab der individuierten Jugendbiografie wird die weniger autonome Lebenspraxis zu Gunsten eines familiären Zusammenhaltes in Kauf genommen.

Die enge Bindung an die Familie wird im Wesentlichen durch Weiterführung der muslimischen Religiosität als Teil der Herkunftskultur erreicht. Eine religiöse Praxis ist entbehrlich. Im Fall Kadia zeigte sich bei dieser Strategie, wie sie ihre nachlässige religiöse Praxis durch Bezug auf einen familiären – männlichen – Repräsentanten und dessen Gebetspraxis kompensierte. Wie in einer informellen Übereinkunft wurde so die Position des Repräsentanten gestärkt und gleichsam die Rolle einer schwachen Frau eingenommen, für die die religiösen Anforderungen zu anstrengend sind. Diese geschlechtsspezifischen Rollen im Zusammenhang mit Religiosität sind elementarer Bestandteil der intergenerationalen Beziehung. Es wird zum einen die Bedeutung der religiösen Tradition nicht in Frage gestellt und zum anderen eine „passive" Religiosität toleriert. So können beide Seiten ihr Gesicht wahren und sich auf eine sie verbindende Religion oder Religiosität beziehen – obgleich Religiosität im Lebensentwurf des Jugendlichen eine andere, gewandelte Bedeutung hat.

Eine offensiv-identitätsbetonte Strategie (zeigte sich im Fall Yasmina)

Diese Strategie charakterisiert eine offensive Art und Weise, mit adoleszenten und insbesondere intergenerationalen Konflikten umzugehen. Der eigene Lebensentwurf wird wider die Erwartungen der Eltern formuliert und vorangetrieben, jedoch nur soweit, dass eine grundlegende Bindung zu den Eltern erhalten bleibt; dabei spielt muslimische Religiosität die zentrale Rolle – und zwar mit einer Abgrenzungs- *und* Anknüpfungsfunktion. Die Bedeutung der Religiosität im eigenen Lebensentwurf unterscheidet sich stark von dem Verständnis der Eltern. Die durch religiöse Erziehung und Sozialisation vermittelte Vorstellung des Religiösen wird gewandelt und individualisiert. Dabei steht die Betonung des eigenen Lebens- und Identitätsentwurfes im Vordergrund, der durch die individualisierte Religiosität koloriert wird. Es wird eine „modernisierte" Form der Religiosität betont, also eher die Differenz zu denn Gemeinsamkeiten mit den Eltern. Das Muslim-Sein ist inhaltlich weniger kongruent, aber dennoch besteht in muslimischer Religiosität das intergenerational verbindende Element.

Die Funktion von Religiosität als Baustein des Lebens- und Identitätsentwurfs besteht trotz einer nachlässigen Glaubenspraxis. Wichtig scheint insbesondere das geschlechtsspezifische Charakteristikum zu sein, nur einen Muslim als Partner und Ehepartner zu akzeptieren. Darüber hinaus begründet sich die Bedeutung der Religiosität schlichtweg in der Betonung, Muslimin zu sein. Aber bei der Selbstbezeichnung wird zuvorderst die nationale Zughörigkeit betont und diese lediglich durch religiöse Zugehörigkeit „gewürzt". Der Fall Yasmina zeigt hierbei durchaus provokante Züge, die Identitätskonstruktion offensiv gegenüber und wider den Erwartungen der Eltern sowie den Erwartungen der Anderen zu formulieren – und zwar sowohl in Abgrenzung zu religiösen Klischees von Seiten der „eigenen" ethnisch-religiösen „Gruppe" als auch gegenüber der Mehrheitsgesellschaft. Individualisierte muslimische Religiosität als Alleinstellungsmerkmal, das Anders-Sein deutlich macht.[82]

5.1.3 Statisch-ambivalentes Bedeutungsmuster

Die Charakteristik dieses Bedeutungsmusters liegt darin, dass muslimische Religiosität während der Adoleszenz nicht verändert und individualisiert wurde; bei der Gestaltung eines individuierten Lebensentwurfes in der Migrationssituation hat muslimische Religiosität eine ambivalente biografische Bedeutung. Einerseits gelingt es nicht, Religiosität als Ressource für adoleszente oder biografische Entwicklungsaufgaben, die sich in der modernisierten Gesellschaft stellen, produktiv zu verwenden; andererseits stiftet Religiosität aber eine grundlegende Zugehörigkeit zur Gemeinschaft der Muslime. Damit wird eine Rückkehroption in die Gesellschaft des Herkunftslandes offen gehalten. Diese ambivalente, aber dennoch funktionale Bedeutung von Religiosität besteht auf einer passiven bzw. indirekten Wirksamkeit. Es ist keine individualisierte Form von Religiosität, die aktiv und bewusst gestaltet wurde.

Das religiöse Selbstverständnis ist wenig ausdifferenziert und hat für den Lebensalltag kaum Bedeutung – zumindest aus der Perspektive des Subjekts. In Wechselwirkung mit den Anderen zeigt sich indes, wie das statisch-ambivalente Bedeutungsmuster in besonderer Weise problematisch werden kann. Da muslimische Religiosität nicht gewandelt und in den Lebensentwurf integriert wurde, wird

---

82 Diese Bedeutung muslimischer Religiosität ist nicht zu verwechseln mit einer Re-Religionisierung von Lebenspraxis wie z.B. bei der „Neo-Muslima" (Nökel 2002), die ein Kopftuch als sichtbares Symbol der neuen Zuwendung zum Islam trage und gleichsam ein emanzipiertes und modernes Selbstverständnis habe.

sie von den Anderen als Integrations- und Diskriminierungsargument funktionalisiert. Im Fall Mostapha, aus dem dieses Muster generiert wurde, gingen die Diskriminierungen gar soweit, dass man von einer strukturellen Verhinderung von biografischen Entwicklungsmöglichkeiten sprechen kann, da er als Muslim in spezifischen Berufsfeldern trotz Qualifikation keine Arbeitsmöglichkeit fand. Die ethnisch-religiöse Herkunft blockierte seine berufliche Karriere.

Die Entstehung dieses Musters könnte maßgeblich damit zusammenhängen, dass Mostapha – oder ein anderer Jugendlicher – elternunabhängig migriert ist. Er musste gewissermaßen ad hoc erwachsen werden und sein Leben organisieren. Die verdoppelten Transformationsanforderungen sind unter diesen Umständen eine besondere Herausforderung oder womöglich Überforderung. Die mit der Migration anvisierte universitäre Ausbildung und berufliche Karriere verschlang alle Energie, da Mostapha seine Anstrengungen gegenüber einheimischen Franzosen verdoppeln musste, um dieselben Ergebnisse zu erreichen. Dabei konnten adoleszenzspezifische Entwicklungsanforderungen, wie etwa die Umgestaltung der Beziehung zu den Eltern oder die Entwicklung eines eigenen Identitätsentwurfes, nicht mehr bearbeitet werden. Die migrationsspezifischen Entwicklungsanforderungen konnten also nur bewältigt werden, indem die adoleszenzspezifischen Themen vernachlässigt oder nicht bearbeitet wurden. Man kann insofern sagen, dass das Moratorium der Adoleszenz durch die Migration und die damit verbundenen Integrationsanforderungen aufgezehrt wurde; und dies wurde durch ethnisch-religiöse Diskriminierungen noch verstärkt.

In diesem Zusammenhang konstituiert sich auch die ambivalente Bedeutung von Religiosität bei diesem Typus. Die statische, also unveränderte Religiosität eröffnet einerseits, z.B. im Falle eines Scheiterns des Migrationsprojekts, die Rückkehroption in das Herkunftsland und stellt andererseits auch eine grundlegende biografische Sicherheit durch ethnisch-religiöse Zugehörigkeit dar, auf deren Grundlage die Anpassungsleistung an das Ausbildungssystem und die beruflichen Erfordernisse überhaupt erst möglich wurden. Mostapha wusste, woher er kommt und wer er ist, nämlich ein arabischer Muslim. Die Nicht-Wandlung von Religiosität kann so als notwendige, strategische Maßnahme verstanden werden, um während der Adoleszenz keine Zeit mit der Identitätskonstruktion „vergeuden" zu müssen, sondern in die Karriere zu investieren. Die religiös motivierte Identitätskonstante entfaltete ihrerseits aber eine ambivalente Wirkung. Sie ermöglichte zwar, das berufliche Streben voranzutreiben, führte aber gleichsam zur Blockade der beruflichen Karriere. Trotz des Versuches einer positiven Lesart bleibt Religiosität nach diesem Muster im Wesentlichen unproduktiv und ist eher lähmend für das Entstehen von Neuem. Muslimische Religiosität im statisch-ambivalenten Muster kann daher nicht als eine adoleszente Ressource bewertet werden.

5.2 Diskussion der Bedeutungsmuster

Die drei vorgestellten Bedeutungsmuster muslimischer Religiosität wurden vor dem Hintergrund der theoretischen Klammer von adoleszenz- und religionstheoretischer Perspektive formuliert. In deren Kern stand die Frage nach der Bedeutung von Religiosität sowohl im Hinblick auf die adoleszenten und migrationsspezifischen Transformationsaufgaben, als auch zur Bearbeitung der Bewährungsproblematik menschlicher Lebenspraxis. Dabei zeigte sich, dass muslimische Religiosität im Individuations- und Bewährungsprozess nicht von vornherein die Entwicklung eines modernisierten Lebensentwurfes verhindert, also strukturell einengt. Vielmehr zeigte sich, dass es unterschiedliche Bedeutungsmuster muslimischer Religiosität in den Biografien gibt, die in jeweils unterschiedlicher Art und Weise eine funktionale Bedeutung haben. Es sind mehr oder minder individualisierte Formen „des Islams" und muslimische Religiosität kann eine adoleszente und lebensweltliche Ressource sein. Nicht zu vergessen ist, dass es sich zwar um drei Realtypen handelt, diese jedoch einen idealtypisch formulierten Kern beinhalten. In der Realität kann es Wandlungen zwischen den Religiositätsmustern und Varietäten der Muster geben. Dabei ist den individualisierten und individuierten Religiositätsformen des kreativ-reflexiven und pragmatischen-funktionalen Typus ein dynamisches Moment bereits inhärent.

Die Bewertung muslimischer Religiosität als Ressource kann dabei unabhängig von den konkreten Bedeutungsinhalten der Religion geschehen oder genauer gesagt: Die Empirie hat gezeigt, dass eine produktive biografische Bedeutung muslimischer Religiosität unabhängig von der konkreten Glaubenspraxis bestehen kann. Je nachlässiger die Glaubenspraxis gehandhabt wird und desto höher – sei es vordergründig oder nicht – die Priorität des Religiösen verkündet wird, desto weiter hat sich die individuelle Form muslimischer Religiosität von dem islamischen Gehorsamsanspruch entfernt bzw. diesen produktiv gewandelt.

Dieser (emanzipatorische) Transformationsprozess, der das Gehorsams-Primat zu einem individualisierten und autonomisierten Religiositätsverständnis verändert, kann durchaus als eine Art Verinnerlichung bezeichnet werden – eine Bewegung von außen, von den konkretistischen in einer bestimmten Praxis sich unbedingt zeigen müssenden, zu etwas im Kopf. Muslim-Sein ist für die Jugendlichen bedeutsam, aber es liegt nicht darin, dass sie nach Mekka fahren oder fünfmal am Tag beten. Dieser Praxis- und Bedeutungswandel zu einem identitätsbasierten Muslim-Sein ist gleichsam als ein Privatisierungsprozess zu verstehen. Und je mehr dieser Verinnerlichungs- und Individuierungsprozess fortschreitet, desto größer, so meine These, ist das Potenzial des Religiösen als Ressource in Bezug auf den adoleszenten Möglichkeitsraum, insbesondere bei der Umgestaltung intergenerationaler Bindungen und der Ausdifferenzierung eines eigenen Identitätsentwurfs. Das kreativ-reflexive und das pragmatisch-funktionale Muster sind Typen muslimischer Religiosität, die dynamisch sind, einen Wandlungsprozess erkennen lassen – und die in modernisierte Lebensentwürfe, die in säkularen Gesellschaften gelebt werden, integriert sind sowie einen produktiven Beitrag in der Biografie innehaben.

Das größte Ressourcenpotenzial hat muslimische Religiosität in Form des kreativ-reflexiven Religiositätsmusters. Neben der Funktion in den zuvor genannten Entwicklungsbereichen dient muslimische Religiosität darüber hinaus *als Basis* zur Bildung einer reflexiven Gebetspraxis, die im Fall Mahmut zusammen mit Sport die Bearbeitung der Bewährungsproblematik ermöglichte. Die Reflexion der eigenen Lebensgeschichte und des Lebensentwurfes im religiösen Raum des freien Gebets begründet einen Möglichkeitsraum *sui generis*, der auch über den Zeitraum der Adoleszenz hinaus bedeutsam bleiben kann.

Es muss hinzugefügt werden, dass im Fall Mahmut weitere, außerreligiöse Faktoren die Entstehung dieses Muster begünstigt haben. Jenes biografische Setting ist durch die Unterstützung und Anwesenheit von signifikanten Anderen gekennzeichnet, wie z.B. dem intervenierenden Bruder und dem charismatischen Klassenlehrer. Dennoch scheinen die bei der Beschreibung des Musters genannten Entstehungsfaktoren konstitutiv für das Muster zu sein, insbesondere das Erleben einer existenziellen biografischen Krise. Dies ist im Fall Mahmuts der lebensbedrohliche Autounfall. Jedoch sind auch Ereignisse wie bspw. die Trennung der Eltern oder der Tod einen nahen Angehörigen denkbare, krisenhafte Initialauslöser für die Entstehung solch dieses Relgiositätsmusters. Krisen, deren Krisencharakter nicht intensiv genug ist, man denke z.B. an den Konflikt von Yasminas Schwester mit den Eltern oder Kadias Probleme nach dem Schulwechsel, führen scheinbar nicht zur Entstehung einer kreativ-reflexiven Religiosität. Dies ist meines Erachtens kein geschlechterspezifisches Phänomen, sondern hängt, wie gesagt, mit der Art und Weise der Krise und weiteren Faktoren wie dem biografischen Setting und den individuellen Strategien im Umgang mit Kontingenz zusammen.

Bei dem pragmatisch-funktionalen Muster hat muslimische Religiosität ein weniger weitreichendes Ressourcenpotenzial. Es ist auf konkrete Funktionen beschränkt und eröffnet keine darüber hinausgehende Reflexionsebene. Die zentrale Funktion dieses Musters liegt in der Herstellung und Aufrechterhaltung einer intergenerationalen Bindung durch Religiosität – und zwar sowohl zu den Eltern als auch in Richtung der eigenen zukünftigen Kinder. Wichtiger als die Ausübung einer religiösen Praxis ist für diese Anknüpfungsfunktion der Modus, also die Art und Weise *wie* die religiösen oder religiös motivierten Werte und Normen, die in der Familie und deren Herkunftsmilieu gültig sind, in den eigenen Lebensentwurf integriert werden. Der Fall Kadia zeigte einen Individualisierungsmodus der unter anderem dadurch charakterisiert ist, dass Religiosität als Teil des „kulturellen Hintergrunds" verortet wird.[83] Muslimische Religiosität ist dabei eine Dimension neben anderen wie z.B. der Muttersprache der Eltern. Diese „kulturalisierte" Religiosität erzeugt zwar – eine intendierte – Nähe zu der Familienkultur, lässt jedoch

---

83   Siehe hierzu die Zusammenfassung der Fallanalyse auf S. 95.

auch Spielraum für Individuierungsprozesse. Im Fall Kadia wird Religiosität so auch als singulärer Baustein bei der Identitätskonstruktion sichtbar. Sie bezeichnet sich als Muslimin und nicht als Berberin oder Marokkanerin. Man kann in ihrem Fall daher von einem pragmatisch-funktionalen Muster sprechen, bei dem Religiosität einen kulturalisierten Charakter hat.[84] Das heißt, der individuelle Aneignungsprozess des Religiösen platzierte die im Laufe der familiären Sozialisation übernommene Religiosität als kulturellen Baustein im eigenen Lebensentwurf – und zwar im subjektiven Bedeutungshorizont zwischen Herkunfts-, Familien- und der Alltagskultur in Schule und Öffentlichkeit. Im Fall Yasmina lassen sich hingegen kaum mehr die Spuren eines Kulturalisierungsprozess des Religiösen finden. Ihr Identitätskonzept als muslimische Französin beinhaltet bereits eine individuelle Rezeption des Islams, die einen *inter*kulturellen Charakter hat.

Der Wunsch, dass der zukünftige Ehepartner Muslim sein soll, wird sowohl bei Yasmina als auch Kadia stark betont. Es herrscht ein strikt endogames Partner- und Heiratsverständnis vor, das keinen Spielraum für Wandlungen erkennen lässt. Da dieses Muster aus den Fällen von Musliminnen generiert wurde, könnte es ein genderspezifischer Realtypus sein. Diese These wird indirekt auch durch die Fälle der männlichen Muslime Mahmut und Mostapha unterstützt, da sich bei ihnen ein indifferentes und flexibles Partner- und Heiratsverständnis wiederfinden lässt. Eine geschlechtsspezifische Sensibilität des pragmatisch-funktionalen Religiositätsmusters, die an ein „klassisches" islamisches Ehe- und Partnerschaftsverständnis anknüpft, bekräftigt wiederum die pragmatisch-funktionale Charakteristik dieses Musters. Denn die Vermeidung von Konflikten im Hinblick auf diese klassischen Konventionen für Musliminnen kann als pragmatische Haltung der Jugendlichen gewertet werden. Sie wollen weder die Eltern in diesem Bereich herausfordern, noch sich selbst mit den Herausforderungen einer religiös gemischten Ehe belasten, die darüber hinaus ihren Status als Muslime gefährden würde.

Die mögliche Geschlechtersensibilität des pragmatisch-funktionalen Musters wird mittelbar auch durch den Umgang der jungen Musliminnen mit der „äußeren" Dimension ihrer Religiosität gestützt, die in einem ständigen Wechselverhältnis zu ihrer Binnensicht steht. Jedwede Intensivierung ihrer Religiosität über ein pragmatisch-funktionales Maß hinaus würde sie wieder in Richtung der von der Mehrheitsgesellschaft „erwarteten" Vorstellungen, wie denn eine muslimische junge Frau sei, katapultieren. Kadia thematisierte in ihrer Erzählung mehrfach diese Auseinandersetzung zwischen der „äußeren" Dimension und ihrem eigenen Religiositätsverständnis. Sie wurde auf offener Straße von Passanten angesprochen, warum sie, wenn sie sich doch selbst als Muslimin bezeichne, kein Kopftuch trage. In der Schule wurde sie sogar von Seiten des Lehrers mit dem Klischee konfrontiert, dass ihre Schwestern doch sicherlich zwangsverheiratet worden seien. Bei Yasmina fin-

---

84 Mit dem Begriff der „kulturalisierten" Religiosität wird also etwas über den „Ort" und die „Beschaffenheit" des Religiösen im biografischen Kontext ausgesagt, nicht jedoch über deren strukturelle und funktionale Bedeutung.

den sich Projektionen insbesondere auch seitens der Eltern wieder, die ein traditio-nalistisches Bild davon haben, wie eine Muslimin und ihr tunesischer Ehemann sein sollten; und die elterliche Vollstellung kollidiert mit Yasminas interkulturellen Lebensentwurf. Die pragmatische Indifferenz, die dieses Muster charakterisiert, ist insofern auch als eine Kompromissform zu betrachten, die aus dem Umgang und der Auseinandersetzung mit Diskriminierungserfahrungen und Zuschreibungen der Einheimischen entsteht, um sich vom Stereotyp „Rückständigkeit der muslimischen Frau" zu distanzieren.[85]

In Bezug auf die Identitätskonstruktion zeigt das pragmatisch-funktionale Mus-ter wie die jungen Musliminnen sich mit den Diskriminierungs- und Zuschrei-bungserfahrungen auseinandersetzen und individuelle für sie lebbare Kompromisse finden. Die Charakteristik dieses Musters beinhaltet ein Verständnis von Musili-min-Sein, das die Herstellung von Identität als Kompetenz begreift, „in einem dy-namischen Konfliktfeld zwischen Selbst und inneren und äußeren Objekten immer wieder Formen von Kohärenz, Kontinuität und Konsistenz zu erreichen" (King 2002:85). Die Auseinandersetzung mit den Projektionen der Anderen und die An-forderung von modernisierten Gesellschaften eine konsistente und kohärente Bio-grafie zu „leben", wird von Kadia und Yasmina mit der bewussten Entscheidung beantwortet: Kein Kopftuch zu tragen und die eigene muslimische Religiosität pragmatisch-funktional zu handhaben. So konnten sie einen authentischen, indivi-duellen Selbst- und Lebensentwurf entwerfen und diesen leben.

Das geringste oder, genauer gesagt, ein ambivalentes Ressourcenpotenzial zeigte sich im Fall Mostapha und dem daraus generierten statisch-ambivalenten Bedeutungsmuster. Muslimische Religiosität stellt bis auf die nicht unmittelbar in-tendierte Rückkehroption in das Heimatland keinen Beitrag zu Entwicklungsmög-lichkeiten in der Adoleszenz dar. Im Gegenteil. Man kann von einer strukturellen Verhinderung von Entwicklungsmöglichkeiten sprechen, die allerdings nicht durch das Subjekt, sondern durch die ethnisch-religiösen Diskriminierungen der Anderen entsteht.[86] Eine positive Bewertung der statisch fortgeführten Identifikation mit den ethnisch-religiösen Herkunftsbezügen oder anders gesagt, einer ungewandelten Identitätskonstruktion ist indes nur möglich, wenn man selbige als notwendige Ba-sis für die Anstrengungen und Anpassungen in Ausbildung und Beruf versteht. In Mostaphas Coping-Strategie der „verdoppelten Leistung", als Reaktion auf die an-ti-muslimisch-arabisch begründeten Diskriminierungen, ist indes die Wirkweise der äußeren Dimension muslimischer Religiosität eindringlich sichtbar geworden. Durch das Zusammenspiel aus Coping-Strategie und einer statisch beibehaltenen Identifikation mit den ethnisch-religiösen Herkunftsbezügen gelang die Ausbil-dungskarriere bis zum graduierten Aerodynamikingenieur. Dieses Arrangement

---

85 Diese in den Fällen Kadia und Yasmina angebrachte Lesart schließt wiederum nicht aus, dass es ein islamisch motiviertes und legitimiertes Bild von der Rolle der Frau gibt, welches – aus modernisierungstheoretischer Perspektive betrachtet – rückständig ist.
86 Siehe hier zu auch die Zusammenfassung der Fallanalyse auf S. 120 f.

scheiterte jedoch beim Übergang in die Berufswelt und in die Ehe. Es bleibt insofern bei einer ambivalenten Wirkung der muslimischen Religiosität im biografischen Verlauf, die allerdings in hohem Maße von der Wechselwirkung aus äußerer
und subjektiver Dimension des Religiösen beeinflusst ist.

Die bis hierhin dargestellten Ergebnisse der unterschiedlichen Bedeutungsmuster lassen sich überblickartig in folgender Tabelle darstellen. Dabei wird noch einmal deutlich, welche Kerninhalte bzw. Kernfunktionen den einzelnen Mustern zuzuordnen sind und welche Bewertung im Blick auf eine adoleszente Ressource sich
daraus ergibt.

Tabelle 2: Bedeutung und Funktion der Religiositätsmuster im Überblick

Funktion Muster	Kontingenz/ Bewährung	Konsistenz/ Kontinuität	Ressource in der Adoleszenz
kreativ-reflexiv	✓[87]	✓	mit universellem Charakter
pragmatisch-funktional		✓	für einzelne Bereiche
statisch-ambivalent		(✓)	nur indirekt und ambivalent

In der Tabelle spiegeln sich die unterschiedlichen Abstufungen der Religiositätsmuster wieder, orientiert am Maßstab des Einflusses der Religiosität auf die
Qualität des adoleszenten Möglichkeitsraumes. Die zwei übergeordneten Indikato-
ren der Bewertung sind das Potenzial des Musters im Hinblick auf die Bearbeitung
der Kontingenz- oder Bewährungsproblematik sowie der Erzeugung von Konsistenz und Kohärenz. Hinter „Konsistenz und Kohärenz" steckt dabei die Entwicklungsaufgabe, in der Adoleszenz eine Identität zu formieren, bei der die eigene Lebensgeschichte und das Gewordensein zu einem konsistenten Selbst- und Lebensentwurf zusammengefügt werden.

Während der Zusammenhang zwischen Konsistenzfunktion und den unterschiedlichen Mustern bereits diskutiert wurde, soll nun auf die Kontingenzfunktion
eingegangen werden. Es wird in dem Überblick deutlich, dass die Muster kaum Potenzial zur Bearbeitung der Kontingenzproblematik bereitstellen bzw. beinhalten.
Damit wird also im Anschluss an Oevermann die strukturelle Bedeutung von Religiosität betrachtet.

Beim pragmatisch-funktionalen und statisch-ambivalenten Muster hat muslimische Religiosität zwar eine mehr oder minder funktionale Bedeutung, jedoch keine
Relevanz bei der Bearbeitung der Bewährungsproblematik. Bei den hinter den
Mustern stehenden Fällen wurde indes eine ausgeprägte Leistungsorientierung
sichtbar. Die muslimischen Jugendlichen versuchen, sich durch schulische und berufliche Leistungen zu bewähren, und knüpfen damit an die in den säkularen Ge-

---

87   Im Zusammenhang mit Sport ist Religiosität Teil einer sportlich-religiösen Bewährungsstra-
      tegie.

sellschaften Europas verbreitete Leistungsethik an. Wie bereits im Fall des statisch-ambivalenten Musters angedeutet, kann man nur in indirekter Weise eine Wirkung des jeweiligen Religiositätstypus im Zusammenhang mit „Konsistenz" feststellen. Und zwar folgendermaßen: Wenn man Religiosität als biografische Konstante versteht, die gewissermaßen eine Basis für eine individuelle Leistungsentfaltung darstellt. Der Fall Kadia zeigt z.B., wie auf Basis einer familiären ethnisch-religiösen Identität eine erfolgreiche Schulkarriere gestaltet werden konnte; die positive Beziehung zur Herkunft und die eigenen Wurzeln nicht in Frage zu stellen, erzeugen dabei eine gewisse Konsistenz. Auf dieser Basis kann sich Leistungsorientierung entfalten, die letztlich zur Bewährungsbearbeitung dient. Keinesfalls leistet Religiosität nach dieser Lesart jedoch einen *aktiven* Beitrag zur Bearbeitung der Bewährungsproblematik.

Bei dem kreativ-reflexiven Muster lässt sich hingegen ein direkter Bezug herstellen. Religiosität ist unmittelbar an der Bearbeitung der Bewährungsproblematik beteiligt. Der Fall Mahmut zeigt jedoch, dass dies an spezielle Konstellationen gebunden sein könnte. Durch eine sportlich-religiöse Bewährungsstrategie gelang es ihm, eine autonome Lebenspraxis voranzutreiben. *Muslimische* Religiosität ist an der Strategie nur indirekt beteiligt, indem sie eine Zugehörigkeit zur Gemeinschaft der Muslime herstellt, die als Basis der reflexiv-motivierenden Gebetspraxis zu verstehen ist, und die im Zusammenspiel mit dem Boxsport ein Bewährungspotenzial erzeugt. Diese reflexive Form der Religiosität ist Teil der sportlich-religiösen Bewährungsstrategie; sowohl die Bewährungsstrategie, als auch das freie Beten sind keine Formen originär muslimischer Religiosität, sondern müssen als individueller, kreativer Umgang Mahmuts mit seiner Lebensgeschichte verstanden werden. Durch das schöpferische Potenzial der Strategie gelingt es ihm, die negativen Erfahrungen der Kindheit während der Adoleszenz zu transformieren, so dass Neues entstehen kann.

Dieses Verständnis des Bewährungspotenzials im kreativ-reflexiven Muster lässt damit an die Thesen Oevermanns anknüpfen, dass es keine Bewährungsdynamik aus dem Islam heraus gibt und folglich keine originär islamische Bewährungsstrategie. Die Bewährungsproblematik wurde im pragmatisch-funktionalen und statisch-ambivalenten Muster durch eine leistungsethische Orientierung bearbeitet oder, wie im kreativ-reflexiven Muster, durch eine sportlich-religiöse Bewährungsstrategie. Besonders das kreativ-reflexive und pragmatisch-funktionale Muster beinhalten individualisierte und individuierte Formen muslimischer Religiosität, die sich von dem Gehorsamsanspruch des Islams entfernt haben und so zu einer Ressource werden konnten, die die Qualität des adoleszenten Möglichkeitsraumes positiv beeinflussen oder erweitern kann.

6 Fazit

Ausgangspunkt dieser Abhandlung war die Frage nach der Bedeutung muslimischer Religiosität in der Adoleszenz, die wiederum Teil einer wissenschaftlichen und öffentlichen Diskussion über Muslime in Deutschland und Frankreich mit jeweils nationalen Konnotationen, aber ähnlichen Grundtendenzen ist. Allzu oft wird diese Diskussion auf die Frage reduziert, ob der Islam ein Integrationshindernis darstellt oder nicht. Die Problemorientierung in der Migrationsforschung, Religiosität als Ursache mannigfaltiger Problemlagen zu deklarieren, beflügelte das Erkenntnisinteresse dieser Untersuchung. Es galt, die Bedeutung muslimischer Religiosität aus Perspektive der jugendlichen Migranten zu rekonstruieren und danach zu fragen, inwieweit Religiosität eine Ressource bei der Bearbeitung adoleszenter Entwicklungsaufgaben darstellen kann.

Um die Komplexität des Erkenntnisinteresses in der empirischen Untersuchung erfassen zu können, wurde ein Zugang gewählt, der die adoleszenz- mit der religionstheoretischen Perspektive verbindet und in dieser Form in der einschlägigen Literatur bis jetzt nicht zu finden ist. Auf theoretischer Ebene wurde daher zunächst ein grundlegendes Verständnis über die Begriffe „Adoleszenz" und „Religion" erarbeitet. In einem weiteren Schritt wurden die zwei theoretischen Ansätze miteinander verknüpft und bilden so die Grundlage für die empirische Analyse. Die in der Adoleszenztheorie von King formulierte verdoppelte Transformationsanforderung für Jugendliche mit Migrationshintergrund wird durch die Fragestellung dieser Arbeit aufgegriffen und weiter differenziert. Die Theorie berücksichtigt bereits, dass sowohl adoleszenz- als auch migrationsspezifische Transformationsanforderungen von Jugendlichen zu bearbeiten sind; diese Abhandlung differenziert sodann weiter die migrationsspezifische Ebene – und zwar im Blick auf die Bedeutung der Religiosität bei diesen Wandlungsprozessen.

Die empirische Untersuchung der deutsch- und französischsprachigen narrativen Interviews erfolgte in Anlehnung an die Methode der biografischen Fallrekonstruktion nach Rosenthal. Das vielleicht wichtigste Ergebnis, das sich beim Vergleich der rekonstruierten Fälle feststellen lässt, ist, dass Religion oder Religiosität kein vordergründiges Thema für die Autobiografen ist. Sie präsentieren erfolgreiche und gelingende Lebensgeschichten, in denen Religiosität kaum eine Rolle spielt, sondern Privatsache ist. Aber dennoch ist das Thema „Religiosität" in allen Lebensgeschichten und Lebensentwürfen präsent und hat jeweils unterschiedliche Bedeutungen. Dabei spielt immer auch die „äußere" Dimension von Religiosität eine Rolle. Jeder Autobiograf berichtet davon, wie er sich mit Projektionen, Zuschreibungen und Diskriminierungen auseinandersetzen muss, die sich auf Herkunft und Religion beziehen. Die „äußere" Dimension und Binnensicht muslimischer Religiosität steht in einem ständigen Wechselverhältnis, das bei der Analyse stets mit betrachtet wurde. Es konnten aus den Fällen drei unterschiedliche religiöse Bedeutungsmuster generiert werden, die als pragmatisch-funktionales, kreativ-reflexives sowie statisch-ambivalentes Muster benannt wurden.

Die Diskussion der Religiositätsmuster zeigte, dass muslimische Religiosität die Qualität des adoleszenten Möglichkeitsraumes beeinflusst. Religiosität vom Typus des kreativ-reflexiven und pragmatisch-funktionalen Musters ist dabei in unterschiedlichem Maße eine Ressource für die Jugendlichen, die zum Bearbeiten adoleszenter Entwicklungsaufgaben einen Beitrag leistet. Das statisch-ambivalente Religiositätsmuster zeigt hingegen keine Tendenz, dass durch Religiosität adoleszente Entwicklungsspielräume bearbeitet oder erweitert werden, sondern bestenfalls unbeeinflusst bleiben oder gar eingeschränkt werden.

Das statisch-ambivalente Muster, das aus dem Fall Mostapha erzeugt wurde, stellt insofern einen Kontrast zu den anderen Mustern dar. Religiosität hat hier eine ambivalente biografische Bedeutung und ist keine Ressource in der Adoleszenz. Dieser Unterschied könnte aus drei Faktoren resultieren, die sich gegenseitig bedingen und folgendermaßen zusammenhängen: 1) Die elternunabhängige Migration machte einen Wandel bzw. eine Individualisierung der eigenen Religiosität im Sinne einer Abgrenzung zu der Religiosität der Eltern entbehrlich und bestärkte das Anknüpfen an die Herkunft durch Fortführen einer unveränderten Religiosität. 2) Als Immigrant der ersten Generation wirken die politisch-juristischen Rahmenbedingungen unmittelbar. Der Status als Ausländer führte zu Diskriminierungen im öffentlichen Leben und bei der Arbeitsplatzsuche. Die Differenzkonstruktion und Diskriminierung wurde von Seiten der Anderen bzw. der Aufnahmegesellschaft über die ethnisch-religiöse Herkunft hergestellt. 3) Die verdoppelte Transformationsanforderung stellt eine Herausforderung dar, die eine Prioritätensetzung erforderlich machte. Es musste die gesamte Energie in die Anpassung und Leistung im Bereich Ausbildung und Beruf gesteckt werden, so dass es keine Ressourcen mehr gab, um sich mit einer Bearbeitung der Religiosität und Identität auseinander zu setzen. Das Nicht-Bearbeiten führte wiederum im privaten Bereich der Ehe zu Problemen und Konflikten.

Die im Zuge der Adoleszenz veränderten, individualisierten und individuierten Formen muslimischer Religiosität sind – als kreativ-reflexiv und pragmatisch-funktionales Muster gefasst – hingegen produktiver Bestandteil der Lebensgeschichte und wurden in den Lebensentwurf integriert. Dies kann als Ausdruck der Anpassung des Islams an die Erfordernisse in der modernisierten Gesellschaft betrachtet werden. Der Begriff individualisierter Religiosität fokussiert auf das Phänomen des zunehmenden Bedeutungsverlustes einer vergemeinschafteten religiösen Praxis. Die Autobiografen mit Ausnahme von Mahmut, der gelegentlich zum Freitagsgebet in die Moschee geht, lassen erkennen, dass es kaum noch eine Bedeutung für sie hat, in der Moschee das Pflichtgebet zu verrichten. Dies ist gleichsam ein Prozess der Privatisierung religiöser Praxis, der in struktureller Sicht dem Phänomen der Entkirchlichung in christlichen Religiositätsformen ähnelt. Der Wandel zu einem individualisierten Religiositätsverständnis kann einhergehen mit dem Verschwinden religiöser Praxis, im Sinne einer nachlässigen Praxis des Pflichtgebets. Der Aspekt der individuierten Religiosität betont hingegen die Integration einer, zumeist individualisierten Religiositätsform in den eigenen Lebensentwurf, so, dass eine individuelle, also mit einer akzentuierten Struktur versehene Religiosität entsteht, die in die Persönlichkeitsstruktur verwoben ist und mithin selbst Teil der Identitätsbildungs- bzw. Subjektivierungsprozesses des Individuums ist. Die zugehörigkeitsstiftende Funktion muslimischer Religiosität wird dann nicht mehr über die Praxis sondern einer identitätsbasierten Rezeption hergestellt.

Individuelle Formen muslimischer Religiosität lassen sich demnach mit dem Ideal der individualisierten, modernen Jugendbiografie durchaus vereinbaren. Die Biografien von Mahmut, Kadia und Yasmina zeigen, wie in unterschiedlicher Art und Weise auf religiöse Versatzstücke zurückgegriffen wird und sich die individualisierten und individuierten Formen muslimischer Religiosität von dem Gehorsamsanspruch des Islams, wie ihn Oevermann formuliert, entfernt haben bzw. dieser sich gewandelt hat. Dieser Transformationsprozess könnte charakterisiert sein durch eine fortbestehende oder weiter abnehmende, nachlässige Glaubenspraxis, die einhergeht mit einer gesteigerten Potenzialität von muslimischer Religiosität als funktionale lebensweltliche Ressource. Es deutet zumindest einiges auf diesen thesenhaft formulierten Zusammenhang hin. Dass sich dabei der proklamierte Gehorsamsanspruch, der insbesondere im Erfüllen des rituellen Pflichtgebets sichtbar wird, von der tatsächlichen Glaubenspraxis weit entfernen kann, zeigte insbesondere der Fall Mahmut. Er versuchte nachdrücklich, dieses Spannungsverhältnis zwischen Anspruch und Wirklichkeit zu erklären und zu legitimieren. Und dieses Spannungsverhältnis stieg in dem Maße an, indem sich das hochgradig individuierte Religiositätsverständnis von Mahmut herausschälte, das durch den kreativen Umgang mit der eigenen Lebensgeschichte in Form des reflexiven Betens erzeugt wurde und ungeachtet oder gerade wegen des uneingelösten Gehorsamsanspruchs entstehen konnte.

In dem vorigen Absatz deutet sich bereits der Bezug auf die Thesen von Wensierski und Oevermann an, die im Folgenden dezidiert mit den Ergebnissen dieser Untersuchung in Verbindung gebracht werden. Wensierskis These besagt, dass die Jugendphase der Muslime eine selektiv-islamisch modernisierte Jugendphase sei, und dass es ein Fortwirken islamischer Normen und Werte gebe, welche adoleszente Entwicklungsmöglichkeiten strukturell einschränken. Es dürfte bis hierhin bereits deutlich geworden sein, dass die Ergebnisse dieser Untersuchung zwar durchaus ein Fortwirken islamischer Normen und Werte erkennen lassen, aber diese von den Jugendlichen auf kreative oder pragmatische Weise in ihren eigenen Lebensentwurf integriert wurden. Mit Ausnahme des bereits erörterten statisch-ambivalenten Musters konnte muslimische Religiosität für die Jugendphase der Muslime als Ressource bewertet und verstanden werden, die keine strukturelle Verhinderung von Entwicklungsmöglichkeiten darstellt. Dieses Ergebnis gilt zumindest solange, wie ethnisch-religiöse Diskriminierungen Entwicklungschancen nicht von vornherein blockieren und so wie es sich um eine individualisierte und individuierte Form muslimischer Religiosität handelt. Anzumerken ist dabei explizit, dass die strukturelle Verhinderung von Entwicklungsmöglichkeiten, wie sie sich im Fall Mostaphas zeigte, nicht vom Inneren der Religiosität, also vom Subjekt heraus begründet, sondern durch die Fremdsicht der Anderen erzeugt wurde.

Als Erklärung für die differierende Sichtweise ist anzumerken, dass der Standpunkt der Perspektive und der Maßstab der Bewertung Einfluss auf das Ergebnis haben. Nimmt man eine sozialwissenschaftlich-emanzipatorische Perspektive ein, dann kann man einen „konservativen" Lebensentwurf, wie er sich im Fall Kadia und ihrer engen Bindung an die Eltern zeigte, durchaus vorschnell als islamisch-selektiv modernisierten Lebensentwurf abkanzeln, in dem Entwicklungsspielräume durch islamische Normen und Werte eingeengt werden. Zugespitzt kann man sagen, dass von Seiten des Anderen, der hier in Form der Wissenschaft auftritt, dieser Lebensentwurf diskreditiert wird. Aus der Perspektive des Subjekts heraus ist die Entscheidung zu einem „konservativen" Lebensentwurf und der damit einhergehenden engen Bindung an familiäre Muster als bewusste und autonome Entscheidung zu verstehen; Kadia hätte auch anders entscheiden können. Nur darf die Bewertung aus der Subjektperspektive nicht naiv und einfältig bleiben, sondern es gilt, auch die Hintergründe und Zusammenhänge zu hinterfragen, die bspw. zu Kadias Entscheidung geführt haben. Die pragmatische Haltung und subtile Durchsetzung ihres eigenen Lebensentwurfs in Bezug auf religiöse Fragen ist einerseits die Charakteristik des Religiositätsmusters, andererseits werden Konflikte und das darin liegende Entwicklungspotenzial verworfen. Dieser Pragmatismus kann ein Zugeständnis der Adoleszenten an die Herausforderung sein, zwischen der Herkunftskultur der Eltern und der Mehrheitskultur vermitteln zu müssen. Es wird nicht hinterfragt, was nicht stört, solange der eigene Lebensentwurf vorangetrieben werden kann, und damit steht mehr Kraft z.B. für schulischen Leistungen zur Verfügung.

Es ist festzuhalten: Die in dieser Untersuchung deutlich gewordenen individualisierten und individuierten Formen muslimischer Religiosität, insbesondere das kreativ-reflexive und pragmatisch-funktionale Bedeutungsmuster, zeigen keine spezifische und strukturelle Verhinderung von Entwicklungsmöglichkeiten durch muslimische Religiosität. Die in Anlehnung an die von Wensierski (2007:75) verwendete Formel einer „widersprüchlichen Gestalt muslimischer Adoleszenz" entstandene Titelfrage „Muslimische Adoleszenz?" ist damit beantwortet worden. In den untersuchten Biografien von Mahmut, Kadia, Yasmina und Mostapha ließ sich *keine* islamisch-selektiv modernisierte Jugendphase feststellen, die man als eine spezifisch muslimische Adoleszenz bezeichnen könnte.

Der bereits angesprochene Gehorsamsanspruch des Islams ist die Kernbotschaft von Oevermanns These, dass bedingungsloser Gehorsam – in struktureller Sicht – die Grundform muslimischer Religiosität sei. Folgt man dieser These, dann sind die in dieser Untersuchung vorgefundenen Religiositätsformen – aus der Inneren Logik des Islams heraus – als Ungehorsam gegenüber dem Gehorsamsanspruch zu bewerten. Denn die jungen Muslime eifern nicht den religiösen Pflichten nach, sondern greifen auf religiöse Versatzstücke zurück und bauen diese nach funktionalen und pragmatischen Aspekten in ihre Biografien ein. Wie eine Biografisierung des Religiösen tritt dabei der Gehorsamsanspruch in den Hintergrund und die Verwendung des Religiösen als Ressource für die eigene Sache, wie z.B. die Identitätskonstruktion, in den Vordergrund.

Oevermann hat über die These zum Islam hinaus mit dem Strukturmodell von Religiosität nach der eigentlichen Aufgabe von Religiosität gefragt, insbesondere danach, wie man die aus dem Endlichkeitsbewusstsein des Menschen resultierende Individuierungsdynamik und damit verbundene Bewährungsproblematik bearbeiten oder mildern kann. Oevermanns Analyse zum Islam hat ergeben, dass dieser von sich heraus keinen Individuierungs- und Autonomisierungsantrieb hervorbringt und der islamische Bewährungsmythos daher nur innerhalb der engen Grenzen des Gehorsamsanspruchs wirkmächtig ist. Dieses Ergebnis bedeutet im übertragenen Sinne, dass der Islam für (junge) Muslime in modernisierten Gesellschaften mit einem Ideal zur Individualisierung und Individuierung in struktureller Hinsicht keine Bewährungsstrategie anbieten kann. Die Fälle in dieser Untersuchung haben dies bestätigt, denn die Rekonstruktion einer religiös motivierten Bewährungsstrategie, die originär auf den Islam zurückgeht, blieb aus. Stattdessen wurde deutlich, dass die jungen Muslime versuchen, sich durch eine leistungsethische Orientierung in ihrer Lebenspraxis zu bewähren. Und dies gilt, wie bereits ausgiebig erörtert, auch für die sportlich-religiöse Bewährungsstrategie im Fall Mahmut.[88] Durch die individualisierten und individuierten Formen muslimischer Religiosität haben die jungen Muslime den Gehorsamsanspruch jedoch produktiv gewandelt. Muslimische Religiosität konnte so zu einer funktionalen Ressource im Adoleszenzverlauf avancieren.

Im Anschluss an dieses Ergebnis lässt sich daher zusammenfassen: Je stärker sich die individualisierte und individuierte Religiositätsform der jungen Muslime von dem Gehorsamsanspruch entfernt oder diesen produktiv transformiert haben, desto größer wird das Modernisierungspotenzial der islamischen Religion und die funktionale Verwendungsmöglichkeit muslimischer Religiosität als Ressource bei der Herstellung einer konsistenten und kohärenten Biografie, insbesondere in der Adoleszenz. Dies haben die Fallbeispiele gezeigt. Ebenso, dass ein sozial-ökonomischer Aufstieg und eine Bildungskarriere nicht in Widerspruch zum Muslim-Sein stehen. Und, dass eine individualisierte und individuierte Form muslimischer Religiosität nicht per se ein Integrations- oder Erfolgshindernis darstellt.

Will man aus diesen Erkenntnissen weitergehende Schlussfolgerungen ziehen, dann ließe sich Folgendes sagen: Die politisch-juristischen Rahmenbedingungen sollten weiter verbessert werden, so dass auch elternunabhängig immigrierte Ju-

---

88   Siehe hierzu die Feinanalyse des Falls Mahmut im Abschnitt 4.2.1.4.

gendliche ihren Fähigkeiten entsprechende Chancen in der Aufnahmegesellschaft erhalten. Die Vermeidung ethnisch-religiöser Diskriminierungen müsste nachhaltig angestrebt werden, sei es in Schule oder Beruf. Und es sollte jeglichen Entwicklungen entgegengewirkt werden, die zu einer potenziellen Re-Islamisierung der jungen Muslime in Richtung eines (blinden) religiösen Gehorsams führen.

An dieser Stelle wird auch deutlich, welche Fragen im Anschluss an diese Untersuchung offen bleiben und wo die Grenzen der Analyse liegen. Zu untersuchen wäre ferner: Welche Konstellationen begünstigen oder behindern die Entstehung individualisierter muslimischer Religiositätsformen? Welche Rolle spielen biografische Schlüsselerlebnisse für die Transformation der Religiosität und kann man diese pädagogisch fruchtbar machen? Wie sich die elternunabhängige Migration auf die Transformation des Religiösen auswirkt, wäre ebenfalls weiter zu erforschen. In dieser Untersuchung ließ sich überdies nur andeutungsweise klären, inwieweit die generierten Bedeutungsmuster geschlechterspezifisch sind.

In Bezug auf das pädagogische Aufgabenfeld lässt sich abschließend resümieren, dass Pädagogen und Akteure im Umgang mit jungen Muslimen jeden einzelnen Fall, Schüler und Klienten betrachten müssen, anstatt vorschnelle Fehlschlüsse zu ziehen, die auf reale oder vermeintliche islamspezifische Besonderheiten der Erziehung, Sozialisation und des Lebensentwurfes abzielen. Dies scheint umso mehr geboten, da individualisierte und individuierte Formen muslimischer Religiosität immer auch in Wechselwirkung mit der „äußeren" Dimension der Religiosität stehen und insofern islamspezifische Klischees, Stereotypen sowie Zuschreibungen und Diskriminierungen durch Pädagogen vermieden werden sollten. Pauschale „islamtaugliche" Interventions- und Handlungsmethodiken kann es also nicht geben. Diese Zusammenhänge müssen in der Praxis bedacht werden. Ein fundiertes Wissen und differenziertes Fremdverstehen in diesem Bereich ist für Lehrer und Sozialarbeiter zunehmend bedeutsamer – und dies ist nicht zuletzt auch wegen des latenten Gehorsamsanspruchs des Islams unabdingbar. Der mit einem Fragezeichen versehene Titel dieser Untersuchung ist insofern ein wiederkehrendes Programm, da sowohl das hier empirisch erarbeitete Wissen als vorläufig zu betrachten ist, als auch die Formen muslimischer Religiosität dynamisch sind und sich wandeln, so dass es in der nächsten Generation junger Muslime bereits ganz anders aussehen könnte. Dies gilt es weiter zu untersuchen. Für diese Untersuchung und die generierten Bedeutungsmuster gilt jedoch, dass es keine Anzeichen für eine spezifische „muslimische Adoleszenz" gibt. Dieses Ergebnis steht unter dem Vorbehalt, dass es sich hierbei um individualisierte und individuierte Formen muslimischer Religiosität handelt, die sich vom islamischen Gehorsamsanspruch entfernt haben und so zu einer biografischen und adoleszenten Ressource wurden. Durch politische und pädagogische Maßnahmen sollte man zukünftig die Entstehungsprozesse individualisierter und individuierter Formen muslimischer Religiosität unterstützen.

Anhang

Tabelle 3: Variablen und charakteristische Merkmale der Autobiografen

	Mahmut*	Kadia*	Yasmina*	Mostapha*
Lebensmittel-punkt	Deutschland	Deutschland	Frankreich	Frankreich
Alter	17	18	26	26
Geschlecht	männlich	weiblich	weiblich	männlich
Nationalität	vermutlich türkisch	deutsch	französisch und tunesisch	marokkanisch
Geburtsland	Deutschland	Deutschland	Frankreich	Marokko
Herkunftsland der Eltern; Zeitpunkt ihrer Migration	Türkei; Vater 1972, Mutter und 2 Kinder später	Marokko; Vater 1970, Mutter und 4 Kinder 1980	Tunesien; Vater unbek., Mutter „als sie jung war"	Marokko; Vater nach Dt. immigriert, Mutter in Marokko
Sprache im Elternhaus	unbekannt	berberisch	französisch	marokkanisch-arabischer Dialekt
Alter, sofern selbst migriert	./.	./.	./.	18 Jahre
Grund der Migration	Arbeits-migration („Gastarbeiter")	Arbeits-migration („Gastarbeiter")	unbekannt	Studium in Frankreich
höchster Bildungsabschluss	Realschule mit Erzieher-ausbildung	Abitur angestrebt	Master	Abitur (marokkanisch)
Beruf	Erzieher	./.	Pädagogin	Aerodynamik-ingenieur
derzeitige Tätigkeit	schulische Ausbildung als technischer Zeichner	Schülerin in Oberstufe eines Gymnasiums und Nebenjob	Promotion und Tätigkeit als Pädagogin	Informatik-ingenieur
Religion	sunnitischer Islam	Islam	sunnitischer Islam	Islam
Religion der Eltern	vermutlich Islam	Islam	Islam	Islam
Wohnort und -situation	Großstadt; Wohnung der Eltern	Großstadt; Wohnung der Eltern	Großstadt; Haus der Eltern	Vorort einer Großstadt; eigene Wohnung

145

	Mahmut*	**Kadia***	**Yasmina***	**Mostapha***
Geschwister	2 ältere Brüder	2 Brüder, 2 Schwestern (alle älter & bereits verheiratet)	3 Schwestern; Yasmina ist die Zweitjüngste	1 Bruder, 2 Schwestern
Beruf der Eltern	Vater: Stahlwerker; Mutter: unbek.	Vater: Arbeiter; Mutter: Hausfrau	Vater: Mechaniker; Mutter: Kindergärtnerin	Vater: pensioniert; Mutter: Hausfrau
Familienstand	Single	Single	Single	2 Jahre verheiratet, jetzt geschieden
Migrationshintergrund des Interviewers	türkisch	./.	gebürtiger Madagasse	gebürtiger Marokkaner
Art der Beziehung	regelmäßiger Boxpartner	Schülerin einer Freundin; erster und einziger Kontakt	Freundin	Freund eines Freundes
Zugang zum Interview	direkt	über Lehrerin	direkt	über Freund
Ort des Interviews	Wohnung der Eltern	Kadias Schule	Haus der Eltern	Mostaphas Wohnung

Transkriptionsregeln

unterstrichen	betont
//	Hörersignal
oh=nee	Wortverschleifung
(lacht)	Anmerkungen
Punkt .	Stocken im Redefluss
(3)	Pause von drei Sek.

146

Literaturverzeichnis

Abdullah, Muhammad (1981): Geschichte des Islams in Deutschland. Graz, Köln: Styria.

Alicke, Tina (2008): Differenzierung der Migrationsprozesse und der Wandel der Religionen. In: Migration und Soziale Arbeit, H. 2, S. 122–128.

Baacke, Dieter (1994): Individualisierung und Privatisierung von Religion. Neue religiöse Ausdrucksformen bei Jugendlichen. In: Lohmann, Ingrid (Hg.): Dialog zwischen den Kulturen. Erziehungshistorische und religionspädagogische Gesichtspunkte interkultureller Bildung. Münster: Waxmann, S. 188–194.

Baacke, Dieter/Sander, Uwe (2006): Biographieforschung und pädagogische Jugendforschung. In: Krüger, Heinz-Hermann/Marotzki, Winfried (Hg.): Handbuch erziehungswissenschaftliche Biographieforschung. 2., überarbeitete und aktualisierte Auflage. Wiesbaden: VS Verlag, S. 257–271.

Bandorski, Sonja/Harring, Marius/Karakaşoğlu, Yasemin/Kelleter, Kai 2009: Der Mikrozensus im Schnittpunkt von Geschlecht und Migration. Möglichkeiten und Grenzen einer sekundär-analytischen Auswertung des Mikrozensus 2005. Online verfügbar unter http://www.bmfsfj.de/bmfsfj/generator/ RedaktionBMFSFJ/Broschuerenstelle/Pdf-Anlagen/mikrozensus-geschlecht-migration-pdf,property=pdf,bereich=bmfsfj,sprache=de,rwb=true.pdf.

Baros, Wassilios (2006): Adoleszente Generationenbeziehungen in Migrantenfamilien als Untersuchungsgegenstand. Theoretische Ansatze und methodische Perspektiven. In: King, Vera/Koller, Hans-Christoph (Hg.): Adoleszenz - Migration - Bildung. Bildungsprozesse Jugendlicher und junger Erwachsener mit Migrationshintergrund. Wiesbaden: VS Verlag, S. 137–157.

Beck, Ulrich (2001): Das Zeitalter des „eigenen Lebens". Individualisierung als „paradoxe Sozialstruktur" und andere offene Fragen. In: Aus Politik und Zeitgeschichte, H. 29, S. 3–6.

Behr, Harry Harun (2010): Muslim sein – eine Frage der Person. Gedanken zum Aspekt der Individualität im Islam. In: Schneiders, Thorsten Gerald (Hg.): Islamverherrlichung. Wenn die Kritik zum Tabu wird. Wiesbaden: VS Verlag, S. 107–115.

Berger, Peter L./Luckmann, Thomas (1969): Die gesellschaftliche Konstruktion der Wirklichkeit. Eine Theorie der Wissenssoziologie. Frankfurt/Main: Fischer, 1980.

Berlin-Institut für Bevölkerung und Entwicklung (Hg.) (2009): Ungenutzte Potenziale. Zur Lage der Integration in Deutschland. Berlin: Stiftung Berlin-Institut für Bevölkerung und Entwicklung.

Bertelsmann Stiftung (Hg.): Religionsmonitor 2008. Gütersloh.

Bertelsmann Stiftung (Hg.) (2009): Woran glaubt die Welt. Analysen und Kommentare zum Religionsmonitor 2008. Unter Mitarbeit von Martin Rieger und Matthias Jäger. Gütersloh: Verl. Bertelsmann Stiftung.

Bommes, Michael (2008): Migration und die Veränderung der Gesellschaft. In: Aus Politik und Zeitgeschichte, H. 35-36 (25. August), S. 20–25.

Bosse, Hans (1994): Der fremde Mann. Jugend, Männlichkeit, Macht. Eine Ethnoanalyse. Frankfurt: Fischer.

Bosse, Hans (2000): Die Trennung vom Weiblichen. Rituelle und moderne Formen der Vermännlichung bei Adoleszenten. In: Bosse, Hans/King, Vera (Hg.): Männlichkeitsentwürfe. Wandlungen und Widerstände im Geschlechterverhältnis. Frankfurt/Main: Campus, S. 51–68.

Bukow, Wolf-Dietrich/Ottersbach, Markus/Tuider, Elisabeth (Hg.) (2006): Biografische Konstruktionen im multikulturellen Bildungsprozess. Individuelle Standortsicherung im globalisierten Alltag. Wiesbaden: VS Verlag.

Bundesministerium des Innern (Hg.) (2007): Muslime in Deutschland. Integration, Integrationsbarrieren, Religion und Einstellungen zu Demokratie, Rechtsstaat und politisch-religiös motivierter Gewalt. Ergebnisse von Befragungen im Rahmen im Rahmen einer multizentrischen Studie in städtischen Lebensräumen.

Bundesministerium für Familie, Senioren Frauen und Jugend (Hg.) 2005: Zwölfter Kinder- und Jugendbericht. Online verfügbar unter http://www.bmfsfj.de/RedaktionBMFSFJ/Abteilung5/Pdf-Anlagen/zwoelfter-kjb,property=pdf.pdf.

Ceylan, Rauf (2006): Ethnische Kolonien. Entstehung, Funktion und Wandel am Beispiel türkischer Moscheen und Cafés. Wiesbaden: VS Verlag.

Charlier, Mahrokh (2010): Macht und Ohnmacht. Religiöse Tradition und die Sozialisation des muslimischen Mannes. In: Schneiders, Thorsten Gerald (Hg.): Islamverherrlichung. Wenn die Kritik zum Tabu wird. Wiesbaden: VS Verlag, S. 353–365.

Erikson, Erik Homburger (1956): Identität und Lebenszyklus. Drei Aufsätze. Frankfurt/Main: Suhrkamp, 1973.

Escudier, Alexandre (Hg.) (2003): Der Islam in Europa. Der Umgang mit dem Islam in Frankreich und Deutschland. Göttingen: Wallstein.

Essabah, Elhadi (2006): „Ruf zu mir, so erhöre Ich euch" (Sure 40,60). Bedeutung und Sinn des Bittgebets im Islam. In: Schmid, Hansjörg/Renz, Andreas/Sperber, Jutta (Hg.): "Im Namen Gottes ...". Theologie und Praxis des Gebets in Christentum und Islam. Regensburg: Pustet, S. 91–103.

Fischer-Rosenthal, Wolfram/Rosenthal, Gabriele (1997): Narrationsanalyse biografischer Selbstpräsentation. In: Hitzler, Ronald/Honer, Anne (Hg.): Sozialwissenschaftliche Hermeneutik. Eine Einführung. Opladen: Leske+Budrich, S. 133–164.

Galembert, Claire de (2007): Die Zersplitterung des Islams in Frankreich. In: Wohlrab-Sahr, Monika/Tezcan, Levent (Hg.): Konfliktfeld Islam in Europa. Baden-Baden: Nomos, S. 369–389.

Gensicke, Thomas (2006): Jugend und Religiosität. In: Shell Deutschland Holding (Hg.): Jugend 2006. Eine pragmatische Generation unter Druck. Frankfurt/Main: Fischer Taschenbuch Verlag, S. 203–239.

Günther, Marga (2009): Adoleszenz und Migration. Wiesbaden: VS Verlag.

Hamburger, Franz (2006): Migration und Religion. In: Migration und Soziale Arbeit, H. 2, S. 88–97.

Haug, Sonja/Müssig, Stephanie/Stichs, Anja (2009): Muslimisches Leben in Deutschland. Im Auftrag der Deutschen Islam Konferenz. Herausgegeben von Bundesamt für Migration und Flüchtlinge. (Forschungsbericht 6). Online verfügbar unter http://www.bamf.de/cln_092/nn_442016/sid_91AE262B FC354D15477E2ECF6BD164C7/nsc_true/SharedDocs/AnlagenDE/Migrati on/Publikationen/Forschung/Forschungsberichte/fb6-muslimisches-leben. html?__nnn=true.

International Crisis Group (Brüssel) (2007): Islam an Identity in Germany. Europe Report N°181. Online verfügbar unter http://www.crisisgroup.org/~/media/ Files/europe/181_islam_in_germany.ashx.

John, Barbara (2007): Kulturelle Anpassungsleistungen muslimischer Jugendlicher in Deutschland unter Wahrung der religiösen Identität. In: Dettling, Daniel/Gerometta, Julia (Hg.): Vorteil Vielfalt. Herausforderungen und Perspektiven einer offenen Gesellschaft. Wiesbaden: VS Verlag, S. 57–65.

Kaufmann, Franz-Xaver (1989): Religion und Modernität. Sozialwissenschaftliche Perspektiven. Tübingen: Mohr.

Kelek, Neclá (2002): Islam im Alltag. Islamische Religiosität und ihre Bedeutung in der Lebenswelt von Schülerinnen und Schülern türkischer Herkunft. Münster: Waxmann.

King, Vera (2000): Identitätsbildungsprozesse in der weiblichen Adoleszenz. In: Wiesse, Jörg (Hg.): Identität und Einsamkeit. Zur Psychoanalyse von Narzißmus und Beziehung. Göttingen: Vandenhoeck & Ruprecht, S. 53–70.

King, Vera (2002): Die Entstehung des Neuen in der Adoleszenz. Individuation, Generativität und Geschlecht in modernisierten Gesellschaften. Opladen: Leske+Budrich.

King, Vera (2005): Adoleszenz und Migration – eine verdoppelte Transformationsanforderung. In: Bründl, Peter/Abeken, Hans (Hg.): Kindheit jenseits von Trauma und Fremdheit. Psychoanalytische Erkundung von Migrationsschicksalen im Kindes- und Jugendalter. Frankfurt/Main: Brandes & Apsel, S. 30–51.

King, Vera (2008): Aufstieg aus der bildungsfernen Familie. Anforderungen in Bildungskarrieren am Beispiel junger Männer mit Migrationshintergrund. In: Henschel, Angelika/Krüger, Rolf/Schmitt, Christoff/Stange, Waldemar (Hg.): Jugendhilfe und Schule. Handbuch für eine gelingende Kooperation. Wiesbaden: VS Verlag, S. 333–346.

King, Vera/Koller, Hans-Christoph (2006): Adoleszenz als Möglichkeitsraum für Bildungsprozesse unter Migrationsbedingungen. Eine Einführung. In: King, Vera/Koller, Hans-Christoph (Hg.): Adoleszenz - Migration - Bildung. Bildungsprozesse Jugendlicher und junger Erwachsener mit Migrationshintergrund. Wiesbaden: VS Verlag, S. 9–26.

King, Vera/Schwab, Angelika (2000): Flucht und Asylsuche als Entwicklungsbedingungen der Adoleszenz. Ansatzpunkte pädagogischer Begleitung am Beispiel einer Fallgeschichte. In: King, Vera/Müller, Burkhard K. (Hg.): Adoleszenz und pädagogische Praxis. Bedeutungen von Geschlecht, Generation und Herkunft in der Jugendarbeit. Freiburg im Breisgau: Lambertus, S. 209–232.

Klinker, Sonja (2010): Maghrebiner in Frankreich, Türken in Deutschland. Eine vergleichende Untersuchung zu Identität und Integration muslimischer Einwanderergruppen in europäische Mehrheitsgesellschaften. Frankfurt/Main: Lang.

Klinkhammer, Gritt Maria (2000): Moderne Formen islamischer Lebensführung. Eine qualitativ-empirische Untersuchung zur Religiosität sunnitisch geprägter Türkinnen der zweiten Generation in Deutschland. Marburg: Diagonal.

Knoblauch, Hubert Alfons (1999): Religionssoziologie. Berlin: de Gruyter.

Kohli, Martin (1985): Die Institutionalisierung des Lebenslaufs. Historische Befunde und theoretische Argumente. In: Kölner Zeitschrift für Soziologie und Sozialpsychologie, H. 37, S. 1–29.

Könemann, Judith (2002): „Ich wünschte, ich wäre gläubig, glaub' ich". Zugänge zu Religion und Religiosität in der Lebensführung der späten Moderne. Opladen: Leske + Budrich.

Küsters, Ivonne (2006): Narrative Interviews. Grundlagen und Anwendungen. Wiesbaden: VS Verlag.

Leggewie, Claus (1993): SOS France. Ein Einwanderungsland kommt in die Jahre. In: Robertson-Wensauer, Caroline (Hg.): Multikulturalität - Interkulturalität. Probleme und Perspektiven der multikulturellen Gesellschaft. Baden-Baden: Nomos, S. 212–238.

Luhmann, Niklas (1984): Soziale Systeme. Grundriß einer allgemeinen Theorie. Frankfurt/Main: Suhrkamp.

Luhmann, Niklas (1977): Funktion der Religion.. Frankfurt/Main: Suhrkamp, 2004.

Mannheim, Karl/Kettler, David (1980): Strukturen des Denkens. Frankfurt/Main: Suhrkamp.

Marotzki, Winfried (2002): Allgemeine Erziehungswissenschaft und Biographieforschung. In: Kraul, Margret/Marotzki, Winfried (Hg.): Biographische Arbeit. Perspektiven erziehungswissenschaftlicher Biographieforschung. Opladen: Leske + Budrich, S. 49–64.

Marotzki, Winfried (2008): Qualitative Sozialforschung. In: Flick, Uwe/Kardorff, Ernst von/Steinke, Ines (Hg.): Qualitative Forschung. Ein Handbuch. 6. Aufl. Reinbek bei Hamburg: Rowohlt-Taschenbuch-Verl., S. 175–186.

Mıhçıyazgan, Ursula (1994): Die religiöse Praxis muslimischer Migranten. Ergebnisse einer empirischen Untersuchung in Hamburg. In: Lohmann, Ingrid (Hg.): Dialog zwischen den Kulturen. Erziehungshistorische und religionspädagogische Gesichtspunkte interkultureller Bildung. Münster: Waxmann, S. 195–206.

Müller, Burkhard (2010): Lebensentwurf und Migration. Ein Projektbericht. In: Zeitschrift für Sozialpädagogik, Jg. 8, H. 4, S. 396–415.

Müller, Burkhard/King, Vera/Colin, Lucette/Terzian, Anna (Hg.) : Lebensgeschichten und Lebensentwürfe junger Männer und Frauen mit Migrationshintergund in Deutschland und Frankreich: Bildungsprozesse und Sozialisation. (Veröffentlichung in Vorbereitung, vorläufiger Titel, erscheint in deutscher und französischer Ausgabe)

Nökel, Sigrid (1996): "Ich hab ein Recht darauf, meine Religion zu leben": Islam und zweite Migrantengeneration in der Bundesrepublik Deutschland. In: Schlee, Günther/Werner, Karin (Hg.): Inklusion und Exklusion. Die Dynamik von Grenzziehungen im Spannungsfeld von Markt, Staat und Ethnizität. Köln: Köppe, S. 275–303.

Nökel, Sigrid (2002): Die Töchter der Gastarbeiter und der Islam. Zur Soziologie alltagsweltlicher Anerkennungspolitiken; eine Fallstudie. Bielefeld: Transcript.

Oevermann, Ulrich (1995): Ein Modell der Struktur von Religiosität. Zugleich ein Strukturmodell von Lebenspraxis und von sozialer Zeit. In: Wohlrab-Sahr, Monika (Hg.): Biographie und Religion. Zwischen Ritual und Selbstsuche. Frankfurt/Main: Campus, S. 27–102.

Oevermann, Ulrich (1996): Strukturmodell von Religiosität. In: Gabriel, K. (Hg.): Religiöse Individualisierung oder Säkularisierung: Biographie und Gruppe als Bezugspunkte moderner Religiosität. Gütersloh: Kaiser, S. 29–40.

Oevermann, Ulrich (2001a): Bewährungsdynamik und Jenseitskonzepte – Konstitutionsbedingungen von Lebenspraxis. In: Schweidler, W. (Hg.): Wiedergeburt und kulturelles Erbe. St. Augustin: Academia, S. 289–338.

Oevermann, Ulrich (2001b): Die Krise der Arbeitsgesellschaft und das Bewährungsproblem des modernen Subjekts. In: Becker, Roland (Hg.): Eigeninteresse und Gemeinwohlbindung. Kulturspezifische Ausformungen in den USA und Deutschland. Konstanz: UVK, S. 19–38.

Oevermann, Ulrich (2003): Strukturelle Religiosität und ihre Ausprägungen unter Bedingungen der vollständigen Säkularisierung des Bewusstseins. In: Gärtner, Christel (Hg.): Atheismus und religiöse Indifferenz. Opladen: Leske+Budrich, S. 339–387.

Oevermann, Ulrich (2006): Modernisierungspotentiale im Monotheismus und Modernisierungsblockaden im fundamentalistischen Islam. In: Franzmann, Manuel/Gärtner, Christel/Köck, Nicole (Hg.): Religiosität in der säkularisierten Welt. Theoretische und empirische Beiträge zur Säkularisierungsdebatte in der Religionssoziologie. Wiesbaden: VS Verlag, S. 395–428.

Oevermann, Ulrich/Franzmann, Manuel (2006): Strukturelle Religiosität auf dem Wege zur religiösen Indifferenz. In: Franzmann, Manuel/Gärtner, Christel/Köck, Nicole (Hg.): Religiosität in der säkularisierten Welt. Theoretische und empirische Beiträge zur Säkularisierungsdebatte in der Religionssoziologie. Wiesbaden: VS Verlag, S. 49–82.

Ottersbach, Markus (2008): Migration in Deutschland und Frankreich. Herausforderung für Politik und Soziale Arbeit. In: Migration und Soziale Arbeit, H. 2, S. 107–114.

Öztürk, Halit (2007): Wege zur Integration. Lebenswelten muslimischer Jugendlicher in Deutschland. Bielefeld: Transcript.

Pieroth, Bodo/Schlink, Bernhard/Kniesel, Michael/Pieroth-Schlink-Kniesel (2007): Polizei- und Ordnungsrecht. Mit Versammlungsrecht. 4. Aufl. München: Beck.

Pollack, Detlef (2003): Säkularisierung - ein moderner Mythos. Studien zum religiösen Wandel in Deutschland. Tübingen: Mohr Siebeck.

Popp-Baier, Ulrike (2007): Religion. In: Straub, Jürgen (Hg.): Handbuch interkulturelle Kommunikation und Kompetenz. Grundbegriffe - Theorien - Anwendungsfelder ; mit Tabellen. Stuttgart: Metzler, S. 515–524.

Przyborski, Aglaja/Wohlrab-Sahr, Monika (2008): Qualitative Sozialforschung. Ein Arbeitsbuch. München: Oldenbourg.

Qadhi, Yasir (2009): Du'a. Die Waffe des Gläubigen. Der Stellenwert und die Etikette des Du'a im Islam. Düsseldorf: IB.

Reinders, Heinz (2005-2007): Junge Türken sind Motor der Integration. Langzeitstudie empirische Bildungsforschung. Universität Würzburg. Online verfügbar unter http://www.bildungsforschung.uni-wuerzburg.de.

Reinders, Heinz (2009): Integrationsbereitschaft jugendlicher Migranten – Vexierbilder und empirische Befunde. In: Aus Politik und Zeitgeschichte, H. 5 (26. Januar), S. 19–25.

Rosenthal, Gabriele (1995): Erlebte und erzählte Lebensgeschichte. Gestalt und Struktur biografischer Selbstbeschreibungen. Frankfurt/Main: Campus.

Rosenthal, Gabriele (2008): Interpretative Sozialforschung. Eine Einführung. 2., korrigierte Aufl. Weinheim: Juventa.

Sachverständigenrat deutscher Stiftungen für Integration und Migration (Berlin) (2010): Einwanderungsgesellschaft 2010. Jahresgutachten 2010 mit Integrationsbarometer. Online verfügbar unter http://www.svr-migration.de/wp-content/uploads/2010/05/einwanderungsgesellschaft_2010.pdf.

Said, Edward W. (1978): Orientalism. New York: Pantheon Books.

Salzbrunn, Monika (1999): Zwischen kreativen Eigenwelten und republikanischem Druck. Musliminnen Nord- und Westafrikanischer Herkunft in Frankreich. In: Klein-Hessling, Ruth/Nökel, Sigrid/Werner, Karin (Hg.): Der neue Islam der Frauen. Weibliche Lebenspraxis in der globalisierten Moderne; Fallstudien aus Afrika, Asien und Europa. Bielefeld: Transcript, S.62–80.

Sauter, Sven (2000): Wir sind "Frankfurter Türken". Adoleszente Ablösungsprozesse in der deutschen Einwanderungsgesellschaft. Frankfurt/Main.: Brandes & Apsel.

Schiffauer, Werner (1983): Die Gewalt der Ehre. Erklärungen zu einem deutsch-türkischen Sexualkonflikt. Frankfurt/Main: Suhrkamp.

Schiffauer, Werner (2004): Vom Exil- zum Diaspora-Islam. Muslimische Identitäten in Europa. In: Soziale Welt, Jg.55, H.4, S.347–368.

Schlüter, Anne (2008): Die Souveränität der Erzählenden und die Analyse von Eingangssequenzen bei narrativen Interviews. Erfahrungen aus dem Forschungs- und Interpretationskolloquium. In: Felden, Heide von (Hg.): Perspektiven erziehungswissenschaftlicher Biographieforschung. Wiesbaden: VS Verlag, S.211–224.

Schöll, Albrecht (1992): Zwischen religiöser Revolte und frommer Anpassung. Die Rolle der Religion in der Adoleszenzkrise. Gütersloh: Gütersloher Verlagshaus.

Schröder, Achim (27.10.2005): Adoleszenz, Konflikt und Lebensbewältigung. Aktuelle Herausforderungen. Veranstaltung vom 27.10.2005. Online verfügbar unter http://www.bwhw.de/assets/files/vortrag_prof_schroeder.pdf.

Shell Deutschland Holding (Hg.) (2006): Jugend 2006. Eine pragmatische Generation unter Druck. Frankfurt/Main: Fischer Taschenbuch.

Sinus Sociovision (Heidelberg) (2008): Lebenswelten von Migranten. SINUS-Milieustudie. Online verfügbar unter http://www.sociovision.de/.

Spuler-Stegemann, Ursula (2002): Muslime in Deutschland. Informationen und Klärungen. Orig.-Ausg., 3. Aufl. Freiburg im Breisgau: Herder.

Strauss, Anselm L./Corbin, Juliet (1996): Grounded theory. Grundlagen qualitativer Sozialforschung. Unveränd. Nachdr. Weinheim: Beltz.

Tiesler, Nina Clara (2007): Europäisierung des Islams und Islamisierung der Debatten. In: Aus Politik und Zeitgeschichte, H. 26-27 (25. Juni), S. 24–32.

Tietze, Nikola (2001): Islamische Identitäten. Formen muslimischer Religiosität junger Männer in Deutschland und Frankreich. Hamburg: Hamburger Ed.

Tietze, Nikola (2003): Muslimische Identitäten. In: Bukow, Wolf-Dietrich/Yildiz, Erol (Hg.): Islam und Bildung. Opladen: Leske + Budrich, S. 83–91.

Tietze, Nikola (2004): Formen der Religiosität junger männlicher Muslime in Deutschland und Frankreich. In: Göle, Nilüfer/Ammann, Ludwig (Hg.): Islam in Sicht. Der Auftritt von Muslimen im öffentlichen Raum. Bielefeld: Transcript, S. 239–264.

Tietze, Nikola (2007): Muslimische Religiosität als Prozess. Islamische Identitäten junger Männer in Deutschland und Frankreich. In: Mae, Michiko; Saal, Britta (Hg.): Transkulturelle Genderforschung. Ein Studienbuch zum Verhältnis von Kultur und Geschlecht. Wiesbaden: VS Verlag, S. 208–237.

Watier, Patrick (2008): Erkenntnisinteresse der klassischen Religionssoziologie: Simmel, Weber, Durkheim. In: Koenig, Matthias/Willaime, Jean-Paul (Hg.): Religionskontroversen in Frankreich und Deutschland. Hamburg: Hamburger Ed., S. 204–236.

Wensierski, Hans-Jürgen von (2007): Die islamisch-selektive Modernisierung - Zur Struktur der Jugendphase junger Muslime in Deutschland. In: Wensierski, Hans-Jürgen von/Lübcke, Claudia (Hg.): Junge Muslime in Deutschland. Lebenslagen, Aufwachsprozesse und Jugendkulturen. Opladen: Budrich, S. 55–81.

Wensierski, Hans-Jürgen von/Lübcke, Claudia (2010): HipHop, Kopftuch und Familie – Jugendphase und Jugendkulturen junger Muslime in Deutschland. In: Hunner-Kreisel, Christine/Andresen, Sabine (Hg.): Kindheit und Jugend in muslimischen Lebenswelten. Aufwachsen und Bildung in deutscher und internationaler Perspektive. Wiesbaden: VS Verlag, S. 157–167.

Wischmann, Anke (2010): Adoleszenz - Bildung - Anerkennung. Adoleszente Bildungsprozesse im Kontext sozialer Benachteiligung. Wiesbaden: VS Verlag.

Wohlrab-Sahr, Monika (1995a): Einleitung – Biographie und Religion. In: Wohlrab-Sahr, Monika (Hg.): Biographie und Religion. Zwischen Ritual und Selbstsuche. Frankfurt/Main: Campus, S. 9–23.

Wohlrab-Sahr, Monika (1995b): Erfolgreiche Biographie - Biographie als Leistung. In: Fischer-Rosenthal, Wolfram/Hoerning, Erika M. (Hg.): Biographien in Deutschland. Soziologische Rekonstruktionen gelebter Gesellschaftsgeschichte. Opladen: Westdt. Verl., S. 232–249.

Wohlrab-Sahr, Monika/Tezcan, Levent (Hg.) (2007): Konfliktfeld Islam in Europa. Baden-Baden: Nomos.

Wunder, Edgar (2005): Religion in der postkonfessionellen Gesellschaft. ein Beitrag zur sozialwissenschaftlichen Theorieentwicklung in der Religionsgeographie. Stuttgart: Franz Steiner Verlag.